曹操

魏武雄风

子金山 著

北方联合出版传媒（集团）股份有限公司

万卷出版公司

2018年·沈阳

ⓒ 子金山 2018

图书在版编目（CIP）数据

曹操.魏武雄风/子金山著.—沈阳：万卷出版
公司,2018.8（2018.12重印）
ISBN 978-7-5470-4968-6

Ⅰ.①曹… Ⅱ.①子… Ⅲ.①曹操（155—220）－生
平事迹 Ⅳ.①K827=342

中国版本图书馆CIP数据核字(2018)第126406号

出 品 人：刘一秀
出版发行：北方联合出版传媒（集团）股份有限公司
　　　　　万卷出版公司
　　　　　（地址：沈阳市和平区十一纬路25号　邮编：110003）
印 刷 者：辽宁新华印务有限公司
经 销 者：全国新华书店
幅面尺寸：146mm×210mm
字　　数：320千字
印　　张：13.25
出版时间：2018年8月第1版
印刷时间：2018年12月第2次印刷
策　　划：陈 赋
策划合作：天逸传媒
责任编辑：张雪娇　张洋洋
责任校对：高 辉
封面设计：范 娇
版式设计：马婧莎
ISBN 978-7-5470-4968-6
定　　价：48.00元
联系电话：024-23284090
传　　真：024-23284448

阅读精彩的子金山及其笔锋流出的历史

我认识子金山是通过他的词曲，那时我正在写《明朝那些事儿》的蓝玉远征，应该说我不是一个喜欢研读诗词曲赋的人，但他的词曲确实打动了我，于平凡之中显现万千豪气，其才华实在让我惊讶，短短几十个字就把那一幕波澜壮阔的景象表现得淋漓尽致。

在当时的我看来，他是一个很有文字表现力的人，到后来听说他开始写《曹操》，便颇有期待地准备拜读，现在大作完毕，一阅之下确实不同凡响。其文字于诙谐中显肃穆，于史实中见人性，我是一口气读完这部书的。唯有对那段历史有着深入了解的人，方才有这样的功力。

历史是严肃的，但并非要用严肃的方式来表达，把深刻的东西用深刻的方式解说出来，是远远不够的，唯有将阅读的快感与历史的感悟结合起来，才是理解历史的正途，而在我看来，子金山做到了。

当年明月

目 录

第一章　博弈天下

第二章　赤壁之战

第四章　角力汉中

第五章　枭雄的宿命

曹 操

——魏武雄风

第一章

博弈天下

袁氏家族的遗传怪病

曹操在汝南袭杀刘玄德未能如愿，只得率部怏怏而回，在提军河上欲对袁绍再觅战机之前，绕了一个弯，回了趟老家谯县。

汉高帝功成名就之后，威风还乡沛县，一曲《大风歌》流传千古："大风起兮云飞扬，威加海内兮归故乡，安得猛士兮守四方！"两千年后读来，仍觉豪气干云，无尽苍凉，动人魂魄！

曹操此次回乡，并非是为了向家乡父老显摆"皇帝的新衣"，而是为了高帝《大风歌》之末句：安得猛士兮守四方！

家乡的子弟兵自随他陈留起事，历经恶战，伤亡惨重。在曹操近乎全军覆没之关头，一批批生力军开出谯县，助他东山再起，历经磨难，未见背叛，实是曹军之脊梁，曹操之后踞。

如今趁正月春初不利征战，回乡慰问乡亲，抚恤孤弱，当然对军心士气大为有利，将来恶战再起之时，将士们肯定会更加一不怕苦、二不怕死，送命也甘心。

曹操行文慰问乡亲："我起义兵为天下铲除暴乱，我家乡的人民，死伤无数，精壮略尽，我现在沛国走上一天都见不到一个认识的旧人，这怎不让人凄怆伤怀？现在我命令：自举义兵以来，将士没有后代的，可求自己的亲戚过继给后人，政府要授给他们土田，并提供耕牛，由国家建学校、聘师资来教育他们。要为活着的人们建立祀庙，使他们能够祭祀自己的先人，让灵魂能得到安息，我百年之后也就没有什么遗憾了！"

出了个中央大首长，地方上当然也要跟着借点儿风水，突击上马点儿基本建设大项目，那是哪朝哪代都免不了的事情。

但曹操却是为家乡人做了点儿实事：投巨资，兴水利，修缮治理了睢阳渠。工程期间，没忘了去看望故去的"伯乐"桥玄，也算不忘旧恩，只是祭奠之时，还没忘了对前桥太尉开个阴阳之间的玩笑，对其生前毕恭毕敬，死后哪能还那么严肃认真？

曹操祭祀之文，意词优美，情深言而有据，诙谐不失庄重，原文抄录如下：

"故太尉桥公，诞敷明德，汎爱博容。国念明训，士思令谟。灵幽体翳，邈哉晞矣！吾以幼年，逮升堂室，特以顽鄙之姿，为大君子所纳。增荣益观，皆由奖助，犹仲尼称不如颜渊，李生之厚叹贾复。士死知己，怀此无忘。又承从容约誓之言：'殂逝之后，路有经由，不以斗酒只鸡过相沃酹，车过三步，腹痛勿怪！'虽临时戏笑之言，非至亲之笃好，胡肯为此辞乎？匪谓灵忿，能诒己疾，怀旧惟顾，念之凄怆。奉命东征，屯次乡里，北望贵土，乃心陵墓。裁致薄奠，公其尚飨！"

曹操荣归故里之时，袁绍愧愤冀州之日。建安七年（202）五月庚戌，袁绍突发怪疾，大口呕血不止，暴病身亡。

笔者有些不解：怎么这袁绍、袁术兄弟俩得了一样的病啊？都是呕血而亡，莫非有什么家族遗传怪病不成？

袁氏兄弟的同病相归，估计是心理上的原因，都是被窝囊死的，但弟兄俩死前的境遇有点相似：袁术是恨天不公，竟被织席小儿刘备欺负；袁绍是怨天无眼，竟被宦官的孙子羞辱，的确是殊途同归。

袁绍暴亡，曹操运至。一直等待的机会从天而降，出兵河北的时机终于成熟了！马上兴师？且住！古人云，趁丧伐国，不义也。曹操终于忍住贪婪没有立即兵向河北，难道是曹操突然又追求起那个"义"字来啦？

非也，曹操是在等待：趁袁家热丧举兵，必然会造成袁家小兄弟的同仇敌忾；袁氏所统四州官吏、军民，也必将怜弱仇强；举国骂曹操，也就算有了口实与理由。若能等到袁谭、袁尚、袁熙兄弟为争遗产而内讧，那就一拖两得了。

俗话说得好：兄弟一条心，黄土变成金。这袁氏小兄弟们是坚决继承老一辈袁家兄弟光荣的内斗传统呢？还是团结一致，枪口对外？

家族与集团的兴亡其实就掌握在他们自己手里。就现在说，袁氏的军事与经济实力还是远大于曹操的东汉政府，只要别学父辈兄弟相残，效尤后世工于内斗，外敌如何能侵？

将要到来的实战会证明这一点。

曹操终于不愿意继续等了

上小学时就读过这样一篇课文：一位老父亲在临咽气前把自己的几个儿子叫到床边，取出了一把竹筷让儿子们逐一折断，儿子们轻而易举地完成了任务；随后又把同样数量的竹筷集成一捆让儿子们去折，这下儿子们谁也没有这个能耐了。

老人直观地教给了儿子们一个朴素的真理：团结就是力量。

可惜那袁绍没有这位父亲聪明，没让三个儿子去折竹筷，袁绍的三个儿子也就各自成了单根的竹筷，曹操现在准备逐一去折断他们了。

实际情况是：别说袁谭、袁尚、袁熙这三根竹筷合为一股能使曹操无可奈何，就是袁谭、袁尚这两根筷子能成为一双不分开，曹操在出兵河北之前也要掂量再三，那也不是曹操轻易能胜的。

兄弟二人的矛盾还是由于争夺父亲的遗产，说白了就是争夺接班人的位置，这可是个大问题，关系到最高领导权的事情例无小事，一个是主子，一个是奴才，谁愿意做奴才？

幽州的袁熙暂没参加抢班夺权的革命行动，毕竟自己的力量距冀州遥远，不具备抢班的实力；但兄弟三人他居中，正好可以坐山观虎斗，等哥弟斗个两败俱伤之时再出手不迟。

该出手时就出手！袁尚年龄虽小却不含糊，在逢纪、审配的支持下，率先造了个袁大将军的临终遗嘱，宣布奉袁绍遗命，由袁尚继承袁绍的一切职务，从现在起就是四州之主兼冀州牧。

逢纪、审配平素依仗袁绍信任一贯骄横奢侈，袁谭早就对其不满，而袁谭手下的谋士辛评、郭图更是与逢纪、审配水火不相容。袁绍一伸腿，袁谭手下的武将、谋士便以长幼之理推举袁谭依法接位，谁知动作还是慢了，被袁尚抢先了一步。

而袁谭的根据地却是在贫瘠的青州，自与公孙瓒在此苦战二年以来，人民大都逃散，竟出现了几百里无人烟的惨景，与富庶而人口稠密的冀州是无法相比的，手下部队的战力自然也无法与袁尚的冀州军抗衡。但被一个小弟弟骑在头上总难让人甘心，所以便积极准备进行抢班夺权的秋收暴动，青、冀二军的战事一触即发！

关键时刻，曹操劝架来了：建安七年（202）九月，曹操没有耐心再等下去了，提大军渡过黄河，欲克冀州河防之城——黎阳。

像我们日常所见一样，你别看有的家庭闹家窝闹得挺凶，一旦外人插手，那正拼着刀子的亲弟兄俩，便会立马把手中的刀子指向你，一拃没有四指近，与外人打架他们又成了一家人。袁氏兄弟对曹操的进兵河北也是如此，内战的导火索立时被掐灭了，虽不同心但却协力对付起了曹操。

袁谭暂时放弃了对大将军称号的追求，低了一级，自称车骑将军，带兵出击黎阳迎战曹操。兄长率部出征御外患，做弟弟的自然要添兵助饷供军备。可是这里有个难为人之处：哥哥的军势强了，弟弟的位置还保险吗？

所以袁尚理所当然地把最弱的部队、数量尽量压缩地增派给袁谭指挥，就这还不放心，又派出了亲信谋士逢纪随部监军；至于袁谭要求的更新军备？财力所限，慢慢会好起来的，要理解上级的难处。

袁谭部队救火般开到了黎阳，与已渡过黄河的曹军在黎阳城下顶上了牛，只是双方的力量却根本不是一个等量级，曹军虽背水作战却用不着破釜沉舟。

尤其是袁谭军破旧的装备兵器，更是与曹军的无法相比，曹军配的是从官渡之战海量缴获中精选出来的军备，而袁谭主力却还是使用着与公孙瓒惨斗时所用的家什，弓弩不如曹军的射程远，铁甲不如曹军的材质硬，连刀枪的钢火、战马的强健也不是一个级别，打这种仗对袁谭是个巨大考验！

所幸袁谭自小就在战场上摸爬滚打，历经恶仗险境，对于怎样利用自己仅有的一点优越地势，与强大的曹军缠斗非常内行，竟使曹操面对弱旅一时无法速胜，曹操兵伐河北的第一仗打得异常不顺。

双方九月开始交兵，曹操倾尽全力苦战近百日，一直到了年底，别说攻占黎阳城了，就连正儿八经的攻城还没得到过机会。对小辈袁谭，曹操开始另眼相看了。

袁谭采取的战术极为实用：摆出一副弱者的姿态，从不与曹军在城下列阵交锋，袁尚派给的"菜鸟"兵一律上城头，自己却率宝贵的精锐骑兵不定潜伏于哪个城门，只要曹操的攻城步兵一靠近，便不时突然杀出城来，猎杀一阵即回城内。曹操的骑兵不敢过分逼近黎阳城，怕遭到城上弓弩之大量杀伤，强横的曹军竟然对此简单的守城术无可奈何。

但总的战场态势无疑是曹军占着上风，黎阳的袁谭军毕竟是处于被围状态，现在又没有余力去切断曹军的辎重供应，这样拖下去不是个办法：看不到曹军退兵的迹象，己军胜利的希望也就基本不存在，对于没有胜利希望的战争，部队的士气极难保持。还是要向袁尚告急，请求给予加强兵力，以图万安。

袁谭也是个聪明的狠人，派人去邺城请求增援用的手段别出心裁：早就对那监军逄纪看不顺眼了，干脆把他作为人质，明跟袁尚讲了：不发援军，逄纪无头！

那袁尚能是受无赖勒索的人吗？况且又有审配在身边出谋划策，宁丢逢纪命，休想助强兵！逢纪被袁谭立即撕票砍头——也算为田丰间接地报了血仇。

又过了一个多月，那曹操还是不见退军的征候，邺城的袁尚终于沉不住气了，若把袁谭给熬败，邺城即首当其冲是曹操的下一个目标。为了自己，也不得不出兵增援黎阳了。于是袁尚便留审配率重兵留守邺城，自己亲率步骑三万，开往黎阳前线，准备兄弟一心，共破曹操！——早干吗去啦？可惜了逢纪白丢一颗奇巧玲珑脑袋。

曹操面对坚城难克，退回河南不甘，敌人又重兵来援，看来一场恶战在所难免了。

上阵还是亲兄弟

袁尚的大军在曹操围城大军背后扎了大营，双方现在兵力相当了，态势于曹军略有不利，毕竟内有坚城外有牵制，属首尾被击的两线作战局面。但曹军的战力却大大强于对方，所以也足以相持，问题在于相持可不是曹操的目的。

双方大战打不成，小战却不断，曹军欲攻城，不但城内的袁谭出城突击攻城部队，背后的袁尚也趁机出寨骚扰曹军背后；曹军欲先拔袁尚营寨，那黎阳城中的袁谭却又不时地出城打击曹军后背。曹操只得兵分两向，被动应付，欲要同时围攻两个方向的敌军，那兵力确实远远的不足。

　　而那袁家兄弟却也没有主动进攻或配合聚歼曹军的实力，这场现在说不清谁围谁的战事就只有继续相持下去了，表面上看敌我双方势均力敌，实际上各人的苦楚各人知道：

　　袁氏兄弟虽相互救援，但却尽量确保自己的实力不受损，虚招儿多，真玩儿命少；曹操呢？是身处敌占区的背水作战，后勤供应成了大问题，军粮俱从远方调运，士卒劳苦不说，还要分出野战部队给予沿途护路，战事的实质问题是曹操拖不起了。

　　这不死不活的局势袁谭、袁尚也清楚得很：现在到了曹操决断的时候了，是继续苦苦相持？还是黯然退军？实际上，曹操眼下正在连日召集谋士、将领们开会，决定大军的去留。

　　时已早春，黄河即将解冻，到那时粮秣供给更加不易，春雨一降，沿途道路必然泥泞不堪；最为要命的是黄河的开凌期，河水必然暴涨，冰块顺流而下，横冲直撞，浮桥不能存，舟船不得渡，到时就真的欲退不能了！

　　众人的意见基本倾向于及早退兵为上，时间与形势在那儿明摆着，能全师而归应该是理想的结局了。

　　可是曹操却不甘心啊！劳师远征，损兵费粮，就这么灰溜溜地退回许都，竟是受挫于两个小辈之手！这个脸可算丢到家了。尤其是，冀州士气一盛，必然渡河侵扰，自己想安定也是不可能的，这河北将来更是急切不能收服了。

　　况且又来了更为可气的消息：今天伏路士兵捉到几名袁军散卒，据供称，二袁将军近日各自集会动员，说曹军即将败走，大破曹军就在近日，此战必能雪官渡之耻，报父帅血仇，要以曹贼之首级来祭奠被坑杀的八万冤魂！

曹操闻听大怒：小辈安敢欺我？竟然妄想捉我曹某？且看你二人腿有多长！随即下令：全军立即准备撤营收兵，退回河南，各部可派出小分队加紧袭扰二袁城寨，掩护大军南撤黄河。

小分队袭扰敌军，由于兵力弱势，必然难有胜机，两天的骚扰活动反而损失了不少士卒，有些分队竟然全队覆没，被袁军一网打尽，全部给活捉了过去。

那袁谭、袁尚已经觉察到了这两天曹军不正常之动向，经仔细审问捉到的零星战俘，知道了曹操今晚欲趁夜弃寨突然退军，怎能容你这么轻松一走了之？当下二人飞骑约好举火暗号，于亥时同时进兵，除留守黎阳的少数步兵外，全军出动，趁曹军仓皇败退兵无战心之时，追尾掩杀，必可大胜！

而曹操也确实下了今晚退军的密令，并且已出动轻骑，沿河戒严，整修好了退往河边的一切车马道路，原部队后卫业已遵命提前行动撤过了黄河，各部也按计划收拾好了军备辎重，后方的已经装车起运，前敌部队只等天黑透之后，便可以立即行动远飏高飞了。

正是：

天算不如人算，欲走未必如愿。将士虽有归意，主帅各拨算盘！

兄弟同心战曹兵

袁谭、袁尚这两根差点自我相斗的单根竹筷现在合成了一双，竟能逼得曹操狼狈退军，袁绍在九泉之下论说应该瞑目了。

可儿子们并没有满足，气死父亲的大仇那么容易忍吗？还没到亥时，二人均已发现黎阳东、北、西三个方向的围城曹军都已撤围，亥时刚过，二人便依照提前约好的时间率部从不同方向杀向了南部黄河方向的曹营。

一切不出所料，曹营已是空寨，袁谭亲自下马检查军灶，发现余火刚熄，看来那曹操并没有走远，最起码还撤不过黄河，现在掩杀正是时机！二月初的黄河虽还在封凌，但冰层已开始酥脆，是经不起千军万马同时践踏的，要是能击其半渡，把曹军一股脑儿赶上冰层，那就有好戏看了！

兵贵神速，现在时间就等于胜利，两兄弟用不着商量、犹豫什么，不约而同地吩咐步兵随后跟进，两人几乎带着抢功的意味同时率轻骑扑向了黄河岸边！

不足十里，瞬间即到，二人又是同时大悔来迟：哪里还有曹军的影子？连冰面也给彻底破坏了，估计再等封凌是不可能了，人马非靠舟船是不能渡河的。奸诈的曹贼，便宜了你！

兄弟俩正惋惜不止，忽听得后方的步兵喊杀声陡然四起！不好！曹军有诈！

二人同时明白上当了，马上率部回救步兵，却不是那么容易

12

了：来路已被不知多少曹军封锁，黑暗处看不清曹军设置了几道步兵防线，无数的箭弩飞石乱射过来，骑兵无法突进，跟进的步兵处境不妙！

袁军的处境十分不好，点起火把无疑成了敌军箭弩的目标，现在如同盲人瞎马，一面背水，三面临敌，步兵主力如溃散，曹操当然更不会放过被隔阻在黄河岸边的骑兵，兴许等不到天亮，自己的部队便会被逼进黄河，现在彻底明白曹操破坏黄河冰层的目的了。

兄弟同心，其利断金。只有合力冲过去，形成摸黑乱战，方有一线生机。如等到天亮，曹军摧毁了步兵，再以车阵弓弩围逼被困的轻骑，那时就真免不了要跳进黄河洗冷水澡了。

俗话说，不到黄河心不死，现在是到了黄河也决不能死心！

与其坐以待毙，莫若孤注一掷！

两兄弟各有所长：袁谭长于战场指挥，于困境中作战极为冷静，心理极具韧性；袁尚不只是脸蛋长得俊美，身材也甚健壮有力，战场厮杀彪悍异常。此时虽遇突变，二人却并未慌乱，立即各自集结部队，合兵一处相互掩护侧翼，开始不计伤亡地向来路冲锋。

曹操其实压根就没有过撤军的打算，是袁氏兄弟的狂妄提醒了他，既然任何人都认为曹操要急于撤军了，那今天的战机就肯定会出现的，假如袁氏兄弟突然持重不追了怎么办？那再僵持下去也就是真没有意义了，只有退过黄河再等战机。

现在一切如愿，敌军的步骑已被隔开，正是迅速将袁军步兵击溃的大好时机！只要能驱散袁军作为主力的步卒，那被困在河边的袁氏兄弟也就自然成了网中之鱼。只是没有料到袁军的抵抗会如此激烈，与官渡之战时的八万精兵简直不像同一支部队，这小的比老的还精于练兵？

实际上是八万战俘被集体坑杀的惨例教育了袁军士兵，降也是死，又何妨现在拼命求生？还有就是曹操四面突击袁军步兵的战法也不无失策，原意是欲尽量造成袁军恐慌，以追求最大战果，现在看来适得其反，黑暗中遭到四面攻击的袁军凭感觉认为自己被包围了，求生只有密集结阵自保，等待二袁的回救，并不敢突围求生。

可见，把人逼到绝望的境地也未必是什么高明策略。

但无论如何曹军都是占着心理、战势、单兵素质上的巨大优势，袁军步兵的伤亡开始逐渐增大；二袁的骑兵更惨，黑暗中有多少人仰马翻已无法记数，但袁军轻骑对曹操步兵的阻击防线的惨烈冲杀片刻也没有停顿，只能用四个字来真实表达：前仆后继！

苍天不负舍命人，袁氏两兄弟终于驱赶着士兵杀开了一条血路，与步兵主力会合了。相互得到心理安慰的袁军步骑开始了真正的反击，可惜只是朝着黎阳的方向，是属于全力突围的行动，而且并没有遭受太大的阻碍。

曹操见战势已经如此发展，也只好把预计中的歼灭战变成了击溃战，采取赶其回城、随后掩杀的战术，不管怎样，一场大胜是拿到手了。

袁军见突围成功，反而失去了拼命的血勇，绝处已逢生，士气却丢失，一路仓皇，逃回黎阳，袁尚军营寨已失，只得与袁谭一起退入黎阳城内，二人计点士卒，战损近半，不由得心中暗暗埋怨对方短智无识，连累自己遭此大败，冤哉！

形势一下恶化起来：那曹操肯定顺势围城，现在成了兄弟二人都被困在了黎阳；再就是部队士气陡然低落，士兵们怨言不断，欲再整军出城作战肯定不可能了。

现在袁家兄弟的选择有三个：

一、就地死守，把曹军熬败；

二、向邺城的审配紧急求援，重新里应外合破曹兵；

三、全力突围弃黎阳，回邺城整军再战。

现在摆在曹操眼前的决策也有三个：

一、强攻黎阳，一举擒获二袁；

二、见好就收，凯旋班师；

三、分兵一部袭邺城，黎阳这里将围困进行到底！

一双竹筷搅曹营

曹操对强攻黎阳大为犹豫：征战多年，克城无数，但凡遇敌人死守坚城，曹军败者居多。即便惨烈攻克，军力也必遭大损，惨胜之后，往往许久不能恢复元气。

第一个决策先放在一边。

见好就收，曹操难以甘心：虽然已经大胜一场，此时班师脸面上是说得过去了，但是算总账曹军并无收益，耗财损兵，难道就是为了这么个结果吗？

此第二决策非到万不得已时不能为之。

第三条路很是诱人，但实行起来风险极大：对于袁尚留审配率重兵固守于邺城，曹操是清楚的，素闻那审配智谋超群，分轻兵去袭胜算不大，主力出动，黎阳战局优劣必易手，一旦有失，主力后路即被切断，局面将难以收拾！此计——干脆简单说吧：这三个决策每个都难以决断。

而曹操历来以善打恶仗、巧仗、险仗著称，还能让败军孤城给难住？自然另有妙招儿出手。

逃回黎阳城内的袁氏二兄弟，面对眼前的战局也犯了难：

第一个选择就是凭借坚城固守死撑，那曹军总有熬不住的那一天，可是黎阳城内粮草并不富裕，又不能如曹军那般得以陆续补充，一旦粮尽之日，即城破人亡之时，此计不妥。

按第二选择，调邺城重兵前来解围？如此邺城必危，那曹操又如此奸诈，安知不会乘虚袭击邺城？邺城若失，固守黎阳意义何在？不能做此选择。

第三个选择就是放弃黎阳，全军退往邺城，但是那城外的曹操会眼睁睁地看着袁军走人吗？这是放弃坚城而选择野战，弄不好就是全军覆没的结局，与自杀基本上没什么区别！行不得。

与曹操一样，也是三个选择之中一个也不容两兄弟选择，但也与曹操相似：袁家兄弟也不是泥捏纸糊的，当然也迅速决定了另外的巧计。

曹操是想起了早年匡亭大败袁术时的围城打援：以虚兵围城，实际是以主力一部于黎阳城南要道构筑坚固之阻击阵地，那审配必发重兵来救袁氏兄弟，而曹军的绝对主力却是以逸待劳于邺城与黎阳中途，一举击溃邺城援军之后，即全力拿下邺城，如此黎阳的袁谭、袁尚自然成了无根秋草，枯败有日也！

计定则速行！曹操连一天也不敢耽搁，于袁氏兄弟败回黎阳的次日便全军出动，主力直插黎阳城南，看来河北大局即将确定！

谁知大军到达阻击位置之后，还未构筑阵地，却捕到一名病倒在路边的袁军士兵，据供称：袁家兄弟已于昨夜三更率部弃城而走邺城，现在后卫步兵也至少在三十里以外了！

曹操听报正在将信将疑之际，黎阳虚兵围城的将领送来急报：袁军已遁，现已占领空城黎阳。曹操大怒既悔：自己为什么不连夜出兵？

原来这就是袁氏兄弟之妙计：三十六计中的上计——走为上。而且是片刻都没有耽搁，立即收拾，大量辎重丢弃也没有心疼，三更即趁夜色远飏了。

那曹操又岂肯善罢甘休？立即决定追击掩杀，趁势直取邺城！

曹军追得快，袁军却逃得极慢，袁谭所部节节抵抗阻击，及至即将推进到邺城，已是初夏四月了。

曹军战线拉长，粮草供应愈加不易了。曹操当机立断：攻拔阴安，分兵收取将熟的小麦，以补充不足的军粮，至于这小麦是谁种的？收获该属于哪家农户？百姓们这一年将如何活过去？这不是曹操该操的心，我只要大军围了邺城，一切都要服从这个大局！

目的顺利得以实现，大军继续向前推进，但来自袁军的抵抗也越来越激烈了，往往激战一天推进不过数里，曹操不禁焦躁，连日催军强进，有时竟亲自率部阵前击敌，参加突击行动。

这一切都被邺城的审配看在眼里，当即向已经歇兵多日了的袁尚献上了一个破曹之计。袁尚素信审配之言，立即采取了行动，为保密起见，作战方案竟连在前军指挥作战的袁谭都没有告知。

曹操今天正在前敌压阵督军作战，忽听后方军报：那审配率不知多少骑兵已经绕过曹操大军，径直袭向后方黎阳！曹操大惊之下不及细思，立即传令回师追歼审配部，邺城前线暂取守势。

大军刚刚出动不足五里，却见背后自己留在邺城前线的部队已经大部溃退，乱兵直冲曹军主力后卫，无数袁军铺天盖地向曹军主力卷来！曹军主力现在正处于向黎阳方向的急行军状态中，袁军成了从背后掩杀，曹军一时竟无法立足回身接战，只得顺势败退，大军竟然混乱了！

袁尚突提全部主力开往前线，出乎袁谭意料，自己的部队已经苦战多日，几次求援于袁尚未得结果，今天竟然倾力来援，莫非这位小弟忽然天良回归？

谁知袁尚部到了前敌并未补充袁谭的简易防守阵地，而是直扑对面曹军而去！袁谭开始惊惧异常，及至见到曹军竟然是个虚架子，经不起袁尚前锋一冲之势，袁谭恍然明白，自己被这位小弟耍了：必然有自己不知道的军情发生了。

恼怒之下，吩咐自己的部队让开前沿阵地，集结休息待命，且看袁尚军独自表演。

谁知这正是袁尚要的效果：自己以生力军进袭退军中的曹兵，是用不着袁谭军跟着抢功分利的，那曹军被审配对黎阳的虚晃一枪给忽悠了，已成退军之势，自己单独掩杀曹军后卫，正好威慑兄长：别妄想争位了！就你那点战力，够资格吗？

曹军前寻审配部而无影无踪，后卫部队又遭袁尚已休整了多日的精锐部队掩杀，才欲组织兵力围歼袁尚追兵，却又遭审配之轻骑从两侧发动的袭扰，大军又征战数月未得休整，实属疲师，竟然无法抵挡袁尚部来自三面的同时强袭，只得节节败退回黎阳，沿途丢弃甲仗辎重无数，到得黎阳才算背水稳住阵脚军心，欲待回师报仇，郭嘉分析大势，劝阻了曹操：

"袁绍一直心爱这两个儿子，生前并未明确指定由哪个继位。现在有郭图、审配这样的谋臣各自为其参谋，必然相互交斗，翻脸是迟早的事。急于攻击他们反而促使他们相互扶持，缓攻之则二人必起相争之心。不如现在趁机南向荆州，做出征伐刘表的架势，以待其变，等此兄弟变成仇敌而后击之，可一举定也。"

曹操从其劝谏，干脆率大军退回到河南，建安八年（203）五月，大军主力回到了许都。现在该轮到荆州刘表了。

但刘表现在却顾不上来自北方曹操的威胁，因为江东的孙权已经向他动手了。

生子当如孙仲谋

曹操与袁绍在官渡血战时，少年孙权还顾不上抬头看中原，就连父兄血仇也只能先放一放，哥哥孙策是在西征荆州黄祖的途中被害的，这笔账也只能记在黄祖的头上，不过孙权现在只能集中精力，先安江东，因为哥哥孙策丢给他的其实是一个烂摊子。

建安五年（200）孙策辞世时，孙家的势力其实仅止于会稽、吴郡、丹阳、豫章、庐陵几郡的郡治，也就是几个大城市，广大山区、农村在当时被视作偏远深险之地，反政府武装几乎遍地皆是，公开打出不服孙氏统治的也有不少。主要的是那彪悍的山贼，那是些只认识刀枪，其他一概不识的超强百姓，如不尽数剿灭，江东永不得太平。

曹操为弟承兄业的孙权提供了政治支持：代表朝廷任命孙权为讨虏将军领会稽太守，承认江东为其屯军之地，并认可孙权有管理江东地区一切地方事务的权力。

虽然说你中央政府认不认都是那么回事儿，但这样毕竟名正言顺了许多，对于急需稳定地方的孙权来说，曹操应该是帮了大忙。

尤其是这样一来，江东将领们的官衔一下便成了被朝廷合法承认的了，这对鼓舞士气大为有益；反过来，在江东地区谁反对孙权，那也就自然合法地成为了叛贼。

孙权承孙策之业，待张昭师礼，委周瑜、程普、吕范等为将帅，聘鲁肃、诸葛瑾等为宾客，开始了对整个江东地区的大整顿，其实就是以武力镇压那些暴乱的山贼，威服那些自立为独立王国的豪强。

历时三年，中半丧母，到得建安八年（203），江东已经再无非主旋律的异类声音，到了替父兄报仇雪恨的时候了。

其时曹操正兵退河北，转兵南向荆州之际，大军已开到西平；孙权趁势集结机动兵力，出兵西征荆州，刘表的地盘同时两面受敌，形势立时危机。

兵来将挡，水来土掩，刘表并未慌乱。对北部的曹操，他毕竟有个养了三年的刘备，现在到了你用兵一时的时候了，传令新野刘备部队前出叶县，抗击曹军；至于东部的孙权来犯，那还是当然要依靠孙家的死对头黄祖。

刘备自到新野之后，管理这种小地方当然得心应手，南方曹军正与袁军血拼，边境一时无战事，便分散部队，与当地百姓杂居种田，这样一来，老百姓的赋税大大地减轻了。

一时百姓称颂，士子咸服，当地名流上门交结，周围豪士踊跃来投，刘备的名声鹊扬开始令刘表不安了。所以刘备的部队在没有得到加强的情况下被派往了前线，胜负主要依靠刘备的运气了。

新野当地百姓猪羊劳军、壶浆相送，如同送自己的子弟兵出征。

按下刘备北抗曹军暂歇，先说刘表最为关注的东方前线，那黄祖能抵挡年少的孙权否？

黄祖的主力部队是长江水军，拥有战船数千，面对乘舟沿江西上的江东军，当然是尽出水军，阻其西进。双方在夏口之东的长江江面交锋了，这是孙权领军作战的第一仗，胜负将直接关乎他在整个江东地区的威望。

水军作战，抢上水极为重要，顺流而下时的攻击威势，远大于逆流而上的战舟，所谓"艨艟战舰"其实就是在自己船的船首蒙上铁皮尖角，用来撞击敌船。这一点，上游的黄祖水军处于绝对有利的位置。

再就是风向，在没有机械动力的舟船时代，风帆几乎是巨舰前进的唯一动力，人工操桨只能起辅助作用，逆流而上的船只甚至要派人上岸，以人工拉纤拖拽前行，风向不利，几乎无法行船，更不用说作战了。八月的吴越地区，主要是东南风为主，这一点，处于下游的孙权军有利。

孙权占天时，黄祖占地利，乍看旗鼓相当。其实不然，还有双方兵力的对比，这方面荆州军远大于江东军，几近于一倍。

这种逆流击强的水仗怎么打？对于孙权将是个极大的考验。

周瑜未随军，孙权带程普、吕范、太史慈、韩当、周泰、吕蒙诸将毫不犹豫地扑入了长江战场，这倒不是初生牛犊不怕虎，而是欲借这季节强劲的顺风，最大限度地利用自己的优势，一旦风小甚至风息，江东军便没有了胜机。

风势达到了一定的程度，优势便超过了上下游的地利，这主要是因为在东汉尚无火器的冷兵器时代，箭弩几乎是水面船只主要的交战武器，一般极难存在船挨船贴身相拼的战况。当然，也有例外，比如双方的箭弩都用尽时、乘其不备偷袭成功时。

顺风箭弩的射程远大于顶风，这点大家一定容易理解，所以在这种天气作战，下风的一方几乎就是处于挨打不能还手的境地，一般是尽量避免作战，人家只要与你保持一定的距离，那就是必胜的战局。

黄祖太轻视年轻的孙权了，本该固守水寨的水军不合时宜地出动了，原想没有战场经验的孙权会全力借风势攻击，到时数量庞大的荆州水军两下一分，继而合围，一旦到了江东军的背后，那便天时地利全成了自己的，全歼江东军都是有可能的。

谁知孙权作战少年老成，绝不逼近，坚决保持住在黄祖水军弓弩射程之外，而江东军却能以大量乱箭伤敌，黄祖见老是挨打不能还手，终于沉不住气了：鸣金收兵，不跟你打了。

孙权却不依不饶，舍不得这个击溃荆州水军的机会，如同黏胶一般，死缠不放；黄祖的退军令一下，部队立时各自扯帆避敌，战阵一下全乱了，孙权却不杀入，还是维持掩杀的态势。这下黄祖水军大势必去了，节节败退，弃舟无数，直到退回了江夏郡治沙羡，才算依托坚城稳下了心神。

孙权正要准备围城攻坚，忽然后方送来急报：江东鄱阳、乐安、海昏等地山贼余炽复燃，趁江东主力西征之际，现已陷数城，请将军紧急回援。

孙权只得暂时与黄祖罢战，率得胜之师回军剿匪，与黄祖的账也只有等来年再算了。

谁助刘备退曹兵

有一句俗语：强龙不压地头蛇。

刘备在刘表那里的身份很独特：一直是居于客人地位，虽然实际上是在替刘表治理新野，并兼顾北部边防，但却没有被刘表委任以任何职务。

表面上这是合理的：那刘备是皇帝亲封的左将军——军衔已在刘表之上；又曾任豫州牧——与刘表平级，刘表哪里有资格任命左将军刘备什么职务？但同时也告诉了刘备：你永远也成为不了"自己人"。

这是刘表的清醒之处：那刘备永远也不可能甘心居于自己之下，是个只可利用、不可重用的人才。

唯一的有用之处就是助自己对付强横的曹操，并且必须控制使用，其力量应严格限制在对自己不能产生威胁的标准，否则便不是在养犬守户了，而是引狼入室。

所以，对于遣刘备部北上抗曹，荆州部队不予出动配合，连接应都没做打算，就是容易理解的了：胜败不那么重要，悲喜不形于色——连心也不会动的。

但刘备对执行刘表的军令却是不能有丝毫犹豫的，还要强迫自己相信：这是刘表对自己部队战力的绝对信任，是对刘备军事指挥能力的推崇备至。并且还要把这一观点灌输给左右及士兵——也够刘备为难的。

至于对曹作战胜败之预期，刘备没想，也不敢想、不能想，只能期盼恰巧曹操生个急病什么的，或者突然发生场十级以上地震。这种事想多了对人没好处——会得精神分裂症的。

有两条必须明白：需要打一仗，不然无法对刘表交代，也无颜面再见荆州诸友及新野父老；随时准备开溜，不然自己马革裹尸不要紧，手下的将士犯得着吗？

大军经南阳，越博望，直抵叶县。

进军之一路，刘备悉心观察地形，详察道路状况，这是在肯定要退军逃命时摆脱追兵的唯一法门，不虑胜，先预败，真正的为将之道！

路经博望时刘备竟别出心裁，留下了张飞率两千老部队驻防博望荒坡，众人虽不解，但却也没有人追问主帅欲施何妙计。其实刘备的想法极为简单：博望地形复杂，道路狭窄，大军不易展开，自己部队回逃时若能有这么一支生力军接应，绊住疲乏的追兵绝无问题——在逃跑方面刘备可称大师级别。

运气这东西，有时真能让你觉得不可思议，瞬即便能让人目瞪口呆！军到叶县，早派出的侦察人员飞骑来报：那即将来到叶县的曹操大军闻听左将军到来，转头就溜，现已全军退回许都去了，看来是被刘将军给打怕了，将军虎威真可抵百万雄兵！

刘备可不是被人一捧就忘了姓啥的庸才，立时悟到曹操的后方出问题了，实是天佑汉刘——不，我刘！心头一阵轻松，头脑一片清明，马上详细询问对面叶县驻守兵力如何，主副将是谁，有无出城迎敌的征兆。

探子陆续回来了，叶县敌情已明：有夏侯惇、李典为主副将，率军两万，驻守城内，看样子要据城死守。

刘备现在兵仅万余，要攻取叶县，无疑做梦，但如这样退军，对荆州人士那只有跟着探子们的口风说谎了，这不是刘备能干出的事情。当即催军抵城下寨，眼见得攻城不是攻城，围城更无征候，倒像是远来与敌人相持来了，稀奇！

这下没有人弄得清刘备葫芦里卖的什么药了，叶县的夏侯惇也犯开了思量：没见过远师劳军这么打仗的呀？要么提军攻城，要么拔腿走人，还有故意来此耗费粮草的？莫非还有什么厉害的后招儿不成？

副将李典上阵虽勇，但用兵素来稳重，建议夏侯惇：我军以坚城对峙旷野立寨之敌军，已经立于不败之地，时日耗久，刘备军力必疲退，那时将军倾力出动尾击，破刘备必也！

夏侯惇深以为然，按下速胜之心态，与刘备开始了静坐战。

曹操当然不是被什么刘备给吓回去了，若是真早知道是刘备带兵前来，还兴许改变现在的用兵方向了呢。

本来出兵南向荆州便不是真的欲开出另一条战线，是给袁氏二兄弟让出时间与空间，期盼他们兄弟二人能集中精力争家当、夺遗产，曹军也好从中渔利，浑水摸鱼。

果然袁家弟兄不负曹操所期待，曹军于五月退军还没回到许都，两人便拼开了血仗，现在是那战败了的袁谭向数月前的敌人曹操求救来了，的确是突然意识到谁是真正的好人了，可算弃暗投明、弃弟投曹，大义灭亲，大智若愚，忠君爱国，不贪江山，宁送曹操，不予兄弟。

谋士荀攸积极建议：此乃千载难逢之良机，趁其内讧，立即出兵援助袁谭，能灭掉一个，则袁氏必能全灭！

大军出动半途而转向北投，众将内心的确不愿，曹操耐心向大家解释：那刘表不趁我官渡危机之时倾巢来犯，我已知其乃自守之贼，迟讨于我无妨；而那袁氏兄弟，作战骁勇，军力庞大，财力富足，一旦兄弟联手，急切难以收服，久必为我大害，今天幸二人操戈，兄弟阋墙，不趁机摧之其一，犹拒天赐！

如此曹操大军才得以中途退军，转兵北渡黄河，直向邺城扑去！

幸运的刘备却根本没有攻取叶县坚城的打算，每日只是派出少许兵力，分散行动，向四乡百姓展开了思想教育工作，无非是宣传曹操如何残暴、如何欺君罔上，刘使君如何仁义、如何奉衣带密诏合法讨贼。

话说多了，也就有人信了，不少聪明的乡民自愿抛弃了家园，奔向了南方乐土——实际上富饶安定的荆州也确实比处于两军前线的叶县易讨生活。

这下夏侯惇沉不住气了，屡次要提前出击，灭了那信口雌黄大耳儿！

其实这时的刘备也感到确实该走了，于是便在一日夜里，传令全军退往博望，现有的营寨，立即举火烧掉。

城外冲天的大火惊动了夏侯惇，怎能容这讨厌的刘备如此轻松远遁？虽然敌营突起大火原因不明，但趁其时出击掩杀是确凿无疑的大好时机，立即传令全部主力出动，随俺活捉大耳儿去也！

到得城外刘备的营寨近旁，发现刘备军已经弃寨远去，那大火只是烧的一座空寨。夏侯惇当然命令全军追杀，李典感觉势头不对，提醒主将夏侯惇："刘备无故放火自烧营寨退军，只怕有诈，最好不要追击，随他去吧。"

那夏侯惇身为主将，焉能放过如此战机？没有听从李典的劝谏，还是挥师追向了博望，眼见得刘备大军就在前面，冲上去！

谁知那断后的赵云却竭力阻击，曹军一时不能迫近掩杀，夏侯惇不禁焦躁！

夏侯惇在之前征讨吕布时曾受箭伤，被剜去一只眼球，眼下仅剩一只独眼，发狠之时更显无比狰狞！现在亲自持刀上阵，劳头冲锋，赵云部终于支持不住了，只能且战且退；曹军当然是步步进逼，坚决不容刘备逃脱！

李典心惊肉跳，从所率后队赶了上来，竭力劝阻杀红了一只眼的夏侯惇："赵云有诱敌之嫌，将军万莫深入，放他们走了吧！"

仗打到这份儿上，夏侯惇哪里还能听进去"退"字？连回话都懒得张嘴，只顾埋头追杀，再耽搁刘备可要真溜掉了！

　　两个土坡之间有一道不知多远的长谷，赵云残部退入了谷内，李典招呼不及，夏侯惇已经率部杀入了谷中，只得回马指挥后军。另一部将夏侯兰却率部跟进，刚进谷口，便发觉赵云已不见踪影，身后却突然杀声四起，回头看时，却见刘备、关羽各带一支人马，堵住了后路谷口！

　　与此同时，两边的土坡之上，出现了无数的刘备步兵，连他们呐喊的是些什么都顾不上细听了，无数的檑木、巨石滚下了土坡，曹军顿时惨呼一片，血肉狼藉，大军乱了！

　　紧接着，前方的赵云突然回军杀来，旁边还多了一人，正是那在此等候多日的张飞，二人的身后是不知多少数量的铁骑，只看见钢刀上下翻飞，长枪到处乱捅，曹军崩溃了！

　　夏侯惇、夏侯兰二人只有拼命往回杀了，但回去却也不那么容易，那关羽在曹军中的名声是令士兵们谈之色变的！

　　所幸人到危机时，胆量比天大，夏侯惇带头舍命死冲，再加未来得及进谷的李典拼死接应，一部分骑兵将士才算随着冲出了包围圈，大部骑兵及全部步兵不免命殒荒野了。夏侯兰却没能跟了回来，被勇将赵云于马上生擒，后来做了刘备的"解放"将军。

　　众人建议：立即趁势掩杀，一举拿下叶县！刘备叹了口气："自古人心最难足啊！我攻叶县，其势必得，但曹军又岂肯干休？我军必不能守，如此，又何必付出将士宝贵生命，夺一必弃之城呢？吾心不忍，班师吧！"

　　这下刘备顿时如日中天，名声大噪，不仅荆州军民感激他威退曹操、智歼强敌，连东吴、益州、凉州等偏远地区也逐渐知道了中原有个刘备，是曹操唯一的克星！

荆州的名士们更是把刘备当成了一棵足以遮阴的大树,纷纷前来乘凉,这时来了一位对刘备一生的事业产生了极其重要影响的人物:颍州(今河南许昌)人,姓徐名庶字元直。

曹操乐管家务事

早就听说过一句俚语:清官难断家务事。

这也就是提醒我们:别人的家务事你少插手,各家都有本难念的经,家庭矛盾是件双面夹克,分清里表极难。

曹操当然也没有那么傻,去见义勇为地调解袁家的内部矛盾,他是唯恐天下不乱。

大军主力开到了黎阳,像一只蓄势待扑的老猫,盯住了不远处的一只肥老鼠!那只肥鼠就是冀州的州治邺城,不过冀州的主人袁尚现在不在那儿,袁尚正在干着斩草除根的重要工作,追杀在重兵围攻下已经退到了平原的哥哥袁谭。

早在四月袁尚击败曹操时,弟兄俩就彻底反目成仇不共戴天了。

袁谭见袁尚轻轻松松地就将曹操打了个丢盔弃甲,心中大为不忿:这算什么事儿?我从去年九月苦战半年多,把曹操给熬乏了,最后你来拾风落枣,捂熟的柿子总不能你一个人吃吧?

于是便给兄弟来了个开诚布公:"我的部队铠甲装备不精良,所以之前才为曹操所败。现在曹操大军鼠窜,人人志在速逃,趁其还没逃过黄河,应该给我的士兵更换战械甲仗,我出兵掩杀,至少可令曹军大溃，不能错过这个战机呀。"

袁尚哪里会上这个当？既不给袁谭增兵，又不提供装备，宁放曹操顺利走人，也不能加强袁谭的战力呀。

袁谭大怒，郭图、辛评趁机说服袁谭："以前使先公让将军过继给伯父为兄后，皆是审配的鬼点子啊，现在坐失良机放走曹操的也是此人。"

袁谭深以为然，当然不能咽下这窝囊气，亲爸就是连气带窝囊而送命的，哪能再子继父业，重蹈覆辙？遂引兵攻向袁尚，袁尚自然早有准备，不会规矩老实地让哥哥教训，便出兵反攻，弟兄俩战于邺城外门，杀了个天昏地暗、日月无光。

最后袁谭的疲乏之军敌不住袁尚的虎狼之师，袁谭大败，万幸青州别驾王脩率兵来救，袁谭才得以引兵退往南皮，当然要积极整军备战，坚决要教训这个不知道大小尊卑的幼弟。

王脩给袁谭泼了瓢冷水："兄弟之间犹如人的左右手。假如人用左手将自己的右手砍断，反而得意地宣布'我手必胜'，这不是很可笑吗？如果兄弟相残而不亲，天下又有谁值得亲之？这是有人希望你们交斗，谗言于你们兄弟之间，以求自己的一朝之利，愿塞耳勿听。我看莫若斩佞臣数人，与兄弟相亲和睦，以此而御四方，可无敌于天下！"

袁谭哪能听得进去这种劝架的谬论？当然不从。实际上就是想接受王脩的良言相劝也不可能了，因为袁尚已经亲率大军追到了南皮，袁谭气恼之下与之大战，还是大败，无奈之下只能据城死守。

袁尚重兵包围，攻打甚急，誓灭兄朝食！

　　毕竟知弟莫若兄，袁谭瞅了个空子，突围而去，一气奔到了自己的根据地平原，而袁尚竟不依不饶，尾追而来，又把平原围困了起来，看来非要斩草除根不可了！

　　荆州的刘表来了封长信，极力劝解二人罢兵，可惜他老人家太过迂腐，尽讲些古之圣贤的大道理，须知：对牛只能用鞭子说话，弹琴是肯定没用的，只懂得焚琴煮鹤"味道好极了"的袁家兄弟，怎会听这位行将就木老人之言呢？

　　袁谭一不做、二不休，干脆投靠杀父仇人曹操吧，至于是否真心拥曹那就另说了，反正是派了颍川的辛毗去找曹操紧急求援。

　　曹操表现得极为仗义，大有路见不平拔刀相助的好汉之风，而且施用了古人之"围魏救赵"巧计，没有理睬在平原死拼的亲哥儿俩，径直摆出了扑向袁尚老巢邺城的架势，这是攻袁尚之必救，袁尚不敢不理，结果平原的袁谭顺利解围。

　　曹操见袁谭危机已去，却收兵回到河南，为什么不趁势而取邺城？还是觉得时机不到，那袁谭仅是口头归降，从杀父仇人变为忠心的部属总需要一个必要的过程，如不费心力做点感情投入啥时都免不了隔阂。在曹操全力对付邺城时，袁谭假如一旦翻脸再认兄弟，那就会使曹军腹背受敌，一家对付两兄弟的风险曹操再也不敢冒了。

　　临退军有了个大收获：那袁尚派来前敌迎战曹操的将领吕旷、高翔突然看清了形势，决然弃暗投明，率部队主动战场起义，归附曹氏中央，曹操的这次出兵只是摆了个架势，便取得巨大收获！

　　曹操明白这当然是有袁谭做榜样的缘故，所以越发重视对袁谭的安抚，讨伐袁尚反而成了次要的事情了。

　　再有就是军粮供应的问题，越往北打，离河南的根据地越远，大军的后勤供应越发不易，单是士卒的车马劳苦就是大难事，欲彻底收服冀州，看来首先要解决这个头疼问题。

　　大军还在回程途中，那新投诚的吕旷、高翔却上缴给曹操两方将军印，说是袁谭刚派人送给二人的，为表对曹司空的一片赤诚，二人决定把此无用之物上缴归公。是啊，现在只有曹操能代表朝廷封人官职，其他人做此举动，与谋反无异。

　　曹操来了个心里有数就行，嘱咐二位深明大义的将军不要声张，绝对保密，暗告密却需明嘉奖，曹操将二人封为列侯，却对袁谭更加亲近，干脆与袁谭结成了儿女亲家，下重聘为自己的儿子讨了袁谭的女儿做媳妇，看来铁心要与袁谭同生死共患难了。

　　袁谭一得意，袁尚便生气，一气之下重发大军扑向了袁谭，这回决心任你曹操摆啥架势也不理睬了，目的就一个：不破亲哥终不还！

欲攻邺城遇铁壁

　　袁谭一屁股坐进曹操怀里就是为了对付兄弟袁尚，曲线救国么，恩师刘备就是好榜样，到时候咱也可以来个"反徐州"哇，小兄弟又打过来了也不要紧，还是可以照方抓药，紧急通知曹操：又到了该亲家出兵的时候了呀。

　　袁尚带来大军的同时还带来了军师审配的一封劝降信，信中的审配深明古之大节、目前形势，充满情感地给袁谭指出了团结一致、共同御外的民族大义、家族利害、个人得失。看得袁谭怅然登城而泣，情绪稳定以后，便自然前思后想，深谋远虑了。

深虑之下，竟然恨不得马上就飞去邺城。

干吗去？宰了这个浑蛋去！

说得这么好听，那为什么不按照长幼为序接班掌权？我在前方为你们守门看户像条老狗，袁尚凭什么就该当主人在邺城玩乐？最后连块骨头都不扔给我，与其饿死、气死、羞死，还不如一拼两败呢！

曹操很听话，接信后立即出动大军直捣邺城，这次不是光摆架势了，是来真格的了，因为曹操已经做好了一切准备工作，包括军备、粮食的运输问题。

去年十月回军黎阳后曹操便没闲着，干什么工作啦？修渠挖河，大搞冬季水利工程建设。不过可不是为了老百姓的农田，是为了彻底解决部队的后勤运输问题。

一个月的勘察设计，一个月的准备人力工具，一个月的紧张施工，到了建安九年（204）二月，工程已经竣工：从淇水到白沟的南水北调人工大运河已经通航，这下曹军可以乘舟顺注了水的白沟北下漳河。那邺城就在漳河岸边，肥老鼠终于要按在老猫爪下了。

得到紧急军报的袁尚又该踏上归程了吧？不！这回袁尚索性豁上了：不管你曹操怎么"围魏"，我就是不能让你"救赵"，围住了平原，给我往死里打。邺城？嘿嘿……

袁尚实际上心中有数，邺城是曹军的墓地！

出兵时审配就为他安排好了一切，步兵主力大半都留在了邺城，四门都给曹军设好了陷阱，那曹操不是一向身先士卒吗？但愿你风采依旧，这次要让你魂归故土，身留冀州！

这次曹军出兵遇到的净是好事，水陆并进，一路顺风，大军直抵距邺城五十里的洹水。

袁尚临行委派苏由、审配合守邺城，谁知那苏由机灵得很，一见曹军势大，马上暗中联络曹操，愿为内应，共破邺城。

谁知苏由做事不密，被审配得到了风声，二人各带本部兵马竟在邺城城内厮杀了起来，结果通敌的苏由毕竟不得人心，被审配杀了个全军覆没。

苏由率几名亲信拼命杀出了一条血路，逃到了正渡洹水的曹操军中做了投降将军，战场起义虽功败垂成，但邺城的军情无疑再也没有了秘密。

尤其令曹操兴奋的是邺城中还有另一条内线：那审配的部将冯礼早就与曹操暗通了消息，愿为曹军内应，争取立功受奖，献城封侯。

所以，在围攻邺城当日，曹操便组织了一支三百人的敢死队，只等冯礼趁夜值班时打开城门，一举突破邺城！

没想那审配却是个有真材实料的将才，对冯礼的举动也早有觉察，佯装不知，暗做准备，就等那曹操身先士卒进城了！这里可不是当年吕布的濮阳，没有人会捉了曹操再予宽大释放，只要你进城，那你就死定了！

夜晚三更，云低月暗。

敢死队员如同一阵无声的微风，飘近了邺城城门。城楼几下灯摇，城门吱呀洞开，士兵们悄无声息地扑进了邺城，破城只在旦夕！

突击队进去了！曹操抑制住心头的兴奋，挥手后面的大队跟进，看来要毕其功于一役了。

突然间，城头火把四起，鼓锣齐鸣，一阵呐喊，乱箭射下，与此同时，城楼上无数巨石接连砸下，瞬间城门木栅已被乱石封死，没进城的部队死伤无数，溃退下来。

曹操耳听得城内杀声连天，惨呼声声，心内阵阵揪疼，他知道：全体敢死队员完了！

其实现在的曹操应该庆幸才对：素来偏爱一马当先的曹操今天在后催阵，实属死里逃生。只是可惜了那三百名敢死的勇士，集体走入了坟墓，人若有灵魂，冤气怎散？

莫非这些士兵参加过徐州的屠城、官渡的坑杀战俘？就算有报应，也该先施与罪魁曹操吧？

曹操大悲之下，继而大怒，挥兵攻城，誓报此仇！

慢——失去理智永远不会得到理智的结局！

还是要惜兵力，斗智为上。

曹操传令：围而不攻，部队十中抽一，开挖围城堑壕，或者说是地道，是什么让城内的审配猜详去吧；挖出的土近城堆成土山，也学一回当年袁绍在官渡时的空中作战。

壕渐深宽，土山渐高，城内的审配差点笑倒：地道吗？我旦给你预备好了断沟；土山？现学的曲儿唱不得，且等你堆得与城齐时，看俺怎样破你的笨招儿！

土山开始聚起，审配在城头冷笑。

土山逐渐增高，审配在城头大乐。

土山堆得快与城齐了，审配开始关注了。

现在曹操在城外堆的土山已经基本与邺城等高了，曹操的下一步就该搭木架、建阁楼了，再往后就该邺城的袁军享受当初官渡曹军的"幸福生活"了。据曹操所了解：邺城还没有对空武器，看你怎么得意地悠闲守城？

搭木架的木材开始艰难地运上土山，审配还是镇静如常；费了九牛二虎之力的曹军终于把架材运上了土山顶，那儿成了一个大平台，平台上是热火朝天的建设工地，审配照样无动于衷。

看来曹军是准备昼夜施工了，傍晚，黑白班的士兵开始交接，土山上的人一下多了一倍，警戒的部队也到了换岗的时间了，情形看似有些混乱……

忽然，邺城城头传来了一阵梆子急响！无数的箭弩从城头飞向了土山上的人群，曹军猝不及防，伤亡惨重，平台上几乎不见了一个活人，那箭雨并未停止，所有的人都退下了土山，像一阵大风从坡上刮过，鲜血与尸体布满了黄土高坡。

箭雨中，曹军眼睁睁地看着邺城城头搭过来无数木梯，大量的袁军踏着木梯冲过了城头，瞬间占领了曹军的土山！这下土山背后的曹军也待不住了，居高临下的袁军射下的不仅有箭弩，还有刚刚费力抬上去的巨木石块，现在开始省力地还给曹军，不远的曹操目瞪口呆！

曹操苦思了一夜，欲求破城良策；土山上的袁军劳苦了一夜，在紧张地继续曹军未完成的工程，不过不是筑木架，而是立简易寨墙，天明以后，寨墙与工事已经基本竣工，曹军已经不可能仰攻夺回土山了。

曹操很明白：自己费力出资赔人命，替邺城构筑了一批前哨掩体，这下邺城更稳固了。

邺城城头的审配开心地笑了。

邺城攻防各呈巧手段

曹操争夺邺城城头制空权的战役以破产资敌而告终。

但曹操却像非学官渡时的袁绍不可，地道战还是照样准备不误，士兵们轮流作业，进展虽慢，但还是坚决地从地下向城内挖去，把个邺城的守城主帅审配猜思得不住摇头：就这点本事也配叫曹操？

审配也就坚决地等待曹军从洞里钻出来，你既然学习袁大将军的攻城手段，那咱就不妨学习你曹操的守城妙招儿，整一个官渡攻防战的翻版。只是克隆的对象调了个，审配就是当年官渡时的曹操，曹操就是当年官渡时的袁绍，一切全反了。

是这样吗？这样下去这仗还打个啥意思？曹操怎会走袁绍的老路？

实际上曹操已经不在邺城前线了，邺城的前敌总指挥现在是曹洪，围城的、挖洞的都是曹洪所部，这是只知道待在城里听都城侃爷们胡说八道的审配无论如何都估计不到的。

善于接受教训的曹操不会与审配在邺城死耗下去，吩咐曹洪继续深挖洞，自己却率主力广积粮去了。

原来曹操经过冷静思考，决心忍下急于复仇的心中怒火，大军主力转扑向了冀州广平郡的边境小城毛城。

那里是袁军通往上党的粮道口关，地势险要，但一旦控制在曹军手中便等于卡住了邺城的喉咙，没有了后续的粮食供给，看你还凭什么困守下去？

守卫毛城的是武安长尹楷，虽率兵不多但所占却地势险要，论说怎么也不会失守这种一夫当关、万夫莫开的险要之地，但他却做梦也没料到曹操会丢下邺城不顾，亲自率大军长途奔袭这偏远的边塞小城，惊慌之下，兵无斗志，被曹操轻松地袭破毛城。

自此，冀州与并州的交通被曹军彻底切断。

邺城的西北方向现在成了曹军的地盘，曹操又马不卸鞍地直袭邺城正北方的邯郸。袁尚的邯郸守将沮鹄乃沮授之子，为人处世大有父风，但却没福气继承父亲的智慧才能，再加兵力悬殊，敌至突然，慌忙中登城防守，却挡不住曹军同时从四面登城，结果邯郸失守，沮鹄竟丧命于溃军。

毛城、邯郸易手，毛城近旁的涉县、邯郸东北方向近在咫尺的易阳也处于绝境了，涉县长梁岐、易阳令韩范见势头不妙，赶紧改旗易帜，主动归顺了曹操，曹操最喜欢这样的"明智"之士，当然不吝重赏，二人都被荣赐爵位关内侯。看来放下武器是最便捷的封侯之路。

曹操大军像支大型旅游团一般，绕邺城三面扫荡了半个冀州，按部就班地回到了邺城前线，那审配还稳坐在城头观山景呢，对于城下挖洞的曹洪部刻意怠工，竟然认为是曹军的士气逐日低落。看来审配毕竟智谋有限，常耗下去，怎会是曹操的对手？

果然，重新把邺城围成铁桶的曹操觉得不大保险，干脆还是采用围攻吕布于下邳的老办法，掘壕灌水，我豁上不进城了，你也别想再出来了！

邺城虽有漳河水源，但城大却非昔日下邳可比，光堑壕便需开挖四十余里，那城内的审配能乖乖等着你把他困死在城内吗？一旦出击骚扰，士兵们是施工还是作战？专派部队掩护，少了抵不住袁军的攻击，多了又怎么抽调挖壕的兵力？

曹操胸有成竹：还是抽调十分之一的人力，慢慢地挖就是了，不急，那审配不会捣乱的。

诸将领半信半疑，各自分段开始了掘沟工程，曹操又吩咐：壕宽两丈，不用深挖，掘走地表数尺硬土即可。

那还能引得进漳河水来？不光将领们这样嘀咕，城头的审配也不禁心中暗笑：这种劳军力无用处的堑壕挖他何用？浅得简直无知：人随便跳下爬出，怎挡我大军出入？

唯有一点危险：所占据的曹军土山下面被掏空了兴许出事故：干脆撤回士兵，索性再看一次笑话，让你尽量地顺利挖下去，你挖上半月，填平他兴许不够我一夜工夫。

施工的曹军也挺配合，尽毁土山，平了费力开挖的地道。在审配看来，这曹操纯粹是生了孩子就掐死，就图折腾着玩儿了。

堑壕渐深，城内的审配准备干涉一下了：明天就突然出兵平了它，让你再挖上半月，反正挖坑比填坑费劲得多。

谁知第二天一早士兵来报：那城外的堑壕里竟然灌满了大水，宽逾两丈，士兵们冒死靠近探了一下深浅，深也两丈有余，现在没有舟船谁也出不去了！

审配突然觉得自己跳到了那城外的堑壕里，浑身顿时变得冰凉：被那曹操给耍了！肯定是昨夜曹军全部出动，一夜拼命，挖深了堑壕，自己早出动一天多好？

不愧为袁军现在第一智囊，还真让审配估计得百分之一百正确，那曹操还就是这么干的，磨了半个多月，就是为了这一夜，这一夜竣工了四十里周长、宽深各两丈的围城堑壕，现在围城大功告成！

现在就担心一件事了，也是在平原进行围城战的袁尚是否能于城破之前回救邺城？如果这种事情出现了，那将又是一场功亏一篑的战事。

里应外合突重围

建安九年（204）五月，过于自信的审配开始为他的失误付出巨大的代价！

首当其冲的当然是邺城无辜的百姓，紧接着的是可怜的守城士兵，态势如同孤岛的邺城彻底断绝了粮食供应之后，人们首先作战的对象是自己填不满的肚子，灌满了漳河水的围城堑壕割断了人们一切逃生的希望，把自己的同类作为食物的惨景即将在邺城重现了。

围攻邺城的曹操大军现在省略那个攻字，成了围而不攻的警戒部队，唯一的任务就是巡逻在堑壕的岸边，防止有人偷渡求生，这下百姓们惨了！

自信的审配开始失去自信了，他第一次——也是唯一的一次向袁尚发出了求援的告急信，一名天生水性绝佳的亲信成功地顺水潜游到了漳河，奔向了也在平原进行着围城战的袁尚。

僵持在平原城下的袁尚来不及将斩草除根进行到底了，毕竟老巢邺城比亲哥的性命更加重要，慌忙中集结了一万多精锐，亲自率领紧急回援邺城。

平原城内的袁谭松了口气之余，不免暗恨曹操无情：如此解围，究竟是为了救我？还是为了你自己的私利？——蠢材！还用问吗？

笔者的笔尖虽快，但邺城中的审配却是感觉度日如年、时光若止。公平地说还是审配感觉得对：邺城被围成死地已经接近百日了，城中的军民已经被生生饿死了一半！但却并未动摇审配的坚守意志，他相信：袁尚会给邺城解围的，即使不能，自己也决不降曹！大不了慷慨赴死就是了，哪个人的最终结局不是死亡？

终于盼到了！一天傍晚，望眼欲穿的审配在邺城东门城楼发现了远处的烟火，那里是距邺城仅十七里的阳平亭，按自己求援信的约定：今晚就是里应外合突破曹军的时刻！

审配动员了全部尚能作战的士兵，集结在了北门——曹军必在东门严防，北门外数里就是漳河天险，曹军理应防守最弱，这里就是与袁尚预约的会合处。早就准备在东门城头的火堆也点燃了，远方瞬间火熄，那是袁尚已经接到了信号。

邺城外的曹操其实早几天就接到了袁尚来援的急报，众将及谋士都建议及早撤围退军，事情明摆着：那袁尚倾力来援，士兵归家心切，必定人人死战，理应避其锋芒。

曹操经过熟思，向大家说道："袁尚军若堂堂正正顺大路进兵击我侧背，我即全师退回黎阳；若顺西山小道隔淦水来兵，即说明其心必虚,尚留自己逃路,怎会死战?吾必破之!"

果然如曹操所料:袁尚犹豫再三,终于没敢将自己全军至于与曹操拼命的死地,还是从西山小道经邯郸进军到了邺城东北方向十七里的阳平亭,先临淦水结寨扎营,才向邺城的审配点火发出了信号:今晚突破曹军北门防线!

诸将见邺城东门火起,俱都建议集中主力于城东,曹操冷笑:

"此小儿伎俩,安能瞒我?从未闻欲战先示其形者!三门撤半,集于北门险要处,谨防城中人突出,诸将随我伏于城北我寨两侧,今夜破袁尚必也!"

诸将接令临行之时,曹操踌躇满志宣布:"冀州已经到了我的手里了,诸位知道吗?"

诸将只好老实回答:"不知道。"——明白也要装傻呀!

曹操断言:"诸君很快就会看到的。"

以后实际发生的战斗实在没什么精彩之处:审配率城中饿兵如约出北门接应,哪知强渡堑壕时遭到了数量庞大的曹军阻渡,再三死冲不见战果,只得退军回城,落了个损兵折将,未能如愿。

欲趁夜色劫寨的袁尚更惨:突入曹军北门营寨后突然发觉是座空寨,紧急退军不及,还是遭到了曹军的伏击,部队建制一乱,只得各自为战,且战且逃,幸得袁尚作战彪悍,将士们都是玩儿命求生,才得突出重围,检视部队,已损失三成。

好不容易才收拢残部依曲漳扎下了大营,曹操又乘胜跟踪而至,指挥大军围了袁尚营寨,现在将士们已被曹军打得心裂胆寒,哪里还有战意?袁尚无奈之下只得派出了原豫州刺史阴夔及陈琳向曹操乞求投降,这总该行了吧?

　　谁知得势的曹操却意外地拒绝接受袁尚的投降，为什么？难道曹操非要赶尽杀绝不成？

　　正是如此，原因有三：一是曹操对去年败于袁尚耿耿于怀，认为是生平莫大耻辱，收这位胜过自己一次的后辈为部属？想起来就让人不舒服，不取其脑袋难洗败羞。

　　二是邺城的审配已成瓮中之鳖，眼前的袁尚已成落水之狗，何妨痛打解气，强似豢养费神，还是一刀杀了利索，一劳永逸的手段还是宜将剩勇追穷寇，宰尽敌人称霸王！

　　三是还有一个袁谭哪，收降了他不共戴天的兄弟，对这大义灭亲的哥哥怎样交代？难道还要给他们兄弟俩当一辈子和事佬不成？或者是替他们做终身制自由搏击赛台上的裁判？关键是：万一他们以后来个血浓于水怎么办？

　　袁尚见求降无望，只得设法突围保命了。说起来这袁尚也不是没两把神沙就敢倒反西岐的莽汉，对突围计划就设计得极为巧妙：曹操现在还未及合围，那当然是越早越好，立即就行动；突围之后的逃窜方向论理应该是向北或向东，实在不行向西奔并州也是一个选择。但袁尚这时却异常聪明起来了，向南！绕过邺城，奔向曹操的老家许都方向！

　　这招儿大大出乎曹操的意料之外，的确无法防范，等到发觉袁尚奔向自己的后方时已经迟了一步，袁尚在祁山扎下了营寨，这里在邺城的正南方向，距邺城五十里，恰能起到骚扰曹操围城部队的作用。

　　气恼的曹操干脆亲自点了五千轻骑，直袭祁山！这下袁尚不跑了，竟出动全部剩余兵力迎头击向曹操，论局部兵力袁尚并不占弱势，还是有拼一下的资格的。

　　袁尚派往前敌的是自己忠勇将领马延、张颉，谁知忠勇二字要看用在什么时候，现在袁尚的处境实在是应该用可怜二字来形容，困兽犹斗也应该以身作则吧？此时迎击曹操无异于走向死亡，你不一马当先还想让兄弟们给你打头阵？算了吧，咱把忠勇献给曹操去！

　　马延、张颉率部战场起义，归降了曹操，这下袁尚再也没有拼一下的资格了，倒是非常机警，断然抛下了闻讯崩溃的全军，还是逆向折返向北，又越邺城，逃往了北方的中山国，这下可称为真正的远遁了。

　　可惜曹操还是没有估计出袁尚逃走的方向，怎么也不会料到袁尚竟有北来自投罗网求活路的胆量，等发觉后欲再追捕却是实在来不及了。

燕赵多悲歌之士

　　袁尚逃亡，曹操鞭长莫及，别急，还有个袁尚的死对头亲哥袁谭呢，现在轮到了袁谭下手的时候了，那袁谭对弟弟的原则也与弟弟对哥哥一样：斩草除根！自古无毒不丈夫嘛。

　　笔者忽然想起了大隋那位炀帝，外带唐宋两位太宗，俗话说的"打虎还是亲兄弟，上阵还是父子兵"原来还另有妙解？

　　袁谭自袁尚撤平原之围后并没有闲着，更不会按照曹操的命令安稳本分地回去经营他的青州，而是抓紧扩军征战，开始了趁火打劫冀州东部、北部的行动。

毕竟是故主袁绍的长子，而且打的又不是曹军的招牌，以冀州之主的身份收服冀州郡县确实顺利，一月不到，袁谭取甘陵、下安平、收勃海、伏河间，连得数郡，声势重振。

等到袁尚兵败邺城逃亡中山的消息一传来，袁谭立即明白：落井下石的机会到了。现在是三十天河东，三十天河西，可算是另一类度日如年？

中山国虽然地处冀州北部边境，但所临幽州是袁尚的友好邻邦袁熙的地盘，所以平常兵备不多，再加上本来就属冀州最小的一个郡国，又加新败，怎能抵挡饿狼般哥哥的侵犯？

而那袁谭偏懂得兵贵神速的大道理，几乎是真如饿狼扑瘸兔一般直击中山，等袁尚得到确实军情，索命的亲情同胞已离此不远，仓皇之际，还顾得了什么部属辎重？只带得数名亲随逃过州界，一直到了幽州的固安，才算有了点稳固安定的感觉了。

小公子逃亡，大公子来接班，倒也顺理成章，中山全境立即换了主子，袁尚仅存的这点军备兵卒被袁谭劫掠收编一空，现在就差弟弟的人头了。

但轻犯幽州，与现在还保持中立状态的袁熙公开撕破脸，袁谭还是觉得没到时候，还需要先消化刚吞下的几郡，君子报仇，岂在一时？况且，那曹操会坐视自己擅动刀兵而不睬吗？

曹操现在还当真只能坐视袁谭事实上的复叛，祁山全歼袁尚所部还称不上彻底获胜，不远还有审配这根硬骨头死守着邺城不降，不拔掉邺城这根硬钉子，曹军主力哪里也去不得，现在到了邺城最后的时刻。

由于袁尚逃得急促，其军所有辎重都留给了曹军，要命的是连袁尚的大将军、冀州牧印授、皇帝所赐之节钺，甚至连自己的随身衣物都成了曹操的战利品。曹操充分地利用了这些宝物：拿到邺城四门，以实物来证实袁尚已被彻底歼灭，别妄想救兵了，欲想活命，两个字：投降！

这曹操也怪，求降的袁尚他给予拒绝，坚决不降曹的审配他却极力劝降，而那审配却宁死不给曹操这个面子。

城中闻知袁尚已灭，人心惶惶，个个不想给袁家陪葬，此时能降，岂不是最好的出路？审配却做了紧急政治动员：

"幽州的袁熙公子马上就到，我们还怕没有主公吗？现在曹军已经疲乏力竭，只要坚守死战，我军必胜！"

还真差点让审配给说准：曹操确实有点得意忘形而疏于防范了，有次在出行巡视围壕时，离城过于近了，审配发觉之后，在其前方紧急埋伏了弓弩兵，等曹操临近之后，审配亲自指挥，一阵乱弩射下，差点儿要了曹操的命去，幸亏那弓弩兵中没有高手，曹操又机警地没给城上第二次机会，不然，真说不定笑到最后的是谁了。

事情现在是到了这个样子：无论审配再忽悠得天花乱坠也用处不大了，将来的幸福生活不顶现在的肚子饿，等到那说不准的救兵来到，俺说不定已经成了哪位的口中美味了，抬轿子的还管坐轿的是谁，保命要紧。

所以人人思降保命，连审配的亲侄子审荣也不例外，坚决不替老袁家卖命了。一天夜里，身为东门校尉的审荣打开了城门，放进了曹兵，邺城终于陷落了。还是那句老话：坚固的堡垒大都是从内部被攻破的。

审荣在开城纳敌时，审配正巡逻在城东南角楼上，望见曹兵已进城，知道大势已去，当然现在最恨的是叛徒，只是不知道这叛变的罪魁是谁。忽然想起那辛毗亲哥的全家还在邺城狱中，现在最紧急的就是赶快宰了叛徒的全家，立即派人飞骑驰抵邺城狱中，在随曹军入城的辛毗赶到监狱之前，杀掉了辛毗亲哥一家老小。

审配巷战力尽被俘后见到了辛毗，辛毗心中恨极，抡马鞭劈头盖脸，边打边骂："奴才！你今天死定了！"——骂什么也不该出口这个"奴"字呀？估计当时没细想当了奴才的是谁。

审配连正眼瞧他一下都懒得："走狗之辈，正是由于你们这种不配称人的东西，才破了我冀州，我恨不能连你一块儿宰！杀我？是你当走狗的能说了算的吗？"

有了上次白城楼对付陈宫失败的教训，曹操知道如何打击不怕死之人的心理。一见审配先问的就是："知道是谁献了你的城门吗？"

审配当然最想知道的就是这个，所以老实地回答："不知道！"

曹操得意得有点近似残酷："就是你亲侄审荣啊！"

审配几乎给气晕过去："这小子混账到这种地步！"

曹操见击中了敌人的要害，心里那个痛快："前日我行围城下，先生的箭弩怎么这么多呀？"

得意必然有失，曹操本不该对审配起这种嘲讽之心，一句随口戏言竟遭到了审配立即反讽："我恨其少哇！"

曹操顿觉无趣，但还是不想杀掉将生死置之度外的忠烈之士，便主动替对手辩解了起来："卿忠于袁氏父子，亦自不得不尔也。"
（《后汉书·袁绍列传》）

一听曹操话语有放过审配之意味，堂下的辛毗号啕大哭。曹操真有些为难了，又见审配毫无屈服的可能，只好狠心下令将审配斩首。

到了刑场，有个因投降而活命的冀州人张子谦，素不服气审配，欲来占些口头上的便宜，得意喝令审配向南跪下，并笑着说与审配："卿竟到了这种地步，何如我等？"

审配厉声痛骂："你是个投降的俘虏，审配是个报国的忠臣，就是死又如何？哪能像你这般苟且偷生！"——那张子谦反倒被骂得面如血染。

临行刑，喝令刽子手转自己北向，语气骄傲："我君在北！"

自古燕赵多悲歌之士！然也！

袁氏四州三州改姓了曹

曹操攻克邺城之后，标志了冀州的主人已经易手，虽然东、北诸郡国尚未明确表示归附，但大势已定，靖平全境看来只是时间问题了。

当然，袁谭的存在是个大阻碍，虽然近几年袁谭一直在冀州拼前程，实际上被朝廷承认的地盘是在贫瘠的青州，袁谭不除，半个冀州、一个青州都将不得安宁。

但急切还顾不上袁谭，曹操还有三件大事要做，其实这三件大事都是为了一个目的，那就是安定民心。

曹操这三件事都做得挺漂亮：首先是稳住现任的冀州中层领导干部，方法也挺秀、挺绝、挺出人意料又在情理之中，估计曹操如果从事戏剧创作也会是位高手，这都是必要的情节要素嘛。

曹操亲自上门慰问老对头袁绍的妻子刘氏，并赏还了属于袁家私人的财产珍宝，对袁尚的妻儿也未加刁难，反而由国家发给布帛粮米，按退休高干待遇给奉养起来了。

历代史家对曹操的这一举动都是持称赞观点的，笔者却不由得摇头，为曹操惋惜：这正证明了曹操的是非不分、法纪不顾，一切从需要出发，根本无善恶扬贬可言。

因为那袁绍的遗孀刘氏却是个早该进十八层地狱的毒妇。此妇人性情残酷嫉妒，袁绍刚死，僵尸未殡，所宠爱妾五人，便被这妒妇皆尽杀死。

这还不算完，这毒到家了的妇人琢磨着这五人模样长得太好了，在阴间里见了袁绍还不免受那死鬼的宠爱，要根绝这个隐患！便使用了黥面文墨的一招儿，尽毁其容貌形态，方准入土。就这样还觉得余恨未消，又令儿子袁尚尽杀五妾全家方休。

这曹操还有一手绝的呢！他亲临袁绍墓前祭拜，痛哭流涕，比老爸曹嵩暴亡时更加伤心百倍，后人都知刘备是哭来的江山，其实阿瞒才是哭道大师，更知哭中三昧，曾下邳哭陈宫、淯水哭典韦、今天哭袁绍，真中有假，假中含真，水平一次高过一次，曹操之哭功才称得上登峰造极、无限风采！

曹操对自己的伤心有一番无法查证的解释，说是触景思情想起了与袁绍交心的往事。据史载：袁绍与曹操共同起兵讨董卓时二人有一番交心，那袁绍问曹操："若起事失败，靠什么再立根据？"

曹操谦虚，先请教袁绍，袁绍回答："我南据黄河，北阻燕代，兼戎狄之勇力，南向以争天下，你看可以成事吗？"

曹操回答得极高明："我聚集天下的智力，以道德驾驭他们，可以无所不能。"——实际上等于没回答。

笔者细查史书，分析判断：这是曹操的一面之词，诸史家被阿瞒给忽悠了！

袁、曹起兵之初，分别全神贯注于渤海、陈留，两地相距甚远，根本不可能相聚闲聊；到了洛阳外围后，分属不同战线，正好一个在西北，一个在东南，中间隔着董卓盘踞的洛阳，直到曹操兵败于徐荣铁骑，二人从未碰过面，之后虽结成同盟，却不是上述对话的情景了，所以此事必虚妄。况且袁绍哪有后来诸葛孔明的本事？能预料数年后混乱中国的政治军事形势？袁绍真有如此能耐，那还有曹操过的日子吗？

实际上曹操欲除袁绍，可以追溯到二人还是白丁布衣时。据《皇甫谧逸士传》中载：袁绍与袁术的母亲亡故，兄弟俩扶棺回汝南葬母，举办了规模空前的葬礼，宾客多达三万人。当时曹操作为袁绍的小伙伴也去了，葬礼中间便悄悄地对汝南好友王钰说："天下即将大乱，为乱祸魁首的必将是这一对宝贝。要想拯救天下，为百姓请命，如不先诛杀这两个祸害，大乱从现在就会开始。"

所以袁绍殒命，曹操既不会伤感，也不会惋惜，有的恐怕只是兴奋。

这是曹操为了怕众人暗笑自己作秀，信口开河地忽悠大伙罢了，反正没有人敢当面质疑，至于后世的史家们，那就更易骗多了，从来最难打发的都是当世人。

曹操的第二件大事却是实实在在的行动。九月，曹操颁令："河北罹袁氏之难，其令无出今年租赋！"——免掉了农业税！老百姓真正得到了实惠，谁能不说政府英明？

当然，在那个腐败加落后的东汉年代，下层官吏们还没学会什么集资摊派的高招儿，也没有那么大的胆量敢对上面的政策阳奉阴违，农民还真是减负了。

第三项决策更是如甘霖降旱田：颁布重豪强兼并之法。这下老百姓真要高呼万岁万岁万万岁了。

曹操公布了惩治先富扶植贫民的政策：

"一个国家，一个家庭，历来不患寡而患不均，不患贫而患不安。袁绍对冀州的统治，使豪强肆虐，亲戚兼并；下民贫弱，代出租赋，倾其全部家财，不足应付豪强的勒索；审配之宗族，至乃藏匿国家罪人，这样怎么能罪犯伏法？袁绍想得到百姓拥护而甲兵强盛，这样做能得到吗？以后我命令：官府收田租每亩为四升，每户出绢二匹、绵二斤而已，其他不得擅自增收。郡国的太守、国相要明察秋毫检查自己的辖区，不能让豪强有所隐藏，而弱民仍被迫兼交赋税。"

笔者只觉得那首句："有国有家者，不患寡而患不均，不患贫而患不安！"——至今尚存现实意义！

大政已定，现在轮到收拾那反复无常的袁谭了，至于亲家？不要紧，连离婚手续都不用办理，曹操没找什么无聊的借口，先把自己的儿媳妇——袁谭的女儿送回了娘家，别问为什么，如果非要明说，那就是马上要宰你父亲了，还是亲家的话，那多伤亲戚面子？

对袁谭却是需要书面讲清与之绝婚的理由，曹操修书痛责袁谭负约，送还其女后，立即进军袁谭眼下所据的平原。袁谭一瞧曹操跟他玩真格儿的了，胆怯了，提前放弃了平原，率部逃往南皮。

建安九年（204）十二月，曹操大军收复平原国，东邻青州的袁谭残部都变得高瞻远瞩起来，纷纷易帜拥曹，青州全境不战乃定。

并州的高幹也发觉了大好形势现在属于谁了，遣使表示归降曹操，曹操当然表示欢迎，正式任命这袁绍的亲外甥为并州刺史，并州遂定。

冀州、青州、并州三州都姓了曹，现在只剩下幽州了，至于南皮的袁谭，曹操已经不把他放在心上了，无根之草！还能成什么气候？

就因为这一大意，差点儿给曹操惹出了大麻烦，老到的曹操怎么就忘了"困兽犹斗"这句格言了？

暗火余炽更易伤手

建安十年（205）的春姑娘准时地赶来值班了，但正月里的曹操却没有欣赏春姑娘风韵的雅趣，而是不顾冬老人的余威尚在，提大军进入清河郡，顺清河北上直击袁谭。

实际上现在不是适合进攻方交兵的季节，大军辎重赖以水运，而其时天气尚寒，河未开化，行不得舟船。那所谓春姑娘实际上是先冷酷再明媚然后才能热烈，曹操等不及姑娘的态度转换，强行上道了。

曹操相信：人定胜天！

曹操颁令：沿河百姓全部予以强征，驱赶入河以锥破冰，违令者一律斩首！

这种以人力做破冰船的措施却十分残酷，小民谁不畏寒？于是逃亡者比比皆是，竟有一个眼晕的老农深夜敲开了曹操的住处以求藏匿——史载如此——笔者怎么也疑惑：这曹操的警卫部队都是吃白饭的？

曹操却有怜悯老弱的另一面，对老农坦言："听任你逃走则违犯法令，又不忍心杀了你，回去藏好点儿吧，别让官吏抓住了你。"

老农感动得哭拜而去，据史载，最后也没跑掉。结果可想而知。

大军逼近南皮，袁谭不准备再逃了，现在天时、地利、人和都在自己一方，此时不战，那只有逃亡一生了。

曹军居旷野忍天寒，袁军处暖房无冻忧，据天时；曹军须拼命仰攻，袁军凭坚城固守，持地利；曹军远师疲军，袁军以逸待劳，掌人和。——其实人和乃指人心背向，非指体力，这点袁谭想"左"了。

不管怎样，袁谭动员了全部兵力，迎头扑向了远来立足未稳的曹军，此时如不竭全力拼一胜，那以后的仗也就不用打下去了。

这的确出乎曹操的意料，那袁谭既没凭坚城死守，又没抢时机远飏，而是采取了最正确的应对：拼老命求生存！

曹军有些措手不及，竟抵不住袁谭生力军的疯狂突击，主要是长途劳累的缘故，其次是心理上没有做好打恶仗的准备，所以大军前锋竟成了后卫，被逼得步步后退，眼看前锋就要溃败！

前锋若溃，必然会冲动全军，进而形成大军溃退，如此敌军士气必涨，自己部队战意必消，这冀州新服，人心未定，整个大局将不知会变成什么样子了。

这时候下什么"后退一步者斩"的军令是没啥用处的，将士们在心怯求生的关头是没有时间细品军令的，让士兵们立即明白的命令只有一种方式：主帅的行动！

曹操策马挥槊冲上了前敌，近卫中军当然更不能怠慢，已经成为部队突击中坚的近卫骑兵顶上去了，这支实战形成的精锐铁骑以后被冠名以"虎豹骑"；但也只是暂时止住了步步后退的态势，那袁谭军还是死战不退，双方已成僵持的混战之局，谁后退一步便会全军溃散，甚至覆没！

看来古语所说穷寇勿追也是有几分道理的，面对做困兽之斗的袁谭，曹操本不该冒如此风险。袁氏业已成无根秋草，欲除掉有的是更为稳妥的策略，看来曹操在兵盛时也懒得再费神出什么奇谋，这个习惯还会导致他吃更大的苦头。

一场昏天黑地的厮杀没完没了，一上午过去了，双方的体力意志都已达到了极限，这方面对曹军明显不利，毕竟士兵的体力储备都已消耗在进军的途中了。战势到了这种地步绝非曹操所愿，但也只能无奈地坚持，乱战关头啥妙计都是废话，双方此时较量的只是战士的勇气，当然还有更重要的：主帅的意志！

曹操想起了官渡之战乌巢劫营的危机时刻：那时候将士们最需要的是什么？对，是一种声音，主帅的声音！声音的内容反而无关紧要，乌巢时通报了危机实情反而激起了将士们的斗志，大家在那一刻从死中求来了生!

曹操看见了中军的战鼓,他本能地扔掉了马槊,在战马上抢过了士兵手中的鼓槌,战鼓频率大变,已经不是在起指挥的作用,激战中的士兵听到后面齐呼:"是曹将军在擂鼓!"人人明白自己该做什么了,两个字:拼命!(《魏书》:公攻谭,旦及日中不决;公乃自执枹鼓,士卒咸奋,应时破陷。)

战鼓声中,一道曹操的口头军令传遍了整个战场:此战不留俘虏!不准敌人投降,一概杀光!

这是主帅的自信,是擅杀嗜血的曹军士兵的"摇头丸",曹军达到了兴奋的顶点!

袁谭军的士兵终于胆怯了,不知道第一个回身逃跑的是哪一个,瞬间传染了全军,如同一只被吹胀突破的气球,"嘣"的一声,粉碎得无影无踪!袁军崩溃了。

曹操又赌赢了。

袁谭舍生忘死杀回南皮,谁知已经迟了一步,南皮城已被曹军勇将乐进突破南门,大势已去!

袁谭几乎疯狂了,头盔已丢,披发驱驰而逃,部下紧随狂奔,袁谭竟认为是曹军追兵,惊惧之下,心理崩溃,坠马之时大呼:"咄,儿过我,我能富贵汝。"言未绝口,头已断地。据史载,是曹家的后起之秀曹纯的部下虎豹骑完成的这最后一击。

曹操擒斩郭图等人,戮其妻子,总算出了口对降而复叛之类的恶气。自此冀州全境平定,现在该轮到幽州了。

曹操大军兵临幽州边界,幽州全境山雨欲来,就在这局势飘摇之际,一个消息石破天惊,震晕了患难中的袁尚、袁熙兄弟,震退了边境的曹操大军！

肥肉好吃难消化

幽州突然内乱。

原来就在曹操大军陈兵幽州南部边境之紧要关头，幽州的将领们终于摸出了门路，以袁熙大将焦触、张南为首，并率幽州诸郡太守、各县令长，宣布拥立焦触为幽州刺史，背袁向曹，从今服从曹氏中央。

焦触等人在行文声明之后，又觉得总不能光喊口号吧？心动不如口动，口动不如行动，于是陈兵数万，杀白马盟誓，以表对曹操的无限忠心，誓词简明扼要，四个字："违命者斩"！

还就是有不怕死的。别驾韩珩在依次宣誓时做了另类发言："我受袁公父子厚恩相待，现在眼看着他们家破人亡，我智力不足以相救，勇气不能够随死，已经是个无义之徒了；若再北面而事效劳于曹氏，这种事情不是我所能有脸做出来的。"

大家都认为韩珩死定了，没想那焦触虽还未成曹操部属，却得曹操真传，知道如何将这意外不利因素转化为有利因素，不怒反赞："做大事应当顾大义，事情的成败不在于一人，可以遂他的意愿，以鼓励大家忠君报主。"也就是告诉大家：以后我们这样忠于曹操就行。

这一手挠在了曹操的心痒处，曹操能不大乐？立即宣布：承认人民代表的推荐，并封焦触为列侯。焦触则以实际行动报答曹操的信任，举兵杀向老主人袁熙及落难的袁尚，那袁家一对难兄难弟，此时众叛亲离，怎能抵挡？没奈何只得逃亡于父亲袁绍的老友三郡乌丸之蹋顿单于。

那三郡乌丸本为塞外匈奴分支，曾趁天下大乱之时，攻破过幽州，掠走汉民达十余万户。袁绍掌北境四州之后，采取了大汉王昭君的故事：让步和亲，立其酋豪为单于，又搜罗部属百姓家漂亮女儿认作己女，然后送给匈奴们，美名曰：妻焉。

辽西单于蹋顿尤强，当然更为袁绍所厚待，所以袁尚兄弟前往投奔，果然得到蹋顿回报，仿袁绍待自己而厚待袁氏兄弟。这袁家兄弟感激之余，当然也要表现一下自己不是来混饭吃的，便数次引路入塞为害，帮乌丸匈奴抢掠汉家的财产美女，现在的袁氏兄弟已经沦落为标准的汉奸加强盗了。

暂时不用进入幽州作战的曹军并没有闲着，对于袁尚、袁熙兄弟的逃亡，曹操认为是斩草未除根，但如果立即提军进入遥远的辽西，却还不是时候，还需要绥靖后方，刚吞下的四州可不是那么容易消化的。

在曹操大军的威慑下，割据于河间、渤海之间的黑山军主动向曹氏政府军投降了。建安十年（205）四月，黑山军首领张燕以献出十余万彪悍部队的资本被曹操封为列侯。造反——招安——封侯，确是条光宗耀祖的捷径，成功了你是英雄，不成功也是英雄，只要你敢造反。

现在冀州全境基本上算是稳定了，除了沿海的一些被百姓称为"海贼"的零星武装，都表示了对曹操的无条件服从，主要问题还是在没有动用武力征服的幽、并二州，首先是幽州出了乱子。

　　东汉时的幽州控制面积辽阔，不管是谁任幽州牧或刺史都没有真正地掌控过幽州全境，袁熙当政时也就是对幽州的西半部分说话起点作用，而幽州的东半部是掌控在辽东太守公孙康手中，这里包括了现在的整个的朝鲜，韩国汉江以北的大半，那时候都是属于汉朝领土的。

　　出乱子的地方是范阳郡及北部边郡渔阳郡。渔阳郡当时是受鲜于辅管辖，郡治犷平（今北京密云），三郡乌丸在袁氏兄弟的协助下已经打到了犷平，鲜于辅向曹操告急！而范阳郡袁熙的部将固安赵犊、霍奴等则起兵予以响应，也就是在黑山张燕被封列侯的同时，同样是被新封列侯的幽州刺史焦触、涿郡太守张南被赵犊、霍奴等砍掉了脑袋。幽州一眨眼又变回去了。

　　看来还是像对付袁谭那样利索得多，只有快刀断头才能一劳永逸，曹操这次下狠心动真格的了。

　　为保大军辎重，曹操接受了兵伐邺城时的成功经验，先征集民夫开通河渠水路，费时三月，自呼沲掘渠入泒水，又从沟河口凿渠入潞河，前者命名为平虏渠；后者命名为泉州渠。现在可以兵出幽州了。

　　葫芦才想动手去按，那边的瓢又浮起来。就在曹操大军出动的同时，并州急报：破邺时归降的并州刺史高幹重新反叛自立，举州附之，新收的四州转眼一半改了姓。曹操却无力同时应付两地蹿起的火苗。

　　但出于对降而复叛的痛恨，曹操还是分出了部分兵力，遣乐进、李典率领，出击壶口关平叛。曹操本人则率主力开向固安，要先平息幽州的叛乱。

赵犊、霍奴的叛军从未领教过曹军的厉害，数万守军既不远飏，又不依城死守，而是怀有袁谭的想法：以逸待劳，一举击溃曹操的远来疲师！

这恰中曹操之下怀，一经接战，曹军主力前锋便稍作力竭后退，却步步死守。赵犊、霍奴一见得势，当然是步步紧逼，死攻不退，这次没用着曹操亲自上阵或擂鼓，反倒是赵犊、霍奴带头死冲，正感觉快要得手时，听到了后方固安传来急报：固安遭到张辽所率轻骑之突袭，城防已被突破，现正在激战中，请二位将军火速回救！

赵犊等大惊失色，赶紧鸣金收兵，回救固安，谁知大军竟被曹军死死纠缠，想撤都撤不下来了，退军令已下，士兵们哪里还有什么斗志？战势顷刻急转，部队瞬间溃败。

谁知大军连溃退都没有资格，固安方向杀来了张辽的轻骑，那张辽部袭固安实乃虚晃一枪，真实的目的却是围兜赵犊的主力；连溃散也不可能了，左右两侧均被曹军的弓弩兵、长枪兵封堵住去路，原来曹操打的就是一网打尽的算盘。

赵犊、霍奴等均被斩杀于混战中，固安不攻自破。

曹操克固安只不过是为了借道而已，战争行动的最终目标却是渡潞河而救犷平。乌丸慑于曹操军威，不敢接战，与袁氏兄弟率部奔走出塞，远遁大漠深处幽州昌黎郡的柳城。

曹操这边的军事形势一派大好，率部于并州讨叛的乐进、李典可就没那么幸运了，那高干集重兵于上党郡，执上党太守而自领，闻乐进、李典兵到，不予野战，而主动退守上党险要壶关口，乐进、李典策军攻险，伤亡惨重，而高干在给予曹军绝大消耗之后，竟弃守壶关口，再退壶关城。

乐进、李典占据壶关口之后才发觉这场仗永远打不胜了：壶关口至壶关城相距十里余，却是山间狭道，人仅能并行，既无山泉，又无水井，马不得饮，人难解渴，而那壶关城却扼据当道，凭山而筑，攻城兵力根本无从展开，是真正的一夫当关、万夫莫开！

大军别说攻城了，就连屯军扎寨之处也别想找到，僵持也绝不可能，只得退到山下，扎营引军就食，并把军情详报于曹操。

接乐进、李典所报战争态势，曹操大怒之下亲提大军西向：谅一小小壶关城怎能阻我收复并州？建安十一年（206）春正月，曹操大军开到了壶关城下。

地险不分官大小，那壶关城却不会给曹操丝毫面子，不管谁来了，山还是那座山，梁还是那道梁，怎么也不会料到，这高幹比那袁氏兄弟还要难缠得多！

壶关进退两为难

凡打仗，作战双方没有不想取胜的指挥员，而对战场地形的熟悉是指挥员保证胜利的前提，曹操深深懂得这一点，先带着谋士、将领们上了壶关口，进抵壶关城，至于这仗怎么打，要等对实际地形心中有数后再说。

地形看完，忧虑尤重：这壶关城打不得！

打不得也要打，这不是难为人吗？

曹操于军营也做起了长期"功课",如何打是关键!

一日,曹操于野外看见士兵们在捉田鼠改善生活。那田鼠本来深藏洞中,安全得很,可是经不住士兵们在鼠洞远处的地面上敲击恐吓,蹿出逃命时反而丢了性命,成了人们的盘中美味。

曹操心中一亮,终于做出了攻占壶关城的方略:大军分兵取势,不打而打,把高幹从"鼠洞"中恐吓出来!久思必有灵感。

曹军主力干脆在壶关口下练兵坐等,分出偏师四路,三路分别进驻壶关城西南的屯留、正北的襄洹、东北的潞城,一路干脆北绕并州平乐向州治太原佯动。

一开始高幹还能沉得住气,认为只要壶关城不失,则上党郡便保,上党郡曹军收拾不下,是不敢深入并州腹地的。但搁不住时光飞去,一晃就是百日,那曹操看来有点豁上了的意思,是欲先尽吞并州全境,然后再困死壶关城,高幹要另想出路了。

高幹想了个两全其美的主意:留部将夏昭、邓升守壶关城,自己率一部远赴北方的匈奴单于求救。

兵贵神速,立即行动,他千辛万苦到了匈奴。

谁知那匈奴单于跟中原人一样势利眼,曹操的威名早已传遍漠北大草原,哪有为了一个弱势高幹而得罪强人曹操的道理?不但不予相救,反倒出兵欲擒高幹向曹操献功,高幹长途劳苦之疲旅,哪敢应战狼群般的匈奴铁骑?惊慌之际,部队溃散,高幹只带得数骑亡命南逃。

现在唯一的希望就是袁绍的原盟友荆州刘表了,高幹如今也不是存有请刘表出兵相救的希望,仅欲前去投奔保命而已。哪知保命也难,行至上洛,被都尉王琰趁机捕而斩之,终于做了别人向曹操献功的大礼、封侯的资本。曹操果然不负王琰之望，将其封为列侯。

高幹命丢，壶关竟然坚守如旧，拒不投降，这大出曹操之意外！这些人脑子莫非进水了不成？这高幹的政治洗脑术莫非如此厉害吗？

大将曹仁看不下去了，委婉地提醒曹操：给守城者洗脑的不是别人，正是您自己！当然，曹仁的话不能说得那么直白。

据史载：河北平定之后，曹军接着包围了壶关。曹操下令："城破之日，不管军民，一律坑杀。"——这曹操又欲过活埋人的瘾了！

连月攻城不下，曹仁进言于曹操："围城必须开有活门，即所谓留其活命之路。现在等于告诉他们怎么都是死，必将人自为守，死战求生。况且壶关城坚固而粮多，强攻则士卒伤亡巨大，围困之则旷乎日久。现在屯兵于坚城之下，围攻自知必死之敌，不是个善策。"——只此数言，曹仁功德无量！

曹操依从了曹仁的意见，结果壶关城终于开城投降。曹仁立了大功，前后功并算，曹仁被封都亭侯。这曹仁的侯爵得来的可谓光明磊落！

壶关城放下了武器，并州全境顺利属曹。

建安十一年（206）八月，曹操转兵东向，征伐海贼管承，在下一个大的军事行动之前，定要稳定到手的地盘——东汉时的"攘外必先安内"。

军到淳于，曹操移心专于当地政务，区区一管承，还用不着曹操亲自出手。乐进、李典奉命率军征伐，果不其然，管承的乌合之众经不得乐进、李典正规军的打击，数战不利，退入海岛，看来打不过就到海岛避难是国人的老传统了，倒像是往事衍千年。

建安十一年（206）十月，曹操发表了第一个乙亥令，有第一必然是因为后来在建安十五年（210）还有一个乙亥令，后者其实就是一部曹操版的《我的前半生》。曹操在文中对自己的前半生做了基本客观的总结，当然，小事上粉饰点是免不了的。

这第一个乙亥令其中堪称珠玑的也有一段：

> 治理国家，统领军队，得到辅弼，关键在于能听到不同的意见，古诗称"听用我谋，庶无大悔"，实在是君对臣下的恳恳之求。我现担重任，每每惧怕失误，好多年以来，听不到反对的声音与出色的建议，难道是我言路闭塞、求贤不勤的原因？从今以后，诸掾属治中、别驾，必须每月两次各上言自己甚至曹某的过失，我会亲自检查的。

自邺城攻克时，曹操已经与朝廷交换了所兼领的实职，自戴了袁绍留下的官帽——冀州牧。这是个政治油水极大的差事，从此曹操开始有了名至实归的自己的独立王国。

至于那个干巴的兖州牧，最起码是表面上还给了朝廷，实际上让谁干还是曹操说了算，只不过是避免一身兼职过多的嫌疑。

天下十四州，现已到手其八（其中有一原东汉京师的卫戍地：司隶校尉部），曹操有句诗：老骥伏枥，志在千里；烈士暮年，壮心不已。现在骥还未老，当然不能伏枥；人未暮年，岂能止于壮心？

又到了曹操决定下一步军事行动的关头了。

南征北狩费猜详

建安十二年（207）二月，曹操率军从淳于回到邺城，现在曹操已经在有意识地经营邺城，中国的政治中心开始北移，发往全国的政令、军务开始来自邺城，许都只是块招牌了。

不过朝廷还是有点利用价值的，因为全国各地的军阀——包括挑明与曹操作对的那几人，也还都是奉的大汉年号，对天子刘协还是要称臣的，不管是谁，还是把获得朝廷——实际上谁都明白是曹操——的褒奖为荣的，自己任命了官职，还是要上报给曹操的中央政府给予确认一下，不然，总觉得名不正、言不顺。

曹操还有一手绝的：为了最大限度地对现任皇帝加以利用，数年征战间隙也没闲着，借口军功，为自己讨得了令人咋舌的封赏，仅封邑就达三万户！

是曹操贪图财物或享受？非也！

曹操是把自己当成了政府的赏赐中转站，转手便把这些封赏公开透明地奖赏给众将，这下封赏的主人变了，是我曹操私人奖赏你的，该明白应对谁感恩戴德了吧？

曹操发布丁酉令："我起义兵诛暴乱，于今十九年，所征必克，岂是我个人的功劳？其实是诸位贤士大夫之力。天下虽未全部平定，我会与贤士大夫共同平定的；而诸位劳而无赏，我内心怎能过得去？现在就是按功劳给予封赏的时候……"

这与驱猎犬逮野兔的道理是一样的，小时候经常跟着大人去

"赶青"（惊吓庄稼棵里隐藏的野兔），而一旦有了收获之后，大人们第一件事就是先把野兔的五脏给剖了，喂给立了头功的猎犬，据说这样走狗们会追得更积极。

曹操早两千年就懂得这个朴素的原理，一气儿大封功臣二十余人，皆为列侯，其余各依次论功行赏受封，牺牲的将士们更忘不得，抚恤孤弱，竟至无漏遗。

天下从没有免费的午餐，大投入希望的是得到更大的回报，这比做股票风险系数小得多：那是人们在穷折腾别人打给的欠条；曹操这点政治经济投入，其实是还将士们的陈债，附带还让你感觉自己成了欠债人，一举两得，马上就该你们用鲜血偿还了。

曹操主持召开了文武大员联合军事会议，议题就一个：下一步的兵锋指向何处？

再具体点：东方已靖，西方无战事，是南征刘表击刘备，还是北赴大漠征乌丸，那残存的袁尚、袁熙始终是曹操的心头大患。

众人的意见例外的一致："袁尚，一个逃亡的罪犯而已，夷狄贪财而无亲少义，怎能为袁尚所用？今天深入北漠远征，刘备必将鼓动刘表袭击许都。万一有变，事情后悔也来不及了。"

唯有奇人郭嘉与众不同，独持己见反对大家的意见。这郭嘉为什么笔者冠他以"奇人"呢？只因笔者发现，在曹操的军旅生涯中，郭嘉出谋的时候并不太多，且很多时候都是与曹操意见相左，但基本言出必中，可以说极善战术范畴的冒险奇谋。

虽然后世史人对其作为略有夸大演义，但记载也算中肯，在军事上比较的话，应该与刘备相差不是太远。——这样说"郭粉"们大概愤怒了，但史载如此，实际上刘备数次独立以弱兵克强敌，能保住命实在就高出帮闲们太多了，郭嘉是没有这个胆略与机会的。

就是这次力排众议的独见，依笔者看，恰坏了曹操的大事！理由后讲，大家耐心看下去就是。

郭嘉看人极准，基本上是从人性与心理方面为曹操做了详尽分析：

"曹公虽然威震天下，胡儿却恃其地处荒远，持远必然疏忽防备。我军猝然而至，袭击疏防之兵，当可必胜！我军忧患在于：袁绍有恩于四州之官民、乌丸之胡夷，而袁尚兄弟尚存；新收四州之人民官吏，我们还未及对其施德，他们只是因为畏惧才附从我们。

"若舍袁氏不讨而南征刘表，袁尚得乌丸之资助，再召集袁绍的死党遗臣，联合胡人而动犯冀州，则冀州人民及胡夷恐怕俱响应，到时定然青、冀等州恐怕都不是我们的了。

"刘表不过一个坐谈客罢了，自知才能不足以抵御刘备，重用刘备则恐不能制约，轻任之则刘备必不为其所用，曹公虽虚国远征，必无后忧。"

曹操深以为然，支持了这绝对少数派的意见，传令大军做好远征准备，长途行军，辎重必然笨重，军至幽州南部边境易城，郭嘉又上言曹操："兵贵神速。现在千里奔袭敌人，辎重过多，难以保持行军速度，一旦被敌人知道，必然做好防备；不如留下辎重，轻兵兼道以出击，方能出敌不意。"

曹操又一次听了郭嘉建议，孤注一掷甩掉了大部辎重军备，轻装疾行。建安十二年（207）五月，曹军抵达了幽州无终城，再往北走就算是出国境了，现在应该举兵正东，然后沿海北上，可直达柳城东部。

可是老天偏又找起了麻烦，连绵阴雨，沿海道路全部被洪水冲断，这下辎重不足的曹操大军被困在了幽州境内两月有余，前进不得，后退不能，曹操望路看天，却是无可奈何！

这郭嘉的最后减负的建议明显错了：若带足辎重，又何愁这两月的消耗？轻骑疾进的目的现在明显没有实现，带着辎重行军也不会误一点时间的。

已经远离豫州的曹军主力被困在国境线进退两难，那豫州许都之南的荆州刘表就会那么听话吗？不出郭嘉所料，刘备看出了有利战机，再三向刘表建议：立即出兵，袭击许都，如此曹军主力鞭长莫及，等到回军，则曹操大势已去，此乃千载难逢之良机也！

那刘表却不能像曹操般决定如此大计，开会讨论议决方略，为什么呢？犹豫的理由是不能说出口的。

刘表现在也有个与曹操相似的北征东守的问题：东面的孙权又打过来了，黄祖迎战不利，被虏人民甚多，谁知道那孙权哪天会再来？北征许都，无疑要以刘备军为主力，可是一旦兵败还好说，胜了呢？那左将军还朝，又兼着豫州牧，他刘豫州是名副其实了，可是对荆州何益呢？这刘备一旦羽翼丰满，能比曹操好多少？那是谁也不敢确定的事情。

一动不如一静，先拖着吧，兴许那曹操丧命漠北呢。

关键还有一个不能与外人道的家庭及个人隐私：自己近来愈加感觉身体不妙，腰酸背疼，头晕眼花，懒于政事军务，看来是岁月不饶人啊！该考虑接班人的问题了。

小公子刘琮，相貌极仿佛自己，又得继妻蔡氏宠爱，是接传自己衣钵的最佳人选；但大公子刘琦，为人宽厚，素有战功政绩，尤其是与那刘备来往甚密，弃长立幼，那刘琦会服气吗？他背后有刘备武力的支持，一旦生乱怎么办？

尤其是近来，据报刘琦与那号称卧龙的琅邪人诸葛亮频繁交往，虽然知道这诸葛亮是自己的不远亲戚，但本事大的亲戚就未必是亲戚了，自己不敢用这位颇为自负的亲戚就在于此，那岂不是替大儿子捆了翅膀？

其实曹操误了天时

曹操兵困无终城，大军日耗甚巨，前无进兵之路，后退又不甘心，虽然进退两难，这曹操却有一样好处：拿得起放得下，向来不埋怨献策之人。

此时的郭嘉自然心中不是滋味，内心深处其实比曹操还要难受几分！

这时的郭嘉如果知道因为他的建议而造成曹操错失另一重大机缘的话，估计连一天也难活下去。曹操置荆州强敌而不顾，虚国而远赴漠北，扫荡袁氏残渣余孽，表面看那刘表没出郭嘉所料，坐失战机而未动。

但冥冥之中还让刘备得到了一个重大机遇：将那旷世绝才诸葛亮请到了自己麾下！此事非同小可，将直接导致曹操一统天下的雄心功败垂成！

虽然凡人不是神仙，不可能预料到这种事情的发生，更不会预测到这种事对曹操政权的将来意味着什么，但我们可以设想一下：假如曹操提前一年兵出荆州，那么，刘备绝不会再有什么三顾茅庐的闲心雅趣，诸葛亮与刘备的相识便将失之交臂，日后三国之历史必将改写！

至于漠北的袁氏兄弟，丧家之犬，能成什么大事？一偏师巡逻于幽州辽西郡边境即能防范，何必急于赶尽杀绝？实际上建安十二年（207）时，中国政局、军事的天平已经偏向了荆州，曹操弃重点而以举国之力去挠癣疥之毛皮小疾，在笔者看来是战略方向大错！

此事估计郭嘉也不无后悔，曹操也逐渐明白，因为事实将会证明郭嘉与曹操的这次重大决策失误。

对三郡乌丸的战事能一路坎坷地继续下去，应该说是由于相当多的偶然出现才得以没有一败涂地，首先能找到勉强进兵的路线就是第一个偶然。

曹操遇到了一个侠士，真正的侠士——田畴。

田畴，字子泰，右北平无终人。自幼好读书，善击剑。

田畴二十二岁时，刘虞欲通使长安的献帝，而道路阻绝，寇虏纵横，无人敢舍命前往，唯田畴谢绝了刘虞提供的车马，自选其家客与年少之勇壮慕从者二十骑前往长安。

完成使命后被皇帝诏拜为骑都尉，而田畴却不屑什么高官厚禄，依旧甘回老家，经营田园。后来勉强接受了幽州牧刘虞聘请，暂为从事。

公孙瓒杀刘虞时曾将田畴一并逮捕，田畴义正言辞痛斥公孙瓒，但公孙瓒终因田畴名声太佳，没敢动手杀掉田畴。被释放后，田畴干脆带全族避世于徐无山中，依仗深险平敞地而居，躬耕以养父母。

这块世外桃源引得四周百姓如蚁归附，数年间已至五千余家。

田畴则制定了自己的管理规则，设置了私家军队，俨然成了一个幽州州中之独立王国，那田畴又自己制定了婚姻嫁娶之礼，兴举学校讲授之业，几年经营，山中道不拾遗。

袁绍也曾数次遣使招抚，授田畴将军印，田畴皆拒不接纳。袁绍死后，其子袁尚又曾来请，田畴始终不与其合流。

就在曹操于无终城一筹莫展之时，田畴主动找上门来，表示愿为曹军向导，建议曹操放弃从沿海大道进兵昌黎柳城，应该转兵偏西，取道徐无山，北上偷出卢龙塞，直插单于王庭，然后东向柳城。

这是田畴常愤恨乌丸多次入侵其郡，烧杀劫掠，田畴早有讨伐之意，而力弱未能实施，所以才假手曹操，除掉恶患。

曹操在此走头无路之际，忽得田畴相助，那还有何犹豫不从？立即对外宣称退军还邺，并且立了块大木牌告示于水侧路旁："方今暑夏，道路不通，且俟秋冬，乃复进军。"（《三国志·魏书·田畴传》）

那三郡乌丸的探骑见了，便当真以为大军去了，漠北柳城的人们当然应该可以安心玩乐了。

曹操由田畴率其众为乡导，上徐无山，出卢龙塞，历平冈，登白狼山，一路艰辛，几多磨难，说是九死一生也不为过！容笔者后文细述。

而那建议刘表出兵许都的刘备却正到了他这一生中命运转折的关头。

这便是新接纳的谋士徐庶徐元直向刘备举荐了一人：山东琅邪人诸葛亮，字孔明，现住南阳郡卧龙冈，人称卧龙先生。此人有经天纬地之才，夺神鬼造化之智，在徐庶看来，得其人天下必得！——看来这徐庶绝对是诸葛亮之超级"粉丝"！

看着徐庶提起诸葛亮便神采飞扬，话里言外无不五体投地。刘备心动了，那就着人把他叫来面试一下吧，是否录用当然要看面试结果而定，不就是个二十多岁的小青年吗？少年天才也要经过实践历练不是？

徐庶摇摇头："此人经常自比管仲、乐毅，可见自视甚高，只可上门求见，不可委屈招致。将军如想用孔明，最好枉驾亲自相顾。"

管仲、乐毅？刘备有些神往了。

徐庶见刘备沉默，以为刘备疑虑，便郑重说道："要说与管仲、乐毅相比，依我看有些委屈诸葛先生了！"

刘备简直有点头晕了，此等人才，去拜访有何不可？这刘备自己最清楚眼下自己寄人篱下的身份，哪里还能端得起什么左将军的架子？再说本来刘备就是一个对下极为谦和的人，性格又最能受得了委屈，见了二流人才也从来都是舍不得放手，现在恨不得立即飞到卧龙冈了。

就在刘备准备亲往卧龙冈拜会卧龙的同时，刚出徐无山的曹操遇到了天大的麻烦！

劈山掘井使人疑

曹操大军顺利穿越徐无山，那是田畴的地盘，行军顺利当在情理之中。兵出卢龙塞之后，已入鲜卑境内，那田畴虽知行军之大致方向，但却无处寻觅那蜿蜒于群山中的羊肠小道。

其实根本就没有什么可以称作小道的山路，四面群峰叠嶂，雾霭茫茫，哪里容得曹操大军车马通行？

正史是这样说的：“（曹操）引军出卢龙塞，塞外道绝不通，乃堑山堙谷五百余里，经白檀，历平冈，涉鲜卑庭，东指柳城。”

笔者十几年前确实到过那一带，曹操的这条进军线路在今天大致就是从北京北上内蒙古赤峰市的铁路线，经建昌北上凌源，至建平（鲜卑王庭），然后奔稍东北的朝阳市。一路的确是群山连绵，东汉时还要穿行二百余公里的沙漠地界。

那曹操是如何行军的呢？将战士改行做了民工，开山修起公路来了，而且这一修就是五百里！

笔者到过实地，现在回想起来，如在那里开五百里山路，那曹操干脆这一辈改行做筑路工程师算了，穷他这一生，也休想完成这五百里山路的开路工程！

——要知道，在那个年代，既没有施工机械，也没有开山炸药，堑山堙谷？别说五百里，就是五十里曹操也非在路上办理退休手续不可。

可见古代史人也善于吹牛，笔者估计这五百里修过路是免不了的，但无非是强开那么一两个实在过不去的山口罢了，工程大了，曹军的时间也是赔不起的。

但此时的行军艰难是确凿无疑的，曹操只有前进，没有退路，不然这个脸可就算丢大了，那郭嘉现在心里难受，到被迫退军时会更受不了。

出了山区，又进大漠，大军无水即不能生存，据《曹阿瞒传》载："时寒且旱，二百里无复水，军又乏食，杀马数千匹以为粮，凿地入三十余丈乃得水。……"若按《资治通鉴》记载，这曹操打井取水的事应该发生在曹军回师时，这更不合常理：大军凯旋，沿途已无敌人，又是顺沿海大道堂堂正正行军，怎会出现二百里无水的情形？

按汉尺，三十丈相当于现代公制单位近七十米，真难想象这么个大坑曹军是用什么工具挖成的？曹操真该改行，干打井专业队去，也保证会青史留名的。

问题是这千里行军，五百里开山，二百里打井，竟还没有耽搁行军速度！？还有，如果三十丈深打不出水来怎么办？那岂不是要全军生生渴死？这样一来，说郭嘉一人全歼了曹军也不算过分吧？

据《三国志·魏书·武帝纪》载：曹操在无终逢水灾被困至七月，之后田畴献计、大军潜行东转北上，越徐无山、出卢龙塞，经白檀、平冈，涉鲜卑王庭、东转登上白狼山，时才八月！

就是"豆腐渣工程"也不会有这种速度，明显是史载有虚妄，欲显其能，何患无辞？

来不及辨别史笔如马良神笔，写甚都真，因为曹操在白狼山顶陡然发现了前来迎战的蹋顿单于！那蹋顿单于身后是数万匈奴铁骑！

打个猝不及防的想法又泡汤了。

原来那三郡乌丸之蹋顿单于虽玩乐于柳城，却并未松懈兵备，探骑远布，曹操大军未至柳城二百里时，胡虏乃已知晓了。

以胡儿劲骑，迎击曹军远来疲师，蹋顿认为当然胜不在话下，所以便纠集所有骑兵主力，与袁尚、袁熙二兄弟的余部合兵一处，铁骑已数万，得意扬扬地来清剿犯境的曹操了。

现在曹军成了猝不及防，大部队行军，战士的铁甲都集中放在了部队后面的辎重大车上，除了将领以外，曹军被甲者甚少，众人无不大惧：这种仗怎么去打呀？

问题是打不打的主动权不在曹军，而在于以逸待劳的乌丸铁骑，不管是单兵作战能力还是部队机动能力，行军中途的曹军都处于下风，就是想跑都不可能，哪能比得了以马背为家的乌丸轻骑之速度？

还有一点，匈奴人作战，惯于"打水漂"战术，即迅速突击上去，一击则远飏，你才想喘口气，一愣神敌人又到眼前了，这种近似于"无赖"的战法，向来使汉军将士们头疼不已，现在又是敌众我寡，敌逸我劳，看来今天凶多吉少了！

关键时刻还是看领导，现在大家都无语地望着曹操，没有人看郭嘉，怕他误会，怕他害臊，怕他想不开。

曹操却镇静如常，策马登高远望，忽而朗声大笑："胡儿旗帜零乱，阵容不整，易破耳！"

众将士对曹操的话从没有怀疑过半句，闻言勇气大增，皆踊跃上前请战，曹操仅唤过张辽，命为前锋，全军铁甲集中于彼，目标只有一个：那就是敌酋蹋顿！众将随后，掩护其侧背，不遇敌酋蹋顿，不得恋战厮杀，开始行动！

在曹军扑下山去的同时，那蹋顿也指挥自己的铁骑开始冲锋了。三郡乌丸没有运气，如果早行动一步，能与曹军交会于半坡，那曹军就彻底完蛋了，只有待宰，别无他途！

乌丸骑兵如同一汪漫水，曹军骑兵如一道激流，双方交会于白狼山下的平原之地，没有激起一点浪花，因为双方几乎交错而过，各冲各的，乌丸前锋得到的军令是冲上山去，活捉曹操；张辽及身后的众将得到的军令是直擒蹋顿。

双方目的实际一样，互不干涉，各干各的去了！

摧枯拉朽平辽西

蹋顿的骑兵注定完不成任务了，因为刚刚与他们交错而过的曹军中就有曹操本人，在这种战势的关键时候，曹操向来是身体力行的。

其次就是曹军的步兵在白狼山上防守，得绝对地利，骑兵爬山，还不如步兵，一阵乱石，瘸马一片，这匈奴人打仗也就那么回事儿！

蹋顿的后续部队从没见过汉军这种打法，一时愣住了，这股人马是来干吗的？哪有不交手一个劲地往人家军阵中央冲的道理？

本来蹋顿摆阵势就是照葫芦画瓢学着汉人的样子，哪里有什么随机应变之阵法变动之术？大家乍遇新事，都变成了看戏的，唯一死命抵抗接战的也就是蹋顿的亲兵。

后来大家明白过来了：是来搞"斩首行动"的呀？那怎么能行？可惜明白时已经晚了，曹操与后面跟随诸将已经掩护了张辽突击队的背后与两侧。

张辽部要饿狼掏心了！

这本该特精彩的一仗，让蹋顿给表现得窝囊极了，一愣神工夫，身边的亲兵、诸王爷死伤遗尽，蹋顿才想掉转马首逃命，却也就不过是慢了一眨眼的工夫，马首已转过去了，人头也落下来了！数万大军，顷刻崩溃！

还是那袁氏兄弟了解曹操，早就预感事情不妙，自己的残兵几千骑一直保持着与蹋顿主力的一段距离，一见蹋顿授首，心知大势已去，率部急速远飏，直奔辽东，投奔辽东太守公孙康而去。

曹军趁势扫荡蹋顿溃兵，直扑辽东单于速仆丸及辽西、北平诸豪杰，那些"豪杰"们可没有蹋顿那么死心眼，谁做无用的抵抗？全部撇下族人，追赶袁氏兄弟去了，也去投奔公孙康了。

曹操一战定辽西，俘虏胡虏汉军竟达二十余万口，看来民族与军人如果没了斗志，数量多反成累赘。统治者软了骨头，人民必成奴才！

谋士们现在都不缺奇谋了，纷纷建议乘胜下辽东，除恶务尽，宜将剩勇追穷寇嘛！曹操摇头微笑颁令：班师回邺城！

众人不解，曹操自信断言："我会使公孙康送来袁尚、袁熙的人头，不用劳师动兵。"

就在诸将及谋士们的疑虑中，建安十二年（207）九月，曹操大军开始自柳城还邺城，谁知那袁尚、袁熙弟兄俩的人头走得比曹操之凯旋大军还快，已经被公孙康的使者带着等候在邺城了，出乎意外的是竟还配送了一个：辽东单于速仆丸的脑袋。

榜样的力量无限：十一月军回至易水之时，代郡乌丸行单于普富卢、上郡乌丸行单于那楼便来致贺，并示归顺。

众人这时才算真的服气了！

诸将当然要弄明白："曹公还而公孙康斩送袁尚、袁熙之首，这是为什么呢？"

这是曹操最乐意干的活路，没有比解释这已经证实了的预言能更让人得意的事情了。

曹操现在的心情比撕着狗肉灌烧酒还痛快："公孙康素来畏惧袁尚等人，我军若大军压境，他们双方必然合作并力对付我军，但形势若缓则必然相互谋图，这是必然的规律！"

这次曹操的八卦算得绝不亚于周文王，那公孙康、袁尚、袁熙还就是这么配合的曹操：临近辽东，这弟兄俩就盘算开了公孙康的地盘，袁尚素以勇武自居，便提议趁个机会宰了公孙康，这样辽东也就自然成了两兄弟的圣地了；谁知强龙不压地头蛇，公孙康也在打着同样的主意，不同的是公孙康动手早了那么一点儿！

袁氏两兄弟想的是趁个机会，而公孙康却是拣日不如撞日，干脆一见面就动手吧，这样岂不能省下场接风宴钱？于是先置精勇于厩中，然后请袁尚、袁熙入内就餐。袁熙开始还迟疑不进，袁尚烦了：干啥儿活能比赴宴爽？强迫袁熙随自己入内解馋，谁知进门就给绳套住了，被公孙康的伏兵捆在了冻地上，这下心凉透身更凉透也！

　　袁尚与公孙康论开了俘虏政策："没死之前，就还是条生命，是生命就该尊重，现在寒不可忍，你总得给弄张席垫下屁股吧？"

　　公孙康觉得这弟兄俩有点分不清屁股跟脑袋哪个重要，便耐心地向二位解释："哥们儿的头颅就要远行万里了，屁股凉点儿不妨暂时忍耐一下，还糟蹋一张席干吗？一草一木都是人民的财产，浪费就是犯罪呀！"

　　就这样袁氏兄弟的脑袋参加了公款旅游，身子留在了辽东。

　　曹操大军离柳城当月，一代奇才郭嘉病逝于归师途中，年仅三十八岁，是否有愧最后一计错误？不得而知，因为仗毕竟打胜了，"不应有恨，此事古难全！"

　　郭嘉辞世，曹操极为哀痛，对荀攸等谋士言道："诸位与我都是同辈的第一代领导人，唯有郭奉孝年龄最小，接班人肯定就是他了！现在中年夭折，真是命苦啊！"

　　不过笔者觉得曹操有送空头情之嫌：人都死了，说这些何用？郭嘉到死职位不过军祭酒，也就是说，曹操从未让其单独掌过军权，只不过是个不挂长的高级参谋而已。

　　与荀攸等谋士说这些，不过为激励生者。

　　曹操懂得褒奖死者乃是为了优厚生者，回邺后上表皇帝并公告天下："军祭酒郭嘉，自从征伐，十有一年。每有大议，临敌制变。臣策未决，嘉辄成之。平定天下，谋功为高。不幸短命，事业未终。追思嘉勋，实不可忘。可增邑八百户，并前千户。"谥曰贞侯。这是个实在玩意儿，那郭嘉的遗属得到了实惠！这样对其他的谋士们当然是一种看得见的激励。

不过曹操也用实际行动表达了对郭嘉之最后一谋的否定：回到邺城之后，曹操集合了出兵前反对郭嘉建议的人，大家莫知其故，人人皆惧。曹操反而皆厚赏之，并且解释："这次北征，险中求胜纯属侥幸，虽然得逞，实乃天助，不能当作成功战例。诸位所建议的才是真正的万安大计，应该嘉奖诸君，以后有话千万照说不误。"

还是上文说过的老话题：曹操可能到死也不会醒悟到，郭嘉给他出的这最后一谋，虽然侥幸成功实施，却给刘备留出了改变命运的时间与机会。从此在曹操的有生之年，已经不可能消灭刘备了！

刘备的三顾茅庐行动正在进行中。

第二章

赤壁之战

千古奇才诸葛亮

侃曹操不能不说到诸葛亮。

严格说来，曹操与诸葛亮并不是属于一个时代的人：曹操一生的政治、军事活动都是在东汉末年；而诸葛亮其主要之政治、军事活动都是在三国分治年间。二人交错衔接不过十二年，当然，这里指的是政治及军事交往衔接。

诸葛亮在中国历史上的地位要远超任何一位皇帝！

笔者这里所说的历史是包括正史、野史、戏说、口头文学，尤其是人民心中的历史。

不是笔者托大武断给诸葛定位，是笔者经过细心对比研究之后得出的结论。

笔者认为，评价一个历史人物，应该从两个方面选取丈量的尺子：一是该人对当时历史进程的影响，二是对后世之道德取向所起的作用。

详细描述诸葛亮，那是另外一本书的事，笔者只能简单到不能再简单地来简单叙述一下这位千古奇人！

从军事上来评价诸葛亮的话，公正地说，成就不如刘备，更难比曹操。荆州也好，益州也罢，就连汉中郡，都是经刘备一手打下来的，诸葛亮虽不无微功，但绝非如《三国演义》描述：替刘备指点江山，具体指挥，神鬼莫测，绝代超人。

但诸葛亮在战略范畴的造诣是刘备、曹操、孙权等人所比不了的，这对于刘备来说，恰弥补了他的弱项。

诸葛亮主要的功绩在政务治理方面：以西蜀之偏远一州加数郡一隅微地，对已霸九州外加半个荆州的魏国，竟在有生之年，一直处于战略攻势态势，应该算是"穷兵黩武"了吧？可西蜀百姓并没有怨苦连天，相反在其身后自发建庙祭祀，怀念之俗至今尚存，大家想，千古能有几人？

这绝不是朝廷号召的原因，事实上西蜀的二代皇帝刘禅还是压制了蜀国百姓近三十年才允许为诸葛立祀纪念。凡是朝廷树立的各类典型，都是撑不了几年的，那光环的内圈是权力，政权一更迭，光环即散。就算是在阿斗的强权压力之下，人们也不会难得真正兴趣。

诸葛亮能得后世无数人们敬仰，绝非有人把他贴金供上神坛，是其一生行为应得之延续。

诸葛亮这个一千八百年的偶像可不是混来的，稍举几个关键词就可以概括之一二：

位高廉而不贪——环顾上下左右，不可贵吗？

权重不谋私利——细察古今中外，不罕见吗？

勤从政鞠躬尽瘁——感动多少代人！有异议者吗？

大丈夫富贵不淫——并非官方宣传！有何男做到？

《三国志》撰稿人陈寿其父受过诸葛亮惩戒，为诸葛亮的死敌，晋朝撰史时，也由衷地对其评价：

诸葛亮之为相国也，抚百姓，示仪轨，约官职，从权制，开诚心，布公道；尽忠益时者虽雠必赏，犯法怠慢者虽亲必罚，服罪输情者虽重必释，游辞巧饰者虽轻必戮；善无微而不赏，恶无纤而不贬；庶事精练，物理其本，循名责实，虚伪不齿；终于邦域之内，咸畏而爱之，刑政虽峻而无怨者，以其用心平而劝戒明也。可谓识治之良才，管、萧之亚匹矣。

南阳隆中隐卧龙

山东这方水土，不时出些闻名天下之奇人，从上古舜帝，到大周姜尚，及至先贤孔丘、孟轲，皆生于或成长于这块被称为齐鲁之邦的半岛福地。

诸葛亮当然也是于其后出世的山东名人之一。

诸葛亮是建安二年（197）随叔父诸葛玄来到荆州南阳的，当时诸葛玄为袁术所署豫章太守，袁术称帝后，诸葛玄去官来投奔旧友刘表，到南阳不久去世，年仅十六岁的诸葛亮便留在了隆中卧龙冈这块宝地务农为生。此地未经战事，民风祥和，诸葛亮躬耕陇亩，读书交友，倒也自得其乐。

建安五年（200），其兄诸葛瑾经孙权姊婿引见在江东参加了工作，这下诸葛家又重新出了一个做官的，可惜对于居住在荆州南阳的诸葛亮来说，却不是什么好事，因为江东孙家正是荆州牧刘表的死敌！

虽然刘表素以宽仁著称，没发明什么"敌国家属"之类的玩意儿来进行残酷斗争，不会对作为敌方眷属的诸葛亮及其幼弟诸葛均采取什么株连措施，但却杜绝了诸葛亮出仕荆州的可能；再说诸葛亮对在荆州做官也没有啥兴趣，双方都无意，自然也就凑不到一口锅里动勺子，

朋友们也经常问到诸葛亮将来的去向，诸葛亮时常抱膝指点：某某人可以官至太守，某某人可以成为一个合格的刺史，但却从没评价过自己将来可以当上多大的官。

几位了解诸葛亮的密友却知道：诸葛亮是自诩为古之良相管仲、名将乐毅的，不了解诸葛亮的人们当然会认定诸葛家出了个狂妄之徒，但例如徐庶、孟建、马良等好友甚至认为诸葛亮这是在委屈了自己。在他们的心目中，诸葛亮比起这两位古人来有过之而无不及！

即便如黄承彦、庞德公、司马徽这般之前辈高人，也对诸葛亮这后生小辈的这种自诩从无异议，庞德公的儿子庞山民便娶了诸葛亮的姐姐为妻，那黄承彦更是把自己的独生爱女嫁给了诸葛亮。

黄家在荆州非同小可，黄承彦本人为荆襄地区有口皆碑之名士豪绅，又与州牧刘表同为东汉名门官宦蔡家的女婿，州牧的"连襟"，执荆州军权的蔡瑁将军之亲姨夫，所以官民两道黄家都是威震荆襄。

正史有载：黄承彦在嫁女时曾自谦："闻君择妇，身有丑女，黄头黑色，而才堪配。"孔明许，即载送之。时人以为笑乐，乡里为之谚曰："莫作孔明择妇，正得阿承丑女。"《（三国志·蜀书·诸

葛亮传》裴注引《襄阳记》）

　　且不论这《襄阳记》有多少可信之处，作为父亲的总不能对看中的女婿去夸自己的女儿貌若天仙吧？就是放在今天，有谁以口夸女儿漂亮招引女婿的？那不成了专诱色狼入室了吗？估计以此来测试诸葛亮是重才还是重色倒还贴谱。

　　从"孔明许"这三字推测，说这诸葛亮久闻黄家女儿才貌双全还合理些，那诸葛亮又岂是趋炎附势之徒？

　　要知道，诸葛亮身高八尺（约 1.84 米），容貌甚伟（陈寿原句），举止飘逸潇洒，又负群逸之才，英霸之器，周围若没有一大批芳心暗许的异性"粉丝"那才是不合情理呢。

　　归根结底，美由心出，诸葛亮本人满意，劳我们这些后代人操这种无聊的闲心干吗？人家诸葛亮现在的注意力都不在这儿，在哪里？北方曹操扫荡袁家余孽的战争。

　　诸葛亮年已二十多岁，已经到了决定自己人生之路的走向的时候了，"躬耕于南阳，苟全性命于乱世，不求闻达于诸侯"，是因为诸葛亮还没有等到机缘，是金子总有发光的一天，老死乡间非诸葛所愿，不然也就不会把自己比作管仲、乐毅了。

　　对于曹操，诸葛亮有两个发自心底的情感：发自心底地痛恨这个曾杀戮自己家乡徐州几郡达"鸡犬不留"的恶人；发自心底赞叹这位自幼的仇人之政治远见及军事才能！

　　投靠自己厌恶的曹操以取富贵？诸葛亮从未有过一丝念头。穷自己生平之力与之对抗？要先创造必要的条件，不然只能是待在隆中空想。

　　诸葛亮一直在关注当今中国的各方势力的组合变化，分析各个地方豪强大佬的强弱优劣，从中要寻觅到一个足以对抗曹操的人来，这位诸葛亮心目中的英雄在何方呢？

几年观察掂量，诸葛亮不禁沮丧：当今中国还没有一人能单独与曹操抗衡！

虽然这是个使人心里极不舒服的结果，但你还不得不承认这是事实。改变既成事实的唯一途径就是首先要承认它，然后才能寻找改变这个事实的有效办法，诸葛亮不禁想起了战国时代的纵横之术。

一家不能抗曹，那就唯有联合多股力量，但诸葛亮可不想学那战国张仪，游说各方结盟抗曹。再说时过境迁，客观条件已与战国时代大不相同，别说大家联合，就是能两家结盟的，诸葛亮至今还没有发现。

最近的刘表，早已无当年锐气，性格已变得多疑懦弱，知善而不能依赖，明恶而不能严惩，大敌将至，却仍想侥幸自守，且又与东邻孙权势同水火，刀兵不断，荆州即将不保已成定局！

稍远的孙权，虽少年老成，武略逐显，但由于自己的兄长在其处任职，诸葛亮对此人并不陌生，孙权本人无北讨曹操之意，只欲兼并邻弱，坐守江东，且又与荆州军方有父兄血仇，无可缓解，欲说其参与抵抗孙权自己的近亲曹操，那要先等荆州换主、江东危机时才有可能。

益州刘璋，昏懦闻于海内，守天府之国，反治理得百姓民不聊生，北对区区张鲁一郡之地，倒吓得惶惶不可终日，自身难保，休想作援。

至于凉州马腾、汉中张鲁，地处僻壤，实力有限，更是指望不得，的确是连两家能暂时联合的也不存在。

对于建安六年（201）退到荆州新野的刘备，诸葛亮一直将其纳入自己的视线长期观察：其军事力量不值一提，地盘属于寄居荆州一小县，连诸葛亮也看不到这刘备将来能发展辉煌的前景。

但诸葛亮也同时注意到了刘备的过人之处：

有极佳的名声。仁义二字不只是挂在嘴边，凡其治理过的地方莫不有口皆碑，人民拥戴。

有极好的人缘。即使是曾为仇敌的人也不舍将其拒为朋友，如曹操、袁绍。

有坚忍的意志。其半生基本处于屡败屡战状态，从不灰心，最起码从表面看是把匡扶汉室作为己任。

与曹操有不可调和的矛盾。舍左将军高位而不屑，暴动于徐州，骚扰于汝南，败夏侯惇于叶县。

关键一条是心中有老百姓！天下倒在其次。这是最令诸葛亮心仪的地方，如此方为大丈夫！

昨天去岳丈家不在隆中，听乡邻说那刘备简从来访，我当然知道你左将军的意思，这定是那徐庶之功。不过，站在决定性之人生岔路口，谨慎些又何妨？有机缘终能相聚，初会待他日。

但从今天起，倒要以你刘备的角度来思量一些问题了。

三顾茅庐聘诸葛

刘备的二次隆中之行又扑了个空，昨晚稍微贪杯，晚起床了一个时辰，就是这一个时辰，使刘备错过了与诸葛亮相遇的机会，刘备带关羽、张飞二人赶到隆中时，诸葛亮刚离家访友。

听着诸葛亮妻子黄氏略显抱歉的解释，关羽、张飞面色都有些不悦。刘备毕竟是大汉的左将军哪！这无名村夫到底是何方神圣，这等傲慢无理？莫不是盛名之下其实难副，吓得避而不见了吧？

但刘备却深悔自己因酒误事，回到新野之后，索性戒酒两旬，这是与诸葛亮家人预约再去的日子。在此之前，刘备决定效周文王寻访姜子牙故事，沐浴戒斋，刘备相信心诚则灵，这下新野轰动，官民皆知，暗笑者有、赞叹者有、羡慕者有、不屑者有，不愤者当然也少不了，这里面就包括关、张二人。

人们是这种心理：得不到的永远是最好的。

智者是这种心理：属于自己的才是最好的。

刘备既是普通人也是智者，他用行动来使最好的属于自己。

刘备三赴隆中，演绎了一段千古佳话，看来真正的高人是刘备而非孔明！——对了，补充一句：诸葛亮在二十岁及冠之年，自我取字孔明：孔者，洞也，明者，察也，即洞察之意；又："孔"乃"很"之意，如孔武有力等；"明"又与"亮"同义，孔明，即很亮。

这"很亮"的孔明岂能不对刘备的再三来访不予"洞察"？事实上，刘备第三顾未至，诸葛亮便内心已经决定：人生交千友易，得一知己难，自己将来的命运看来就要与这落魄的左将军绑在一起了。

这场旷古会面就发生在隆中的一家普通农家小院里，它将刷新当世，改变历史，影响后世，就是对于今天的我们，也不无启迪：人生的三岔口无时不在与我们走近或错过，你的选择是什么？

刘备与诸葛亮终于初会！二人的第一眼互视便已决定了谈话的调子：不是相互试探、考察，那已经是多余的了。观察一个人往往第一感极为准确，那是心灵的互撞，信任就是从那一刻建立起了基石，这其实等于从此将自己的生命托付给了对方，但这种伟大的现象却有一个极为普通并且被经常滥用的字眼：友情。

用一个极为泛滥的名词便足以形容现在的两个人：英雄。

二十七岁的诸葛亮堪称一个"英"字，八尺身材容伟形逸，神采奕奕而又不失沉稳，那份自信能感染身边的一切！

四十七岁的刘备稳占一个"雄"字，七尺五寸的身高虽然略矮于孔明，但却好像能令立于高处的人们不得不仰视他，多年的戎马生涯铸就了刘备一股震慑四周的神威，却又被一层雍容的谦和包裹着，使旁人能感觉到却无法用眼睛看到，这大概就是被我们现代人称为"气质"的东西。

没有任何客套，连奉茶的起码礼节也免掉了，诸葛亮将自己的书童也屏之书房门外；关、张也好像被孔明的气质而慑服，自觉地退出了书房。诸葛亮静静地等着刘备谈自己的想法，刘备忽然有了一种面对自己久违了的老友一般的感觉，二十岁年龄的鸿沟在这一瞬间被抹平了！这是一个只允许真诚存在的时刻！

"汉室倾颓，奸臣窃命，主上蒙尘。孤不度德量力，欲信大义于天大，而智太短浅，遂用猖獗，至于今日。然志犹未已，君谓计将安出？"（《三国志·蜀书·诸葛亮传》）

刘备现在掏的是心窝里的话：国家即将崩溃，权奸控制天子，我不愿袖手旁观，坐视天下危亡，苦争数十载，但受智力所限，力有不逮，奸雄其势更加猖獗，虽然如此，但我还是不想放弃，先生能否看在天下苍生之情，教我可行之良策？

孔明的回答便是名传千古的《隆中对》，笔者虽然狂妄，却也不敢增剔一字而轻慢先贤，只好原文照录，连翻译也免了吧，一旦错解一字，笔者反而贻害大家：

"自董卓已来，豪杰并起，跨州连郡者不可胜数。曹操比于袁绍，则名微而众寡，然操遂能克绍，以弱为强者，非惟天时，抑亦人谋也。今操已拥百万之众，挟天子而令诸侯，此诚不可与争锋。孙权据有江东，已历三世，国险而民附，贤能为之用，此可以为援而不可图也。荆州北据汉、沔，利尽南海，东连吴会，西通巴、蜀，此用武之国，而其主不能守，此殆天所以资将军，将军岂有意乎？益州险塞，沃野千里，天府之土，高祖因之以成帝业。刘璋暗弱，张鲁在北，民殷国富而不知存恤，智能之士思得明君。将军既帝室之胄，信义著于四海，总揽英雄，思贤如渴，若跨有荆、益，保其岩阻，西和诸戎，南抚夷越，外结好孙权，内修政理；天下有变，则命一上将将荆州之军以向宛、洛，将军身率益州之众出于秦川，百姓孰敢不箪食壶浆以迎将军者乎？诚如是，则霸业可成，汉室可兴矣。"

诸葛亮此论被后人冠以"隆中对"，谓之"未出隆中，已知三分！"

后来又有后人的后人搬出了江东鲁肃初见孙权时的谈话记录，说是"鲁肃版隆中对"，最后索性一下搜集了四个版本的"隆中对"，谓之"袁绍版""曹操版""鲁肃版"。

诸葛亮的这个正版"隆中对"出笼的时间最晚，言外之意昭然：诸葛亮有抄袭前人之嫌！

是这样吗？让我们分析来看。那所谓"袁绍版"隆中对只不过是袁绍谋士沮授的一个政治建议："挟天子而令诸侯，畜士马以讨不庭"；"曹操版"隆中对也属此类，毛阶建议曹操"奉天子以令不臣，修耕植以畜军资"。

如果这类的建议也能称之为隆中对的话，估计笔者还能在东汉及三国史书中找出十几个"隆中对"来。例如，李肃向董卓的建议，袁绍向何进的建议，蹇硕向董皇后的建议，盖勋向皇甫嵩的建议，等等。

"鲁肃版"所谓"隆中对"稍复杂点："昔高帝区区欲尊事义帝而不获者，以项羽为害也。今之曹操，犹昔项羽，将军何由得为桓文乎？肃窃料之，汉室不可复兴，曹操不可卒除。为将军计，惟有鼎足江东，以观天下之衅。规模如此，亦自无嫌。何者？北方诚多务也。因其多务，剿除黄祖，进伐刘表，竟长江所极，据而有之，然后建号帝王以图天下，此高帝之业也。"

翻译大意："当初汉高帝也曾想尽忠于义帝，但由于项羽在而不能如愿，今天的曹操就是汉初的项羽，将军你有什么资本去学习桓文公呢？我鲁肃的看法：汉朝没有希望了，曹操也不可能被除掉，目前你最佳举措就是守住江东，等待机会。让除了江东之外的中国乱打去吧！反正天下尤其是北方是多事之秋，我们就先打黄祖，再讨刘表，沿长江西进，能占多远占他多远，然后就公开称帝，争取解放全中国，向刘邦学习呗。"

细看鲁肃之论，还是难以称之什么"隆中对"，不过是劝孙权万万不要同曹操作对，建议打击刘表而已，即使最后说了句消灭刘表以后孙权就可以称帝了的话，那也不过是哄着孙权高兴罢了，孙家与刘表已经打了多年了，还用你鲁肃提醒？那鲁肃建议中哪有什么天下三分的意思？那"鼎足江东"的字样可不是三条腿的鼎，只不过是建议孙权割土称帝而已。

孔明之"隆中对"不同：

一、首先提出了天下三分的概念；

二、明确提出了刘备可以代表汉刘；

三、明确指出了战略发展方向；

四、有理有据地分析了目前各方势力的优缺点；

五、指明了将来结盟的对象，甚至连将来的内政外交政策都一并明确；

六、明确了最终的敌人——曹操。

所以笔者认为："隆中对"只此一家，别无分店！

当然，对历史某事件的看法，各人都有表达的自由，又岂能强求大师们以笔者结论为准？

诸葛亮一席话，让刘备现在如同拨开云雾见青天也不为过！这种明确的政治方向、通览天下的战略眼光、实事求是的行动建议、机动灵活的政策与策略，刘备以前何曾想到过？

刘备当即明确认可孔明所言，并真诚地邀请诸葛亮出山助己打天下。诸葛亮此番高论，当然是经过无数个日夜深思熟虑方提炼而成，现在既然向刘备和盘托出，那已是决心随刘的明确表示。

二人三拍才和，非是机缘巧合，乃是二人都在相互寻觅又在相互等待的结果，这个偶然中的必然，将使曹操吃尽苦头！

十分天下，曹操已据七分，建安十三年（208）七月，踌躇满志的曹操开始了他一生中最大的军事行动：兵发荆州，兜捕刘备，准备连荆州带江东一锅而烩！

曹操聚力向荆襄

曹操在大军于建安十三年（208）一月回到邺城后，做了两件大事，这两件大事看似互不关联，但明眼人一看就明白，这是为讨伐荆州做最后的准备工作。

先说第一件事。曹操大征工夫，在邺城修了一个人工大湖，取名为"玄武池"。据说是曹操准备在里面操练舟师，建立自己的水军，那刘表的荆州部队以水军为主力，没有自己的水军，怎么对付刘表的两栖部队？

聪明人心中有数，这是明伐荆州，暗指江东，若仅对付荆州刘表，操练水军却是多余了，总不会刘表带着全部士兵、官员都搬到舟船上去办公吧？这是醉翁之意不在酒……

邺城无山明，曹操造水秀。

笔者妄自猜测：这是曹操公然假公济私，以训练水军为由，用国家的铜钱为他自己营造水秀家园，现在的曹操已经开始营建自己的安乐窝了！怎么这种事情千年而无人觉察？

试想：挖个池子练水军？蒙谁呀？从那里练出的部队能用以水上作战？大概连普通"狗刨"都未必学会吧！那大江里乘风扯帆、借浪操舟的本事能在镜子般的湖面上练出来？

　　联系到两年后曹操借此湖光水色修建铜雀台——那可是专供美女们歌舞消遣的地方，就容易明白此时曹操的用意深远了。

　　曹操所行第二件大事就是朝廷的政治体制的改革。

　　建安十三年（208）六月，曹操废除三公官职，置丞相、御史大夫。

　　这丞相一职当然是属于曹操的。

　　丞相是干吗的？在汉代丞相可了不得，汉初陈平论丞相（宰相）："宰相者，上佐天子，理阴阳，顺四时；下遂万物之宜；外镇抚四夷诸侯；内亲附百姓，使卿大夫各得任其职焉。"

　　汉代尤其是西汉的丞相地位高得有点儿离谱：皇帝对丞相有一定的礼节，任命丞相要称拜相，拜相时天子临朝，六百石以上的官员必须到场。

　　平常凡丞相见驾，皇帝需要离座相迎；丞相得病，皇帝得亲临问疾，并遣使送药；丞相死后，皇帝必须亲自吊唁。

　　而丞相对皇帝诏命如果不同意，便可以拒绝执行或面责廷争。例如，西汉景帝时欲封其后兄王信为侯，丞相周亚夫坚决反对，只好作罢。哀帝想要加封董贤食邑二千户，丞相王嘉封还诏书，拒不执行，开了臣下"封驳之制"的先例。其实论法就连皇帝的家事、宫廷事务丞相也是有权过问的，一定程度上讲，这种制度起着制约君权、补救专制的重要作用。

　　尤其是，皇帝是世袭的，谁能保证个个英明？丞相不是世袭的，可以任人唯贤。只要丞相制能够正常运作，就有望弥补点君权世袭之弊。

　　丞相一职自汉成帝设大司空代替御史大夫，以大司马、大司空、丞相为三公，将丞相之权一分为三；哀帝时干脆以大司徒代替了丞相，所以西汉末丞相便退化为乌有了。

东汉为避免大臣过于权重，废弃不用而设司空、司徒、司马三公分享丞相之权，其实连三公也是个摆设，皇帝在宫廷设尚书台，一切政令已经收归皇权。

现在丞相终于又在曹操手中恢复了，这样曹操便可以更加名正言顺地将国家军政大权集中在自己手中，的确是征南之前安定内部的重要措施。

眼下的东汉政权有点类似于后世君主立宪的意思了：皇帝不过是个国家的象征，一切要由首相领衔负责的内阁说了算。当然，这丞相职务不是投票选举出来的，但由皇帝加以名义上认可的程序是一样的。

话又说回来了：就是全民直选肯定也不会轮到别人当选，以曹操当时的文治武功，这个丞相人选不论怎样产生都会非曹操莫属，估计包括现在的人们都会承认这点。

除此两件大事，当然还有史书没明载的准备，最重要的莫过于集结军队。

对于曹操在南征荆州时的具体兵员数字，几乎是个千古谜团，史家历来争论不休，唯一见于文字的是《江表传》记载，曹操在威吓孙权投降时送去的书信："近者奉辞伐罪，旄麾南指，刘琮束手。今治水军八十万众，方与将军会猎于吴。"

不过开战之前先吹牛、仗打完后夸大战果，是国人一贯的德行，曹操自吹的数字不足为凭，再说现在已经不是仗人多围攻徐州时的曹操了，曹操数次因部队庞大，后勤供应不及时而功败垂成，早已接受教训改为了精兵政策，不会养那么多兵的。

《资治通鉴》中周瑜对孙权的分析只能作为较接近史实的参考："大家是因为曹操来书中所说曹军有八十万大军才产生恐惧的，根据敌人的吹嘘便妄发议论太没有意思了！仔细分析一下：曹操不过带来北方兵十五六万人，而且是久战疲师，接受了刘表的部队最多七八万，就这我也怀疑多说了呢。"

这里周瑜为了坚定孙权抗曹的信心，有意替曹操打点儿埋伏也是免不了的，因为曹操现在已经控制兖、徐、豫、冀、青、幽、并及司隶校尉部八州之地，凉州、雍州现在名义上也拥护曹操所代表的中央政府，仅各州的防卫驻兵就需要超过这个数字，初平冀州时还曾因能一州聚集三十万众而沾沾自喜。

在七年来收降了袁绍部将吕旷、吕翔，袁尚部将马延、张颉；邺城东门校尉审荣，袁熙部将焦触、张南，黑山军张燕等部众之后，能集结的机动部队应该不少于二十万人马（仅张燕部即贡献兵员十万）。曹操所吹嘘的所谓八十万众大概是囊括了他自己所有的军事力量，尤其是那个"治"字，那在古汉语中是训练的意思，全国训练八十万人也不算太离谱——当然也包括荆州的全部水陆军。

用于出动打击荆州的部队，按照现在曹操的作战习惯，理应不会出动那么多用不上的部队来无谓地增加后勤供应负担；但为了围捕刘备、威慑荆州，总兵力高于对手还是需要的。按照《孙子兵法》"五则攻之，倍则分之……"的作战原则，打击"带甲十万"的荆州刘表，再加上一个难缠的刘备，出动二十万大军也不为过。笔者认为，曹操为保必胜，出动所能集结的所有机动部队二十万人以上，应该是合乎情理的。

　　建安十三年（208）七月，曹操的南征大军出动了，这次曹操没有采取什么奇袭之类的行动，而是按部就班地稳步推进，用于快速突击的轻骑就像一支拉满弓的箭，不瞄准目标，是不会轻易射出的！

　　而且在部队前锋已经向刘备占据的新野逼近的时候，曹操还留在许都没动，干什么要紧的事呢？要先除掉一个人，一个令曹操极为讨厌的人，但此人的身份却非同小可：圣人后裔，学识人品名冠当时，现任朝廷九卿之一的太中大夫孔融。

风雨飘摇的不仅荆州

　　这孔融据史书所载，属志向远大，才学一般之流，名声虽佳，大概是由于乃孔圣仲尼二十世嫡孙之故，是否由于四岁时让过大个的梨子给哥哥姐姐们吃？笔者不知道东汉时孔融出名的缘故，但其名字在今天几乎家喻户晓却肯定与其幼时那次懂事有关。

　　孔融与曹操一直不大对付，略举两例。史载：当时，年景逢灾岁，又加兵祸战乱，曹操颁布命令禁止酿酒，孔融屡次上书反对，并且书中多有侮辱轻慢之词句。——看来这圣人后裔还兼着高阳酒徒的业余爱好。

　　曹操攻占邺城后，其子曹丕大有父风，将袁熙留在邺城的漂亮媳妇甄氏纳为己有。这曹操本人对儿子青出于蓝而胜于蓝的家传功夫倒是没说什么，这孔融却认为这是曹操有意对儿子的纵容，不忿之下，给曹操去了封信："武王伐纣，以妲己赐周公。"

这意思是说：武王伐纣胜利，俘获了纣王的美妃妲己，马上先赏给了自己的兄弟周公。

曹操却不善这等以文字拐弯抹角的骂人伎俩，一时没醒悟，便于后来请教孔融此句典出何处。孔融得意地回答："以今度之，想当然耳。"——真正的骂人不吐脏字，这时的曹操心里啥滋味？

后来曹操北伐乌丸，孔融还是行文嘲讽："大将军远征，萧条海外。昔肃慎不贡楛矢，丁零盗苏武牛羊，可并案也。"

这是公然干涉曹操的军事行为了。不过面对孔融对私人的嘲骂、军事上的挖苦，曹操还不足以将其置于死地而后快，真正必除孔融的原因是政治上的。

曹操的敌人刘表在断绝了对许都皇帝的供奉后，在汉代人最重视的礼节上又僭越了：仿帝王礼郊祀天地。这是唯有皇帝才有资格干的活路，曹操好不容易才逮住一次理，立即发给朝臣们讨论如何口诛笔伐这刘表。

谁知孔融偏上疏为刘表讲情，并且引经据典地建议朝廷："……宜隐郊祀之事，以崇国防。"

这是政治立场问题，现在曹操大军要兵伐荆州，与刘表动真格的了，安知这刘表的同情者在大后方会造些什么不利于政府的舆论？

所以必须一劳永逸地解决这个隐患！

找个杀人的理由实在太简单了！曹操做得更漂亮：指使自己相府的丞相军谋祭酒路粹状告孔融：

"少府孔融，当年在北海时趁王室有难，而招聚一帮不法分子，欲谋不轨！宣传'我大圣之后，而见灭于宋，有天下者，何必卿金刀'。这是公然声称不是刘姓也可以做天子！

"后来又与孙权的使者谈话，诽谤朝廷。尤其不能令人容忍的是：孔融列班九卿，不遵朝仪，秃巾微行，唐突官仪。

"还有，前时曾与白衣百姓祢衡谈话，狂荡放言，说什么'父之于子，当有何亲？论其本意，实为情欲发耳。子之于母，亦复奚为？譬如寄物缶中，出则离矣'。

"继而与祢衡相互吹捧，祢衡说孔融是'仲尼不死'，孔融答祢衡是'颜回复生'。真乃大逆不道，不杀不足以平民愤，建议从重、从严、从快给予坚决打击！"

这前面的数罪哪里去找什么证据？最后的一款与祢衡的相互玩笑吹捧又哪里是什么罪了？唯有中间一款令孔融百口莫辩的大罪：忤逆大罪！这在汉代标榜以孝治天下的时代，的确是论法该判死刑的！

想想看：父亲与儿子没有什么情分，儿子不过是父亲发泄情欲后的副产品；母亲与儿子也谈不上什么恩义，那母亲的肚子就像一只盛东西的瓦罐，儿子生出来，就如同东西从瓦罐里倒出来，需要感激那装过他的瓦罐子吗？

这位圣人之家的成员的戏谑之言成了被定为死罪的铁证，孔融被斩首弃市！不仅如此，还被灭三族，妻子儿子一同被戮！——与人家的妻子儿女何干？

估计曹操因为两点：一是不欲留下将来报仇的种子——斩草除根是也！其次便是震慑不听话的群臣，看见了吗？我连圣人后裔也一样杀他全家！何况你们？——杀鸡吓猴是也！

曹操在许都杀鸡，不光是朝中的群猴被震慑了，更为震惊的是即将面临兵祸的荆州刘表，包括新野的刘备、诸葛亮。

刘表采取的应急措施极为简单实用：两腿一伸，一走了之！

建安十三年（208）八月，刘表背疽发作病故，其子刘琮在荆州豪强蒯越、军方蔡瑁及张允的支持下宣布接班于襄阳，长子刘琦其时正继任黄祖为江夏太守，在父亲病危时便被拒绝探望，当刘琮宣布接班并以侯印下授刘琦时，刘琦大怒，投印于地，决心以奔丧为名，武力发难。——又一个袁家兄弟的荆州版。

这刘琦就任江夏太守的职务却是诸葛亮的点子：刘琦见自己眼下亲爹不喜、后娘不爱，自感危机，曾向诸葛亮讨教安身之术。诸葛亮开始不愿介入刘表家的家务纷争，后来被刘琦引上一高楼，撤去木梯后对诸葛亮说："今日上不至天，下不至地，言出子口而入吾耳，可以言未？"

诸葛亮无奈之下，只得提醒了一句："君不见申生在内而危，重耳居外而安乎？"

一语提醒梦中人，刘琦顿悟，恰巧后来江夏太守黄祖战败为孙权所杀，刘琦便求代其任，现掌握要地，钱粮丰足，水军万余。

万把水师怎么与手握十万重兵的弟弟刘琮作战？那当然是刘琦自恃自己的长子身份，料想荆州的军心、民心应该属己，战事一开，胜负当在未知也。

岂知已经没有那个机会了，曹操大军已经占据新野！刘琦只得暂忍怒火，将部队撤过江南，先布置防守曹军为重了。

刘备与诸葛亮已经提前将新野军民撤至背靠襄阳的樊城了，新野地域狭窄，城墙低破，不具备防守曹操大军围攻的条件。再说，刘备又何曾死守过一地？

现在的战势是：刘备处于抗曹的前线樊城；刘琮掌握荆州水陆军的主力驻军襄阳；刘琦率水军万人处于最东部的夏口，这里临近荆州大敌江东孙权，其实是个两面受敌的位置；但自刘琦任江夏太守后这里也就自然成为了江夏郡治——原郡治西陵自黄祖沙羡战败已弃用——这里因地处汉水与长江的交接点，战略位置极为重要，一旦有失，不但荆州失去东方屏障，连江东孙权也将受到直接威胁！

曹操赶到了前线新野，当得知对头刘备就在樊城之后，新仇旧恨不由得一起涌上心头，立即决定：主力齐头并进，围了樊城，将樊城化为刘备最后的墓地！

那刘备已经无处可逃了！曹操刚刚接到令人振奋的绝好消息：新任的荆州牧刘琮，慑于曹操大军的兵威，在左右文武大员的极力劝说下，送来了屈服表章。

荆州已经举州投降了！

识时务者的俊杰们

国家内战乃民族不幸，百姓劫难，本来没有什么骨头软硬之分，不过面对强势一方公然的武力兼并，弱势方是尽全力保境安民，还是审时度势决然放下武器，以免殃及地方祸及百姓，这却不是反正咋说都有理的事情。

这虽谈不上什么民族气节，却关乎个人的政治操守，尤其能昭示一样：做事像个爷们儿吗？

年轻的刘琮开始也挺有男人味的，接到曹操即将犯境的军报，召开的本来是一次紧急军事会议，可惜与会的文武大员早就私下商议好了投降保平安的基调，就连在监狱里的在押囚犯韩嵩也得以列席会议，所以在刘琮准备发表一番激昂的政治动员令之前，众人便纷纷表态：守则安，战必亡。大丈夫理应识时务！

刘琮奋起争辩："今天我与诸君据守保全荆楚之地，守先君之基业，坐以观天下之变，有什么不可以？"

这话如单独说给蔡瑁、张允等将领听兴许有效，养兵千日，不就是准备今天的用在一时吗？武人们嘴里是羞于说出"投降"这两个字眼的，心里再怯战也不好意思在会议桌上明摆出来。由此推理：那在战前会议上坦然建议投降的将军，未必不是勇士。

一般都是这种情况：军人心里想做的事情，要先通过政客的口表达出来。

毫无执政经验的刘琮面对的是一帮什么人？

蒯越——荆州巨富豪强，例有"一城襄阳半蒯家"之说，心里当然想的是如何莫让战火烧到襄阳，保住亿万家产是第一要务！

韩嵩——前文已经介绍过此人，乃曹操明令的朝廷侍中、零陵太守，不过一直被刘表关在监牢里，现在终于有了重见天日就任实职的希望与机会，能不尽全力争取吗？

但说服刘琮投降的主力军却是东曹掾傅巽，那傅巽口才极佳，正理歪理都能辩得像模像样，琮一孤家寡人刘琮如何是其对手？

傅巽侃侃而言："逆顺有大体，强弱有定势。（——这是分析具体情况，先将荆州置于弱者地位，与近代抗战初期之亲日派论调极为相似。）以人臣而拒人主，逆道也；（——公然先定名分，承认曹操代表汉刘，刘琮对于这政治第一的宏论的确难以反驳。）以新造之楚而御中国，必危也；（——先定抵抗的结局。）以刘备而敌曹公，不当也。（——再指措施的不力。）三者皆短，欲以抗王师之锋，必亡之道也。（——结论出来了：不投降必定丢命！）将军自料何与刘备？（——这招最厉害！诱刘琮入套。）"

刘琮只能实事求是说："不若也。"

傅巽等的就是这一句："诚以刘备不足御曹公，则虽全楚不能以自存也。诚以刘备足御曹公，则备不为将军下也。愿将军勿疑。"

话已经说得很到家了：依靠刘备抵抗曹操，刘备败了荆州就不用说了，刘备胜了你刘琮也必然完了！总之一句话：投降万岁！

在其他一些投降名士，如邓力、王粲等的帮腔下，会议终于做出了令曹操大喜的决议：从现在起，荆州姓曹了！

插一句对王粲其人的简介：其人精文学，博闻强识，后来与曹三公子曹植齐名，为中国文坛建安七子之一，一生留下诗词曲赋、论议文章六十余篇，曾以数语之拍马祝酒辞被曹操升迁为军谋祭酒而传为一时佳话！

刘表病故的消息竟然对与刘表以兄弟相称的刘备严密封锁！这当然是由于惧怕刘备以武力支持刘琦接位，但不让被刘琮称为叔父的刘备奔丧吊唁却是于理大为不通，刘琮既然事情已做出，索性撕开脸面不惜为敌了！投降曹操的决定当然要对刘备严密封锁。

这就把刘备给害苦了，等到刘备在樊城发觉事情不妙时，曹军已经临近樊城，一旦被围，刘备便死定了，他仓促之间与诸葛亮紧急商议：弃樊城而奔江夏。江陵乃南郡郡治，钱粮军备甚丰，交通便利，是襄阳至长江口岸的枢纽要地；首先占据这军备粮秣储备充足的江陵城，那时才有持城固守的资格。

刘军紧急撤退，惊动了樊城、新野两县的官吏、百姓，那樊城还有随刘备一起避曹军来到樊城的新野百姓，大家不能信任以残暴屠城著称的曹操，求命唯有一途：左将军走到哪儿，我们跟到哪儿！

诸葛亮在决定追随刘备时便有与刘备共赴危难的心理准备，但也是难以预料局势如此急转而下，初为刘备无职幕宾，那布置撤退的行动还轮不到诸葛亮随便插言干涉，只能向刘备紧急提议：让关羽率所有水军顺汉水先行，提前拿下江陵，以避免曹操或刘琮抢了先招儿。

刘备依言，别遣关羽率水军万余乘船数百艘先行，自己则率余部数千，由陆路直趋襄阳。

新野、樊城两县民众几乎尽数随军避难，十余万人众上了樊城通往襄阳的大道，百姓们也是人人家家只顾逃命，又没有什么行军纪律可言，道路堵塞当然是必然的事情，刘备军又无法与百姓争道，只能无奈地夹在逃难的人群中蠕动，日行十余里而已。

其实刘备自己的举措也不是什么情急转移：盆盆罐罐都舍不得扔下，历经过穷日子的人最怕丢家当，人马虽只数千，而辎重大车也是数千辆，这种近乎一名士兵一辆车的状况又怎能应付必然会遇到的紧急作战？刚接触军旅事务的诸葛亮犯难了！

而已到新野的曹操却不会给刘备留任何搬家的时间。他做得更绝！亲率大军越樊城直插襄阳，目的极为明确，先与投降了的刘琮部会合，回头兜捕那樊城或者是正在旅游中的刘备。

那刘备已经是网中的鱼儿了！

风云变幻长坂坡

樊城、襄阳近在咫尺，刘备全军撤退之初，道路尚未严重堵塞，当天刘备已率军到了襄阳城下，此时如果按照诸葛亮当初所建议，急速全军南下，刘备占领江陵城应该是十分容易的。

其实占领江陵抗拒曹军在诸葛亮的建议中已经是退一步的无奈之举措，诸葛亮首先的建议是：趁刘琮降曹，荆州军民大部不甘就伏之时，袭占襄阳，如此名正言顺，荆州可唾手而得，那时不妨请回大公子刘琦，荆州人心必然转向，如此集荆州全州之力，与曹操相抗衡，虽然仍不免处于弱势，但总胜过这样仓皇奔命，毫无还手之力。

刘备不干。刘表新丧，自己此时袭击刘琮，一是于心不忍，二是不免给世人以趁丧打劫之嫌。至于以刘琮降曹为借口？借口毕竟是借口，那时的事实是：曹操还未及动手，刘备先给荆州照心窝来了一刀！此举怎么也难与"仁义"二字沾边，如此行为刘备不为也！

那就按既定方针，抢时间南下江陵啊，刘备还要等等，等什么？等他这位刘叔父再与这刘琮贤侄谈谈！看能否使刘琮贤侄浪子回头、迷途知返、悬崖勒马。只要有百分之一的希望，就应该尽百分之百的努力！这才叫惩前毖后、治病救人。一旦成功呢？

孔明无语，众人无话。

刘备率众欲进襄阳对刘琮进行劝诫，谁知那刘琮竟然讳疾忌医，紧闭城门，真是辜负了刘叔父一片赤诚向城门，刘备苦口出于婆心，立马襄阳城头之下，深情呼唤："请刘琮贤侄答话……"

刘备苦心弹琴唤贤侄，那刘琮牛劲上来不见面，致使刘备梦碎襄阳城——还算刘琮讲点儿旧情，不然给这位叔父一阵乱箭怎么办？

不过刘备的工作也不是一点成效也没有，据史载："……乃驻马呼琮，琮惧不能起。琮左右及荆州人多归先主。"

可惜眼下众望所归、众人来投却不是什么利好的"大盘飙升"，相反却成了刘备的催命灵符：新野、樊城两县的百姓不算，现在又加上了襄阳的大量官吏民众，襄阳通往江陵的道路近乎彻底报废了，而且谁都知道曹军就在身后不远，哪有肯让路的傻子？

左右不忍看见刘备成为曹操的俘虏，俱都相劝："宜速行保江陵，今虽拥大众，被甲者少，若曹公兵至，何以拒之？"（《三国志·蜀书·先主传》）

这未来的先主刘备答道："夫济大事必以人为本，今人归吾，吾何忍弃去！"

是啊，众人把你刘备当成了唯一的依靠与救星，你刘备如果只顾自己逃命远飏，那还成什么样子？

诸葛亮不禁叹气，又不由得欣慰：自己没有跟错人！能把自己的命运与老百姓绑在一起的人没有坏人！

跟上这样的领导你就只能认命吧，只能把自己的小命交给未来的运气。运气这东西很怪：历来不断照顾亡命赌徒，又历来伤害久赌的赌棍而绝对无情，这次刘备运气如何？

曹操也赶到了襄阳，闻听刘备已过境，一时顾不上安抚新收的奴才，终于放出了手中一直搭在弓弦的那支利箭：那曹家的新锐奇才勇将曹纯，以及所率的那支五千虎豹精骑！目标只有一个——江陵！

那儿的大批辎重军备，如果被刘备先一步抢到手，必然急切难下——曹操现在也有点儿只顾发财不顾仇人了，若其严令曹纯，目标刘备，死的活的都行！那将会如何？

曹纯接令大为兴奋，终于轮到了出手的一天！他当即率五千曹军中精锐中的精锐由襄阳出动南下，给士兵的军令是：宁可跑死战马，也要先拿下江陵！

部队备足熟食干粮清水，昼夜不停，仅第一天就赶了三百余里，这对于数千部队行军是不可想象的速度，战马虽是畜生，也要劳逸结合的，最高速的驰骋冲锋，不过能维持十余里远近，长途行军，就连颠步小跑也是不能长久的。

令曹纯没有预料到的事情出现了：前面出现了无边无沿的人群，中间夹杂着数不清的辎重大车，一时难以辨清其中有多少是军人，还有多少是平民百姓。曹纯只能下一道明确而模糊的军令：冲上去！抢了那些辎重大车，凡是抵抗的，格杀勿论。

这个地方位处当阳县，据百姓说地名长坂坡，刘备一发现北面的曹军骑兵立刻方寸大乱，诸葛亮才欲集结士兵，哪知道随同逃亡的百姓首先大乱了，紧接着被立刻冲乱的是刘备的数千步骑。整个长坂坡现在如同一锅沸腾的烂粥，面对遮天盖地的人群，不光是刘备傻了眼，就连准备下口的曹纯也晕了！

百姓部队相互践踏，老弱妇孺哭天抢地，刘备的部队已经官难找兵，曹纯的部队也难分辨出军民，涌动的人流滚来滚去，单独的生命一下变得渺小无比，群体的惊慌历来具有迅速的感染力，曹军精锐的虎豹骑面对这种局面也彻底晕菜了：该杀谁？怎么杀？现在是杀不胜杀呀！

刘备环顾四周，自己的妻儿又不见了踪影，身边只有不足百骑，这还包括众多的文职谋士及警卫亲兵。幸好这中间还有张飞所率的本部骑兵二十余人，刘备只能令张飞于一条只有一座孤桥的小河负责断后掩护，自己则越河而东向，南方不远的江陵肯定是去不成了，等到挤出乱民冲过小河时，刘备才痛心地发现：身边剩下了诸葛亮及几个谋士和数十骑亲兵，至于妻子甘夫人、两个女儿以及带着的两岁幼儿刘禅不见了，看来是凶多吉少了！

刘备不愿意就此东行，他还期盼着一个缥缈的希望：那就是自己的卫队长赵云也在后面的乱人群中，焉知这位忠勇双绝的赵子龙将军会不会给自己带来奇迹？

回望小河那边的人海，尘土遮天，哭声遍野，既看不见妻儿，也看不见曹兵，更看不见那唯一的希望赵云。

只看见：张飞单马独矛，像一座雕塑般屹立在那拱形的小桥最高处，一抹夕阳洒来，将张飞连人带马笼罩在红霞之中，那背影好长好长……高高的张飞背影四周被镶上了一轮五彩的光环，刘备揉了揉眼：怎么像一尊天神肃立在高处？

对面的曹纯也揉了揉眼：硝烟弥漫处，东方是何人？怎么像一尊天神肃立在云端？

一声怒吼泣鬼神

对面的硝烟里，赵云正在匹马单枪血战，在他的身后，就是主公刘备的妻子甘夫人，甘夫人怀里抱着的就是主公唯一的儿子刘禅，乳名阿斗。

幸而现在的曹军也是在无组织地胡乱杀戮抢劫，而且是以抢劫辎重为主，有个别骑兵无意中闯了过来，赵云均是扑上去就是一枪，到现在为止，还没有碰上个能对付得了赵云枪杆一颤的曹兵。

曹纯于乱军中集结起了百余骑，直向正东追来，但目标却不是人困马乏的赵云及他所保护的独车，他，包括所有附近的曹军的注意力都被一个目标吸引住了：就是那像一尊天神般肃立在高处的张飞！

赵云趁机请甘夫人下了车，接过幼主阿斗，裹在胸前铁甲之内，将不知所措的甘夫人扶上了原本拉车的辕马，夫人前行，赵云断后，直向小桥上的张飞冲去。

曹纯的精骑快要接近小桥了，所幸混乱的百姓见曹军向东集结，无不四散躲避，以至赵云竟能护着甘夫人不受阻碍地先一步冲过了张飞立马的小桥，其实在这之前还冲过去一位刘备军中的重要人物徐庶。

曹纯及部下面对迎面立于高处的张飞很是疑惑：此人威武非常，看样子有恃无恐，面对逐渐逼近的曹军竟然视若无物，若不是胯下那正在愤怒之刨蹄摆尾的战马，曹军几乎怀疑那是否是个真实的活人？

这家伙为什么不逃跑？那还用问吗？肯定是用不着逃跑。

为什么用不着？傻帽儿！那肯定是小河对岸有我们不知道的名堂。

小河对岸是一片矮树林，隐隐可以看见有骑兵在活动，他在诱我们接近？

左右却有认识此人者，惊恐相传的声音也钻到了曹纯耳中："此人即那万人敌张飞！"——原来曹军中素传关、张之勇，谋士程昱等不断嘱咐将军们：关羽、张飞皆万人之敌，一旦与之战场相遇，千万小心！

对关羽的认识大都是闻名于其单刀独骑于万马军中取颜良之首若探囊取物，此事仅从曹操口中就不断地被羡慕地提起；对张飞大家却是只听风传，未领略过其人厮杀风采，但越是如此才越加神秘可惧，谁知道他那杆丈八蛇矛会怎么玩法？

曹纯可不是被吓大的，虽然疑惑，但却也指挥手下勇士们逐渐逼近，就算是光荣地阵亡在你那根长矛之下，总要比被你唬退好听点儿吧？兴许我们还没扑到跟前，这张飞转马就溜呢？

注意力过于集中了，竟然忘记了轻骑之最拿手的本事：冲上去！送他一阵骑弩乱箭，一触即撤！

最多还有三十步！那张飞纹丝不动！

二十步了！张飞脸上还是无甚表情，只是眼睛好像越睁越圆，面对夕阳，竟好似反射出一股瘆人的冷光！

不足十步了！那张飞胯下的战马突然急不可耐了，激灵灵嘶叫了一声，前蹄扬起，一个立站露出了两只碗口大的铁蹄，两道寒光闪了几闪，众人几乎窒息！

铁蹄落时，伴随着砸向木质桥面擂鼓般的巨响，大家耳中好像听到了"咔嚓嚓"一声霹雳：

"身是张益德也，可来共决死！"（《三国志·蜀书·张飞传》）

众勇士一阵目眩神摇，胆大者在掉转马头时回眼一瞥：那张飞瞋目欲裂，横矛凭空扫过，大家无不感到身后卷过了一阵狂风！为什么是身后？众人不待军令，皆掉转了马头，不走更待何时？冲上去决死，那是去送死啊！

曹纯被大家裹挟着不由得退回了一箭之地，欲待再上前厮杀，却是没人再有这个胆量跟随了，满目敌人有的是，又何必招惹这种凶神恶煞？

曹操的军令是占领江陵，夺取辎重军备，而现在敌人的无数军资车辆就在眼前，能夺敌资又占江陵，便已是立了双份大功了，莫要无事生非了，还是抢东西、取江陵要紧。

还有一个最为关键的原因，这曹纯心中最有数：自己的部队已经不分昼夜地疾赶了三百余里，战士们体力疲乏是明摆着的事，不能再经恶仗了。

就算人能坚持，可战马已经透支体力，此时与对方的骑兵对冲厮杀，岂不是自讨苦吃？精于轻骑突击战法的曹纯不会这么蛮干，宁愿放走少数残敌，也决不能送出已经到手的大胜。

张飞摆矛回身下桥追赶刘备，这边曹军却没人胆敢过河尾追，谁能预料那对岸小树林的后面藏着什么？干什么都能立功，难道非冒险不可吗？

　　张飞与刘备相聚，那追上了刘备的徐庶却要与刘备相别了：原来徐庶追上刘备就是为了向刘备告辞而来，混乱之中徐庶的老母已被曹军俘去，而徐庶却是个大孝之人，怎能为了一己之前程而伤害母亲？告别刘备之时，大家欲留无话，徐庶手指心口而言：

　　"本来欲与将军共图霸业，全凭这方寸之地。现在老母有难，徐庶方寸已乱，不能留下帮助使君了，请从此告别吧。"——刘备含泪别徐庶，徐庶从此归曹营。

　　刘备失去了一位智者良助，心中固然无限凄凉，但值得庆幸的是自己忠勇的部下赵云终于不负他心中期待：救回了他带着独生子的妻子甘夫人。古人对血脉后代极为重视，要不还拼一生置些家业何用？就是延传到今天，此习也未改变多少。

　　对于赵云的信任，刘备绝对可以用"无限"这个词来形容。当一开始有人报告刘备说：子龙将军见我军势孤，已经率部北逃投降曹军去了！刘备竟把自己的护身手戟向对方投去，断言："子龙不弃我走也！"

　　对于赵云其人，笔者与刘备甚至诸葛亮的看法有所不同，尤其是刘备，对赵云一直不能尽其所能而使用，诸葛亮虽然稍加重用，但也不过令其独率一支偏师而已。其实，赵云的战场绝勇尚在其次，其目光、能力并不只于独挡一方的将才，而是一名世所罕见的帅才，是那种战略层次上的帅才！具体事实容笔者专文细说，现在顾不得，刘备等一干人正处于生死存亡的关头！

　　刘备等数十骑终于与曹军脱离了接触，在孔明的建议下，弃江陵而东向斜趋汉津。正行之间，却被一人迎头截住，此人却是刘备万没想到的，连诸葛亮都是甚感意外：原来竟是江东孙权的主军谋士鲁肃!

这鲁肃却是专奔刘备而来,且不谈刘备与关羽水军相会于汉水,暂寄下沔水迎到了前来接应的江夏太守刘琦,先给大家解释这鲁肃为何从江东来到了当阳长坂坡。

体会到了唇亡齿寒的感觉

对于曹操在建安十二年(207)之前摧毁袁氏势力、一统中国北方的战势,偏居江东的孙权是一直关注着的。建安十三年(208)春天一到,他就抢先一步对荆州开始了蚕食进逼。

想法也极为简单:荆州即将沦于曹操之手是显而易见的事情,自己所控制的江东地区地域狭小,若被强大的曹军陈兵于家门口,那自己连回旋的余地都没有,除了俯首称臣别无他途,这是年轻心盛的孙权极为不愿意看到的局面。

只有先下手为强,最起码要控制住荆州长江以南的四郡地盘,到时才有可能与曹操相持于长江天险,即便不能进击中原,也足以凭险自守。

西进的最大障碍还是雄踞于上游的江夏黄祖,只有除掉了这个曾导致父兄殒命的大仇人,才有可能染指荆南,再图江北。问题的关键还是必须消灭黄祖庞大的水军。

这次孙权复征黄祖打得还是相当艰苦。黄祖在沔口江面横了两艘艨艟斗舰,挟守沔口,以棕榈搓成的长绳,下系巨石,横拦江心,阻截敌船进入(枻橹大绁系石为矴)。艨艟上有千人之多,以箭弩交叉而射，飞矢如雨，江东水军不得近前。就是到了跟前也没有用，那黄祖的两艘艨艟已经横拦在狭窄的江面，江东水军的船只还是无法上行。

这时江东勇将董袭与凌统俱为前部先锋，各率敢死队百人，人披两层铠甲，乘大舸船，突入两艘艨艟之间。董袭以刀砍断两根棕绳，艨艟才由横江成为顺流，江东大兵遂即跟进，平北都尉吕蒙贴舟近战，亲手击斩了黄祖的前部都督陈就，江东军乘胜追赶，围了黄祖所在的沙羡城。

黄祖仓促之下弃城逃亡，但终于没能逃过孙权的追杀，被骑士冯则追上砍掉了脑袋，这孙权至此才算报了父兄血仇。不仅如此，这次孙权索性学了回曹操孝顺老爹的手段，对沙羡也来了个"遂屠其城"。屠其城也没算完，并且"虏其男女数万口"而回。

这次孙权息兵回军也不是什么觉悟提高、良心发现，或是父仇已报，别无想法了，而是后方又出了问题：新都郡山贼又起，数城已陷，还是要先安定老窝要紧。等孙权平定新都始新、新定、犁阳、休阳等六县以后，已经传来了刘表辞世的消息。

论说现在正是进军荆州的好时机，但此时的曹操已经开始南征荆州，并且已经占领了宛城、新野，孙权不得不考虑一旦荆州败亡，自己将面临的是什么了。

还是鲁肃考虑得高远一些，他替孙权分析："荆州这片地方极为重要，水陆均与我们邻接，其北流水道可以覆盖江汉，境内山陵连接，有金城之固，全境沃野万里，士民殷富，谁占据了它，谁就有了帝王天下的根本。

"现今刘表新亡，两个儿子素来不和，军中诸将领各自支持自己所认定的主子；又加上现在寄居在荆州的刘备，被刘表妒忌而不能依赖重用；这位天下枭雄，与曹操有不解深怨，若刘备与新接位的州牧彼此同心协力，我们则应该与其结盟，共抗曹操；如不是这样，我们就应该早做准备，以图大事。

"请求主公派我去荆州吊唁刘表，慰问其二子，并慰劳荆州现在的主军之人，并劝说刘备抚慰荆州众人，同心一意，共拒曹操，刘备一定会乐意从命。如果如愿，天下大势也就确定了，现在不行动，被曹操抢了先，将来就麻烦了。"

鲁肃建议的核心是：大敌当前，不妨与世仇荆州言归于好，再联合刘备共抗曹操；假如现在的荆州开始闹不团结，那便根据形势不妨趁火打劫一把！由我去观察一下风向。

就这样，鲁肃经孙权同意来荆州以吊孝为名打探军情政事来了，此事就这么荒唐绝伦又自然合理，一个恨不得生食其肉的仇人死了，却派员上门吊唁慰问。

谁知人还没到襄阳，便已得知了刘琮带领荆州举州投降曹操的消息，襄阳是不用他再去"吊孝"了，但如此汇报孙权，鲁肃又极不甘心，可以预料：孙权得知荆州与曹操合为了一家，并且已经换了曹操当了家长，面临江东的即将是投降与否的表态了。

在这种情况下，投降似乎是唯一的出路，但是鲁肃打心里不愿跟随孙权做一个降臣，他终于打听到刘备军退往江陵的准确信息，便直接迎头赶到了当阳。虽然极为顺利地与刘备见了面，却实没料到看到了刘备这么个可怜兮兮的模样。

诸葛亮知道鲁肃来干什么，虽然表面不动声色，其实心里大喜望外，这是刘军能得以幸存的唯一机会，说是突然来了刘备的救星也不为过。

但诸葛亮更明白：欲速则不达，向孙权求救这样的话只能说给刘备听，对于这位江东的不速来客还只能不卑不亢，不让他看到刘备的力量，说什么都没有用处的。

诸葛亮向鲁肃开诚布公地说明了刘备的现状，并且指着部分跟随逃亡的百姓说："我主不愿弃数十万舍家随行的百姓而速行，才得以被曹军轻骑追上，并且无法作战，宁死不丢人心，真英雄也！"

鲁肃立时被目前的事实感动，在没见到刘备的任何实力之前，自己先认定了刘备是个可以合作的对象，为求得诸葛亮对自己的信任，赶紧介绍了自己与诸葛亮之兄诸葛瑾的关系："我是子瑜的好友！"

刘备在自己前途渺茫之际突然接到江东孙权的信息，当然大悦，精神立时大振，虽只数十骑，但言语之间却豪气俨然，未见丝毫颓废灰心之色！把个鲁肃心中佩服得几乎五体投地：这刘玄德名不虚传！——却一时未醒悟是自己给刘备送来了信心。

及至众人赶到汉水，关羽所率水军已接孔明的飞骑传令，早已在汉津渡口迎接，大伙上得战船之后，未行多远，在沔水之交合处，又迎到了刘琦所率的万余水师，鲁肃更加坚定了此行不虚的想法。

在赶往夏口的路上，鲁肃便向诸葛亮建议：全军应继续东移至樊口，那里城处长江南岸，贴近江东，既利于对曹军的防守，又能及时得到江东军的实际支援，并发出了请诸葛亮回访江东的邀请。

诸葛亮却未急于向刘备请示前往江东，而是表示要先帮刘备安顿好随行的百姓，这下鲁肃更加感叹这刘备厉害：竟能将大仁大义这么快便传染给部属！看来世间传言刘备乃曹操克星并非夸大其词，岂不闻仁者无敌！

进驻了三江汇合之处的夏口城，大家总算才暂时安下心来，谁知诸葛亮却私下去见刘备，神色凝重地说道："事情紧急了，请派我去求救于江东孙将军。"

事情明摆着，曹操已得荆州水军，虽暂时需要整编安抚，但绝对不会给刘备多少在夏口安逸的日子，江东援军不至，夏口必然难保，难道到那时真的如前日对鲁肃所说，去投奔昔日好友苍梧太守吴巨不成？那只是对鲁肃表示并没有到了走投无路之地步的随口之言哪，真去了苍梧，在那地僻人稀之地，还能有什么作为？

刘备当然更明白这点，所以在鲁肃次日正式提起请诸葛先生回访江东面会孙权之时，他立即爽快地答应派孔明为自己的全权代表，马上就可以与鲁肃同行东去柴桑出使江东。

一叶扁舟，顺流东去，那上面承载的是孙、刘两家的希望！

曹操一统天下的机会到了

曹操兵不血刃，入主荆州，虽未捕得对头刘备，但却尽获其辎重，并且顺利占领长江口岸枢纽重地江陵，收编荆州军，仅水师便得七万余众，实是南征之开门红透顶的空前大胜！

论功行赏，曹操向来不吝啬，除原荆州之主刘琮外，力主投降的"俊杰"之士均被委以要职，被封侯者十五人，值得一提的有两人：就是这次和平统一行动的最大功臣刘琮与当初战降的骑墙派代表——刘表的大将文聘。

与蒯越等被封侯者十五人不同，刘琮反而被降了不止半格，曹操任命刘琮为青州刺史、封列侯。那蒯越、韩嵩等人除封侯外皆被任命为职务超过刘琮的实职大官，例如蒯越被任为光禄勋，韩嵩为大鸿胪。

现在上下级倒了个儿，更别说那兔子不拉屎的青州之贫地，其实连荆州的一郡也不如。怪不得大家当初都那么积极地动员刘琮当"俊杰"，原来那算盘珠子都是为自己拨动的，刘琮只不过能听响而已。

那文聘不同，是因为没有主动投降才受到曹操尊重的。

文聘，字仲业，南阳宛人，荆州降曹，文聘闭门不出，仍不明确表态是归顺曹操还是心有他属，并对左右解释："聘不能全州，当待罪而已。"

文聘最后终于觉得胳膊拗不过大腿，再拗下去就不免要丢命，才忍羞前去拜见曹操，曹操责其来迟，文聘惨然回答："先前不能辅弼刘荆州以奉献国家，刘荆州虽去，我的心愿是据守川汉，保全荆州土地，生不负留下的孤弱二子，死无愧于地下的刘荆州，而事不由人，以至于到了这般田地。实在伤感惭愧，无颜面早见啊。"

文聘说罢唏嘘流涕，倒把曹操感动得为之怆然："仲业，卿真忠臣也。"厚礼赐爵关内侯，并授文聘兵权，使与曹纯追讨刘备于

长坂坡。(这点令人不解:最后见的曹操,那刘备莫非还等在长坂坡挨宰?——笔者按)

看来升官、封侯之道是条条大路通罗马,像人家文聘这样的,可称得上曲径通幽,插柳成荫。

后有得陇望蜀之说,现在的曹操是得荆望吴,对于那在夏口苟延残喘的刘备,曹操现在已经不再放在心上,所以并未集结主力水师顺汉水下东南,克夏口围刘备,进而逐渐威逼江东孙权。

如此将封锁江东水军于三江口之东,历史肯定将会被改写成另一种局面,中国再出个几百年的大魏朝也是说不定的事,又哪来的后世之《三国演义》?估计对曹操的历史评价也将是另一种定位。

可惜过去的历史如同江水不回头,从来不会有什么如果之说,曹操在送去对孙权的威吓逼降信之后,便全力部署对江东的军事行动。当然,对刘备也没有真的网开一面,只不过是以偏师对偏师,主力还是准备对江东水军主力实施一鼓聚歼的战略部署。

其时曹操的前将军夏侯惇与侍中尚书令荀彧留守许都;厉锋将军曹洪驻守襄阳;后军都督、征南将军曹仁,军粮督运使夏侯渊驻守江陵。

这样曹操的偏师便由护军都督赵俨、奋威将军程昱统率,受其指挥的将领有于禁、张辽、张郃、朱灵、乐进、路招、冯楷以及原荆州军文聘所部。水陆步骑超过十万,任务是沿汉水由襄阳向东南,直击夏口的刘备、刘琦军。

说起来此偏师不偏,这是曹操设计的钳形攻势中的北路大军,主力由历经百战磨炼的曹军构成,如全力东下,绝非关羽及刘琦的两万水军所能阻挡的，但是曹操还交给北路军一项重要任务，即掩护南路水军主力的左侧背。虽然这样也并无不妥，可是对于这支部队的定性却已大变，成了防守为主，进攻为次，看来重头戏还是在曹操亲率的南路军那边。

南路军以原荆州水军作为主力，再加上曹操带来的北方部队，总数已达二十余万，兵分三路，江南、江北，再加上长江中的战船及三军辎重，沿长江浩荡东下，声势震天！

长江在江陵以东向南绕了一个大弯，曹军由江陵东下，顺水须先向东南，然后经洞庭北长江水道折向东北，预计与北路军会师夏口，那时的江东将无什么天险可依，而曹军却可以借长江水道运输大军辎重，江南江北齐头并进，拿下江东将如同摧枯拉朽，曹操统一中国的不世之功则将永垂青史也！

至于益州，更不是什么麻烦，早在兴平元年（194），刘焉病故于任上，益州主人已经换成了他的儿子刘璋，现在还没打到他头上，便已经抱头求饶了：自下荆州之后，刘璋即主动表示归附曹操，并且出夫出军、助粮助饷，不求分一杯羹，但求保一时安；汉中张鲁，只想着在他那汉中一隅盆地当他那五斗米教主即万幸，估计到那时不过是一纸通牒便降的主。

现在唯有一点麻烦：北方士卒对江南水土不服，幸好不是酷夏季节，如果赶在那时，光是空气中的水分就会让这些北方汉子穿不住短裤，更不用说烫人的铁甲了。还好，眼下秋末冬初，天气渐凉，正适应北方士卒作战。

再说了，还有那荆州本地官兵将近十万，仅此兵力，就远超江东水陆全军，有强大的曹军作为后盾，或者说督战队也未尝不可，那孙权能有什么防守良策？

不过如果那孙权一旦联合刘备倒是个麻烦。那刘备据说刚得一谋士诸葛亮，号称卧龙，想必有些真本事，再加上刘备手下之三员虎将关羽、张飞、赵云，都不是善主，风闻那刘备前些时又新收一义子刘封，战场厮杀也有些门道，看来必须抢先一步切断他们与江东之间的联系！

还是老办法：出动轻骑，奔袭那夏口东方的樊口，此举成功，江东与夏口将被割断联系，至于到时先收拾哪家，那就只有到时再说了。

战争与和平的前奏曲

诸葛亮与鲁肃单帆孤舟，隐没于大江洪波，顺流而下柴桑口。

而现在柴桑的孙权正处于左右为难之时。

荆州降曹的确实信息已经传到了江东，那曹操对待荆州顺民降官的优厚政策当然也被足尺加五地灌到了江东众人的耳膜，致使大家一颗颗青春的心开始了跳跃式的搏动，升官的机会到了！

几天来往孙权耳朵里灌的全是这种信息："曹公乃豺狼虎豹似的人物，现在以大汉丞相的名义行事，挟天子之名征讨四方，行动以朝廷诏命为辞，今日与之为敌，政治上名不正言不顺啊！

"况且以将军的实力之所以可以抗拒曹操者，不过依赖长江天险。而今天曹操已得荆州，尽占其长江南北之地。所接受的是刘表训练有素的水军，皆艨艟斗舰，数以千计，曹操全部用以沿江而下对付我江东，两岸兼有步骑，水陆俱下。如此所谓长江之险，已经与我共有之矣。

"而曹操势众，我方力寡，这是明摆着的事实，又不可以闭上双眼装着看不见。平心而论，为将军大计、江东前途着想，不如放弃战争，选择和平，举江东迎之，则将军幸甚！江东幸甚！百姓幸甚！国家幸甚！"

这便是以江东三世重臣张昭为代表的主和派的肺腑之言。

所谓"主和派"不过是主张投降一派之好听点儿的说法，但是，主张投降的人们在数量上却占有绝对优势：几近八成的文臣武将！

主张抗战到底的少数武将中有一人值得一提：甘宁，字兴霸，巴郡临江人。

这甘宁却是个地道的强盗出身，少年时便凭借有气力，好游侠，招揽了一帮轻薄少年，甘宁则为之渠帅，挟持弓弩，从事明抢豪夺的生意，平日所有的战马都脖项戴铃，小民闻铃声，即知是甘宁到了，以方便穷人及早避开。

甘宁的土匪职业干了二十余年，一天突然强盗做腻了，想改行做文人了，便停止不再攻杀劫掠，用心攻读起了诸子百家，真正的"浪子回头金不换，强盗改行做圣人"。

甘宁开始依附了刘表，居南阳等待招用，无果后转投黄祖，黄祖又以一颗平常心处之，以一个平常人待之。可惜那甘宁却天生不是一个平常人，于是便又跳槽到了江东，这下终于投对了主子，周瑜、吕蒙皆共荐达于孙权，而孙权对其如同于旧臣——这孙权可谓人小鬼大，的确不凡。

早在刘表生前，甘宁便向孙权、张昭这些江东的决策人提过建议："现在汉朝快完蛋了，早晚便宜了曹操。荆州南部，山陵多水路通，这是我们的西部屏障啊。

"我看刘表这人，自己目光短浅，儿子更不成才，不是那守业的料，主公应该尽早图谋，不能落在了曹操后面。

"图谋荆州，自然应该先收拾那黄祖。黄祖现在已经老耄无能，要钱缺钱，要粮少粮，受尽左右欺弄，下面的官吏士卒无不心怨。其舟船战具将近报废也不修整，百姓怠于耕农，部队军纪懒散。主公现在出兵，破黄祖是无疑的。

"击溃了黄祖军，便可西进占据楚关，势力再扩张就可以瞄准巴、蜀了。"

孙权深深被吸引了，但长史张昭当时在座，怎会允许这强盗出身的家伙如此不尊重领导？反对："我们江东还不甚稳定，大军西出恐怕招致自己先乱！"

甘宁历来是吃领导的主，哪管你什么长史，什么张昭？立即痛斥："阁下占据着萧何的位子，只想着坐守怕战，想想古人不觉得羞愧吗？"

孙权举酒赐甘宁以表态，表面是劝架："兴霸，今年讨伐黄祖的重任就像这杯酒，交给你了。不过只要是由于你的建议而灭掉黄祖，那就是你的功劳，又何必在乎张长史的好心提醒呢？"——托孤重臣张昭这脸丢大了！

这次张昭决心挽回自己的脸面，坚决据理力争，哪能就此沦落到顾问委员会混日子去？

其实面对现实的孙权这时也是拿不定主意：

下决心抗曹，的确风险不小；

如果束手称臣又有点儿不大甘心；

但假如名义上归顺，那曹操如果能给江东充分的自治权的话，这和平之路也不是不可以考虑；

可是看到那荆州刘琮得到的待遇，又不免使孙权心寒！

战争与和平，何去何从？看来要等到鲁肃归来了。

谈判大师诸葛亮

诸葛亮随同鲁肃到达柴桑之后，并没有被安排立即去见孙权。

诸葛亮倒不大在乎江东对他接待的规格，现在不是追究礼仪是否达标的时候，虽然他此行代表的是刘备。

对于孙权的态度，诸葛亮也没有什么担心的，能在当阳见到鲁肃，就已经说明了孙权内心其实已经决断：联刘抗曹，不惜一战！

但从鲁肃口内，诸葛亮也清楚地知道江东大部分文武官员的明确态度，诸葛亮现在需要做的就是：坚定孙权抗曹的信心；给孙权充足地说服下属的理由；把刘备实质上的求援化为双方互惠联合；决定双方部队联合行动的具体时间、任务——这点最为重要，刘备等不起。

鲁肃在去见孙权汇报自己的荆州之行时，正赶上孙权再次集会大员讨论战降问题，这几天孙权以及他的决策班子一直干的就是这项不可能有结果的工作。这里的唯一上级就是孙权，下属民主讨论的意见总不能达到孙权满意，那就唯有继续讨论下去。

虽然早有聪明的下属看出了孙权骨头里的倾向，暂时采取了观风的态度，但投降派的声音还是一直占着主旋律的地位，以至于刚回来参加会议的鲁肃竟没有发言的机会——或者说时机更准确些。

瞅准了一次孙权更衣（去厕所）的机会，鲁肃跟到了"洗手间"，孙权就是留给鲁肃这个单独表达意思的时机，所以很急切地询问鲁肃：对大家几乎一致的"主和"有何看法？史载原句是："卿欲何言？"

鲁肃顾不上扯皮了："我看大家的意见是专门误导将军的，没有人是想着与将军共图大事的。我鲁肃可以欢迎曹操，将军就不可以了。为何这么说呢？我降了曹操，估计曹操最次不过把我鲁肃开回原籍务农，就算那样，鲁肃身份也不会低于下曹从事，还会驾辆牛车、带些随从去郊游，要是给个官的话，估计也不会离开江东。将军投降了曹操以后，还能想有家吗？鲁肃希望将军自己决断，千万别听众人胡说。"

——这鲁肃厉害！直接指出了问题的实质：主张投降的人们都是各顾各，没有一个是为你孙将军着想的！

其实孙权自己也未必不明白大家心里想的是什么，只是不愿意伤心地承认或者是点明这个事实罢了，现在鲁肃已经扯去了大家脸上蒙的那块遮羞布，使得孙权不由得叹息：

"这些人所坚持的意见，甚是让我失望；如今卿提议的才是救亡大计，正与我的心思相同，这是苍天把你赐给了我啊！"

心理上孙权需要根坚强的支柱；统一大家的思想孙权需要足

以说服人的事实与理由，至于行动，那是以后的事，欲将众口一词的"安定重于一切"化为众志成城的"团结就是力量"，谈何容易？

这些，鲁肃给孙权带回来了：诸葛瑾的二弟、刘备的谋士、号称"卧龙"的诸葛亮就在驿馆等候接见。

对于诸葛亮其人，孙权当然早闻其名声，其兄诸葛瑾是自己信赖的谋士之一，才学上孙权对诸葛瑾也是颇为欣赏的，既然是亲兄弟，估计与诸葛瑾当在伯仲之间是合理的。但现在的诸葛亮却不是以一个亲信下属之胞弟身份出现的，他马上就要接见的是刘备的代表。

这个年龄仅长自己一岁的诸葛亮到底有什么通天彻地之能？孙权向来不信邪，而且孙权也清楚地明白诸葛亮的柴桑之行的目的所在：不就是动员我抵抗曹兵吗？你这个说客却是多余了，是和是战我孙权又岂能是被他人所左右的！

待会儿要与你点明：孤与你的主子刘备处境是不一样的，刘备对于曹操是降而复叛，你们是没有任何再降可能的死对头；而我孙权不同，现在是进退自如，战和在我，更别说孙家与曹家还是双重亲家！

谈判双方初次接触，先提建议的一方从来都免不了沦为下风，除非你是居于绝对强势，可以硬把自己的意见强迫弱势的对方接受。而诸葛亮显然是没有资格逞强的，孙权当然明白这一点，所以他合理地采取了先听你诸葛亮对我江东的建议，再后发制人的谈判策略。

诸葛亮等的就是这一刻，他毫不客气地对江东目前的局势开始了貌似客观的分析，下面是史载原文再加上笔者于括号内的点评："海内大乱，将军起兵据有江东，刘豫州亦收众汉南，与曹操并争天下。（注意：现在是孙、刘、曹三家平等逐鹿天下！）

"今操芟夷大难，略已平矣，遂破荆州，威震四海。（曹操的力量太强大，我们单独一家谁也不是曹操的对手！）

"英雄无所用武，故豫州遁逃至此。（不避讳刘备新败，只是略过少提。）

"将军量力而处之：若能以吴、越之众与中国抗衡，不如早与之绝；若不能当，何不案兵束甲，北面而事之！（这是在高明地混淆逻辑，把选择浓缩成仅有两个，前者又明摆着行不通，实际上就给孙权留了一条路！）

"今将军外托服从之名，而内怀犹豫之计，事急而不断，祸至无日矣！（这是公然指责孙权的行事糊涂了，说了这么多，毫不牵扯自己的目的，孔明乃谈判大师！）"

孙权何曾见过这种谈判对手？不禁反讽："苟如君言，刘豫州何不遂事之乎？"（是啊，你说得这么头头是道，那你的主子刘备为什么不先投降啊？）

其实孔明的长篇大论本来就是给孙权布的一个陷阱，就等着孙权往里面跳呢，等孙权自己从这陷阱里爬上来时，孙权在心理上已经找到了一个强大的支点，诸葛亮的第一个任务已经完成了。

所以诸葛亮淡淡地一笑："田横，齐之壮士耳，犹守义不辱，况刘豫州王室之胄，英才盖世，众士仰慕，若水之归海，若事之不济，此乃天也，安能复为之下乎！"——表面上孔明是在褒扬自己的主公刘备，实际上孔明这是在送给孙权一个道德的支点，是在做了两顶帽子：英雄与奴才！孙将军，你选一顶吧。

孙权当然是个极为明白的人，马上悟到了诸葛亮真正欲表达的意思，有曹操后来名句：生子当如孙仲谋！响鼓何用重槌敲？——后句是笔者集民谚，非曹操句也。

孙权当即表态："吾不能举全吴之地，十万之众，受制于人。吾计决矣！非刘豫州莫可以当曹操者，然豫州新败之后，安能抗此难乎？"

——孔明谈判基本成功，火已经烧上去了，现在需要的不过是再添些干柴而已，让孙权维持住沸腾点。

孔明下面的话与其说是坚定孙权的信心，还不如说是在送给孙权一件对付内部投降派的有力武器："豫州军虽败于长坂，今战士还者及关羽水军精甲万人，刘琦合江夏战士亦不下万人。（告知孙权刘备还有两万精锐，是值得联合的对象。）

"曹操之众，远来疲弊，闻追豫州，轻骑一日一夜行三百余里，此所谓'强弩之末，势不能穿鲁缟'者也。（曹军不可惧，刘备已经先立大功：磨钝了曹军的锐气。）

"故兵法忌之，曰'必蹶上将军'。（胜曹兵有理论基础：你的祖宗、兵法祖宗孙子说的。）

"且北方之人，不习水战；（开始了具体分析。）

"又荆州之民附操者，逼兵势耳，非心服也。（想得荆州，要先相信荆州的人民，这点亲眼见过长坂坡百姓的鲁肃可以证实。）

"今将军诚能命猛将统兵数万，与豫州协规同力，破操军必矣。（必胜的结局都已经定了，还犹豫什么？）

"操军破，必北还，如此则荆、吴之势强，鼎足之形成矣。（连战后分赃都没忘了：你孙权得到的是安全、势强，而荆州还是姓刘！）

"成败之机，在于今日。"——话说到这份儿上了，别说是孙权，就是换了是曹操，恐怕也该听孔明指挥了！

所以，孙权合理地"大悦，即遣周瑜、程普、鲁肃等水军三万，随亮诣先主，并力拒曹公"。（《三国志·蜀书·诸葛亮传》）

至此，诸葛亮出使江东初步成功，给危机中的刘备带回来三万水军！重要的是，率领这三万精锐水师的统帅，是一个也可以称为天才的人：风流江东、名传千古的周瑜周公瑾！

英雄所见略同路却异

周瑜时年三十四岁，身材高大，相貌堂堂，却因其精通音律而被时人传为风流潇洒，更因其后世戏剧舞台上的武生角色的定位，而在人们心里留下了一个英俊奶油小生的形象，其实那应该是孙策的形象，是后世的人们把他们的形象合而为一了。

这时的周瑜正受孙权的派遣前往鄱阳，是鲁肃劝说孙权紧急召回周瑜，任命其为水军左都督，程普为右都督，鲁肃为赞军校尉，助周瑜赞画方略。

但大军出动之前还是有一些必要的功课要做的，其中最重要的莫过于统一思想认识，消除怯敌畏战心理，第一步要做的当然是要肃清投降派的不利于军心士气的自由主义思想及言论。

这次是由周瑜主持的民主大会，就连孙权也只是列席旁听，当然，也做好了最后总结发言的准备。

主张投降的人们没有什么新观点，无非是把多次重复过的战必亡滥调再次重复一遍而已，最多现在又加上"时不待我"的字样，强调主动和平改编与兵临城下的放下武器得到的战后待遇是大不相同的，被迫识时务那叫不识时务，是不配称为"俊杰"的。

周瑜厉声痛斥："不然。操虽托名汉相，其实汉贼也。（这是针对主和的人们提出的曹操能代汉实施征伐之理论而明确的政治观点，看来古时候也是讲究政治第一的。）

"将军以神武雄才，兼仗父兄之烈，割据江东，地方数千里，兵精足用，英雄乐业，尚当横行天下，为汉家除残去秽。况操自送死，而可迎之耶？（长自己志气，灭敌人威风，顺便也给投降派政治上定了性：再鼓吹投降可就是反革命言论了啊！）

"请为将军筹之：今使北土已安，操无内忧，能旷日持久，来争疆场，又能与我校胜负于船楫乎？（就算是曹操既无内忧又无外患，也没有资格与我们在舟船水战上较量！）

"一、今北土既未平安，加马超、韩遂尚在关西，为操后患。

"二、且舍鞍马，仗舟楫，与吴越争衡，本非中国所长。

"三、又今盛寒，马无藁草。

"四、驱中国士众远涉江湖之间，不习水土，必生疾病。

"此数四者，用兵之患也，而操皆冒行之。将军擒操，宜在今日。

"瑜请得精兵三万人，进住夏口，保为将军破之。"（怀疑打不赢的人没什么可说的了吧？）

孙权紧接做总结，拍板定盘："曹操这老贼欲废汉自立已久，只是忌惮二袁、吕布、刘表与我孙权。现在数雄已灭，唯有我孙权尚存，我与老贼，势不两立！周瑜将军的意见大家听到了吧，与我的意见绝对一致，这是苍天把他赐给了我啊！"——孙权谦虚谨慎！见有支持自己的就感谢老天。

孙权的总结报告可不是光凭嘴说，而是愤怒拔刀砍断了一只桌角，并以此立誓："诸将吏敢复有言当迎操者，与此案同！"这可不是玩的！现在是"杀桌吓人"，但谁要再不识相，妄言降字，那孙将军可就要"杀鸡吓猴"了。没人愿意当那只鸡，立时群猴肃静，再无不和谐声调，江东就此上下统一了主旋律。

重压之下，后方最起码表面上是万众一心了，由孙权坐镇柴桑，统一调动各方军马战舟，并保证前方军需；周瑜指挥前敌，率水军三万西上樊口，与刘备军会合，进而直上西南，迎击曹操的庞大军队。

但事情并不是像周瑜在会议上说得那样轻巧，周瑜首先面对的第一个问题就是：那刘备的残兵还能作战吗？

虽然有刘备的谋士诸葛亮同船赴樊口，但在周瑜眼里，诸葛亮只不过是自己的同僚诸葛瑾的胞弟而已，周瑜这前军主帅可没跟刘备谈判签约，用不着诸葛亮代表刘备来赞襄军务，诸葛亮描述的刘军再厉害也没有用，周瑜要亲眼看了才算数！不，看了也不算，要亲眼看过刘备打一仗周瑜才能安心。

周瑜还有一个必须面对的问题：那曹操东来的不仅只有水军，沿江而来的还有十几万步骑，并且江南、江北几乎平均分配兵力，辎重由江面上的舟船给予保证。而江东军陆战的实力周瑜更是心里有数，不管怎样，也要避免与曹军在陆地厮杀决战！能依赖刘备军否？

　　这一切都要等到与刘备见面以后再做决定，至于刘备对自己部队的兵力使用，诸葛亮已经详细介绍：

　　江夏太守刘琦已与关羽共同指挥水军一万五千，担负固守夏口防务及迎击顺汉水而来的曹操北路大军的任务，估计仅能滞怠曹军的行动，如果江东水军不予增援配合，夏口必失无疑。

　　张飞与赵云已各率千骑，进抵长江北岸的鲁山，作用有二：据险阻截长江北岸曹军向夏口的推进；伺机袭扰江北的曹军，对曹操的北路大军也不无牵制作用。

　　刘备本人已率刘封等诸将进驻了樊口，步骑六千，随时配合江东水军的行动。

　　六千人马？用以对付曹军长江南岸的数万大军能起什么作用？不要紧，到时候我就让你刘备率部为前锋，且看你这所谓曹操的克星怎生破敌！

　　天气晴朗，日高风息，两岸如画，江面如诗。

　　先锋黄盖派走舸来报：刘备乘战舟来迎都督。周瑜不禁得意：昨日那刘备便已派员前来慰问部队，那使者言语之间竟还有希望周瑜回拜的意味，周瑜当即拒绝："不才司令全军，既不敢擅离。又不可委托他人，不过，倘若尊驾能够委屈虎威光临本帅舟的话，倒可以满足尊驾的愿望。"

　　现在刘备终于自屈前来，总要给他点儿面子。周瑜传令各舰鼓角齐鸣，以接待贵宾大礼接刘备登上帅舰，马上就要决定破曹大计，最要紧的莫过于同心同力！

　　正要下令之际，忽又一转念：合作来日方长，莫要让这大耳朵误会，离了他就不能打仗了，还是先压一下这左将军的气焰为好。算了，就在船首迎接他吧。

而这时的曹操已经率大军越过了洞庭北路江面，东北方向，前面不远就是赤壁，名留千古的赤壁大战即将拉开序幕。

战前曲中三方各有不谐音符

曹操奇袭樊口的命令没有得到执行，是曹操自己取消的这个军令，原因很简单：虎豹骑没骑了。

北方的战马到了南方，别说虎豹了，简直连条黔驴都不如，尤其是长江南岸的部队，就是专给这些娇惯的家伙喂那从遥远的北方运来的饲料也不起作用，一匹匹先后爬不起来了。

据随军的医官说，牲口不服南方的水土，是饮这长江里的江水饮的——简直是屁话！还能从许都运过清水来饮马？

再后来连饲料也没有随军带来的了，荆州地区的干草，这些战马连理都不理，那就只喂精料吧，反正按原马匹数量配给的精料也用不了——战马三成已经送命了一成——谁知这些家伙天生就是吃草倒料的玩意儿，全喂精料倒下的更快！

荆州部队很快成了曹军的主力，人家的战马偏没这么娇贵，生龙活虎的照样"哎哎"的，问题是上面的人没有马精神，荆州军人还是忘不了自己的身份，这样子上了战场？悬！

很快，别说虎豹骑了，就是虎豹战士也接二连三地开始病倒，看样子人也开始走起了战马的老路，也是什么水土不服起来了。

这下荆州部队趾高气扬起来了，大概他们也知道了：下面的战事要指望他们了。

就在曹操一帆风顺、水顺、人畜稍不顺之时，樊口的刘备则正处于山雨欲来风满楼之日。

夏口即将成为前线，关羽仅凭一万水军西上抗击赵俨、程昱的北路曹兵，尤其是另外还有大将文聘的荆州军，那可是在人家自己的地盘上打仗，地理透熟，欲占什么便宜极难。

幸亏前出鲁山的张飞、赵云部不断出击骚扰，那赵俨、程昱不时要分兵照顾长江北岸的曹军，赵俨自己的右翼也不时受到威胁，所以没有全力进军夏口，驻守夏口的刘琦才得以保证各军的后勤必需。

但西南沿长江而来的曹军主力却是在一天天逼近，刘备手上现在掌握的实际一半是刘琦的荆州部队，战力如何刘备心中无数，而且总数量仅有六千余，一旦在陆上临敌，那曹操的水军焉会坐视？只要在刘军的背后一登陆，那这仗就不用打了，刘军想跑掉都难。

惶恐中的刘备现在是盼星星，盼月亮，只盼着东方出太阳！每日跷足东望，关注那太阳升起的地方，希望的是那里出现心中的白帆，那不光是救命的江东水军，还有自己心理的靠山——诸葛亮！

孔明乍到时，关、张极为不服，怎么拜起一个后生小子当起了老师？莫非他比我们这些在战场厮杀数十年的人都会打仗不成？刘备向二位解释："'孤之有孔明，犹鱼之有水也。愿诸君勿复言。'羽、飞乃止。"（《三国志·蜀书·诸葛亮传》）

终于，探舟来报：江东水军已经离此不远，舟船一望无际，旌旗蔽日翻跹，大军不知多少，声势动地惊天！

刘备心花怒放，急急下船，一是迎接盟友，二是关心孔明，最主要的是关心江东军的主帅乃何人，与之联手，能与曹操抗衡否？

这是两军主帅的第一次会面，以刘备的身份，论理应当像江东的孙权一样，坐镇暂时的后方，调度全军，与江东军的联络有诸葛亮即可，双方商讨战事由关、张之辈出面才算与江东对等。

可是，非常时期，刘备又哪里顾得上这些繁文缛礼，再说刘备也深知：以自己目前两万余兵力与相对强大的江东军平坐结盟，实力稍嫌不足，弄不好便会丧失了自己的独立性，但是，如果加上了一个左将军的身份呢？那便会大大不同了，最起码还没人可以有资格随意指挥汉左将军刘备。

慢！自古有句：好事多磨。俗话说，心急吃不得热豆腐。在未亲见周瑜之前还是先派员慰问江东军才是，刘备这样做了。

论理周瑜应当回拜刘备才是，谁知道刘备热脸贴了个凉屁股，周瑜打心里瞧不起这位被曹军追得东奔西窜的左将军，借口军务繁忙，不能擅离职守，你刘备若能屈尊来见嘛——咱不妨就挤时间满足一下你的愿望！

周瑜素称风流倜傥，大度襟怀，其实风流不过是因为精通音律，又娶了靓女小乔而已；倜傥却是出于同僚政敌程普之口，程普乃随孙坚起家的元老将领，初居小自己一辈的周瑜之下首，内心难免不服，曾数次羞辱周瑜，而周瑜始终不与程普较真儿，使得程普后来自觉敬服周瑜，并且感叹："与周公瑾交，若饮醇醪，不觉自醉。"

由此看来，有史书说此公性情孤傲未必是真，但全面分析周瑜的待人接物，却又不同，似乎这大度襟怀用在周瑜身上有些过了。在周瑜的内心深处，普天之下能让他心服口服的唯有一人：孙策！——后来又主动加上了一人，姓名暂时保密，先透露一点：不是诸葛亮。

现在孙策已故去，周瑜便想当然地认为天下第一人非自己莫属了，至于对鲁肃的褒扬，那只是居高临下的夸赞；对曹操他也的确没太放在眼里，只因你还没遇到真英雄，所以才使曹操竖子成名！什么诸葛亮、刘备？能与我周郎比吗？

甚至就连孙权他也是当小孩子对待的，公开场合自然毕恭毕敬，为部属同僚做了个优秀典范，但只有家人在旁时，估计语气便难得恭敬了，这是从他自己儿子的表现中看出来的：儿子周胤后来甚藐视孙权，持父亲老本，酗淫自恣，屡教不改。孙权无奈将其治罪，若不是尚念与周瑜之旧情，早就砍掉了这小子的脑袋。

现在的刘备的确没有摆左将军架子的资格，立即屈身登舟拜访，双方客套之后当然接触来访的实质问题：你带来了多少兵力？

周瑜如实相告："三万人！"刘备不由得脱口而出："恨少。"周瑜傲然相对："此自足用，豫州但观瑜破之。"

话说到这份儿上，便是所谓"话不投机半句多"了，刘备欲见那印象颇佳的鲁肃也被拒绝，理由还是那句："受命不得妄委署。若欲见子敬，可别过之。"——这周瑜如此气量，怎称旷世之才？倒有些小人得志的味道了。

周瑜态度虽然傲慢，但具体军情还是要平等商议的，毕竟他指挥不了刘备的陆军，而曹操布置在江南的部队是周瑜的心中大忌，这点上还是不得不依靠平原作战经验丰富的刘备。

那刘备何等心胸，当然不会把周瑜的语言、态度放在心上，内心其实已认定这表面光鲜的周郎决非自己对手，日后一旦两家生事，尽可以玩其指掌之上，一顶高帽、几口米汤便能使之就范。

于是刘备便表示自己愿为前部，首先于江南出击西上，迎击曹操的江南部队，只是要请江东军掩护自己的侧背，若能再增援些生力军，那当然更好。

具体到了作战，周瑜之心胸却的确能称得上襟怀大度，大事上周瑜毕竟不糊涂，当即表示不但可以配合掩护，并且可以抽出五千精锐步兵，直接支援刘备行动。

刘备告辞下船，诸葛亮当然也随同回去协助布置军务，这次诸葛亮圆满甚至可以说是精彩地完成了出使江东的任务。

这是孙、刘两家联军对曹的第一战。

时间：次日。

地点：赤壁。

战役目的：击溃曹操的江南陆军部队。

赤壁大战今天尚未结束

赤壁大战直至今天尚未结束，今天的人们进行的是另类的赤壁之战：赤壁大战的真实发生地争夺战。

对于赤壁之战的具体地点历来争论不断，最多时参与竞争的达七家之多：蒲圻、黄州、钟祥、武昌、汉阳、汉川、嘉鱼。经过一轮轮的自然淘汰，目前有四家已退出了竞争，剩下了蒲圻、黄州、嘉鱼三选一。

其实黄州也基本上不再参与这风水争夺战了，反正这"文赤壁"是谁也争不走了，有东坡先生苏大人的绝代佳词照应，这招牌也不次于一千八百年前的那场真实厮杀。

词曲一代宗师苏轼，一曲《念奴娇·赤壁怀古》风华绝伦，将一场血与火的厮杀点缀得令后人悠悠神往，可见中国文人的功力的确非凡！

因爱其词美，实录如下：

> 大江东去，浪淘尽，千古风流人物。故垒西边，人道是、三国周郎赤壁。乱石穿空，惊涛拍岸，卷起千堆雪。江山如画，一时多少豪杰。
>
> 遥想公瑾当年，小乔初嫁了，雄姿英发。羽扇纶巾，谈笑间、樯橹灰飞烟灭。故国神游，多情应笑我早生华发。人生如梦，一樽还酹江月。

实际上这里苏老夫子极不地道，几句话竟忽悠得千年后人晕头转向！那小乔与赤壁有何相干？就算是身为一方前敌主帅的家眷，拐着弯儿扯上点干系，可是已婚十余年，又哪里来得"初嫁了"之说？

至于"三国周郎赤壁"，可怜啊！那周郎其实连一天三国也未曾经历过！不仅周郎没有见过三国鼎立，就连他的儿子也未曾在三国待过一天。

苏公欲寻赤壁，可惜赤壁还要西行数百里，苏老夫子又不愿意跋涉亲临，只好"故国神游"了。

这张冠李戴的责任其实苏团练使也不愿意承担，于是便首先声明："人道是，"——人家说的，与俺老苏无关。

苏轼被贬黄州，心里极为不忿，自己"羽扇纶巾"，出去旅游解闷，却把这一身不伦不类的装束穿在近千年前的周瑜身上，初冬季节，于大江寒风之中，手摇羽扇，设想：假如真的周郎于战船之上如此打扮指挥作战，那还不得令双方士兵笑破肚皮？

关键是在感叹自己"早生华发"，只好"抽刀断水水更流，借酒消愁愁更愁"，既然"人生如梦"，干脆"一樽还酹江月"，"与尔同销万古愁"吧。

但苏子一句"大江东去，浪淘尽，千古风流人物"，极具哲理，唤醒后人无限遐思；一句"乱石穿空，惊涛拍岸，卷起千堆雪"，行文如画，将千年古战场东移几百里，一句"江山如画，一时多少豪杰"，感慨万千，省却了后世文人骚客多少文墨？

为什么？诗仙有句："眼前有景道不得，崔颢题诗在上头。"何况俗人乎？

不管怎样，东坡先生绝对估计不到他的一任团练，一首骚词，一曲绝唱，竟能影响到千年后黄州地方经济的发展。

"文赤壁"是铁定名传千古了，"武赤壁"的争夺战也硝烟渐散，剩下的两家：蒲圻、嘉鱼已经基本讲和。原因有二：两地近在咫尺，相距百余里，以现在的交通条件，其实与一地无异。二是那蒲圻市做得特绝：干脆一个报告把市名也改过了，现在正式定名为赤壁市。

　　跑题太远了，还是扯回到赤壁来，现在的局面是：曹操指挥着水陆三军顺江东下（严格说是东北）；刘备率领着孙刘联军溯江西上；周瑜于水路掩护江南之陆军侧背；双方马上就要迎头相撞于赤壁了！

皆谨慎的赤壁初交手

　　曹操最近很郁闷：大军东下，陆军不顺利，水军也不那么平静。别看顺风顺水，可是部队并不能扯帆顺水急行，水军单独出去干吗？当作"海军陆战队"攻打夏口城去？

　　长江中的舟船主要是用来承载大军辎重，那么水军的主要任务就是保护这些辎重，一旦有失，全军必败无疑，反过来，对敌人江东水军来讲，也是如此。

　　所以，水军虽然不能代替陆军去攻城拔寨，但实际上关乎着全军的命脉，与其说对江东最后的决战免不了在水上，还不如说双方的生命线是在水上更准确些。

　　从荆州军手里接收了千余艨艟斗舰，当然也包括那上面操舟驶船的士兵，可是对这些降卒却难以无限制地信任，曹操一开始采取了部队混编的做法。

　　可一经试验训练，曹操发觉不行。北方的士兵在战船上几乎是个累赘，大江风浪一起，便只能坐在船板上，而且一只手还要抓紧身边的固定物，否则连坐也坐不住。

一天过后，麻烦更大了，曹军竟成了荆州水军言谈的笑料：大部分士兵都出现了程度不同的晕船现象，战船上被呕吐得到处狼藉，这样子怎么作战？这些陆地上的勇士到了水上，几乎全变成了需要护理照顾的病号，曹操无奈只好将这些陆上猛虎撤了下来，战舟上又成了清一色的荆州水军。

江南部队的曹军病号被撤到战船上当了乘客，可是这些乘客很快享受不了这种优厚待遇了，还是这讨厌的风浪使这些病号增添了晕船之苦，曹操只好将他们送到后方营寨休息将养。

虽然这样一来进军的速度减慢了许多，但大军毕竟还是在顽强地向前推进着，只不过前锋换成了荆州降军，原来强悍的曹军反而沦为了被保护的对象，只能跟在荆州部队后面行军了。

沿长江南岸西上的孙刘联军提前到达了赤壁，负责前敌指挥的刘备下令停止前进。据探马来报，曹军前锋已经离此不远，再往前走两军就要迎头相撞了。

诸葛亮在一个江湾之处上了周瑜的帅舟，江南的头一次陆战，刘备军的右翼依赖于周瑜水军的保护，对于双方首次配合作战，诸葛亮实在放心不下，只得亲自出面负责双方的联络工作。

统帅水军与曹军初战的周瑜对这时的诸葛亮还没有兴趣关注，双方年龄相差了七岁，实战经验上，几乎可称身经百战的周瑜更有资格看不起这几乎还没见过真刀实枪作战的诸葛亮，更不用说大江之上的水战了。

周瑜在赤壁稍前的一个大江急转向北的地方抛锚驻舟，他的水上作战经验老到：江水有此急弯，那顺流而下的曹军战船便会将自己的船侧暴露给江东水军，江东战船横向侧击，曹军便几乎无法防守。另外，这个位置也足以封锁赤壁的长江南岸，必要时战船上的士兵还可以对南岸的刘军实行登陆支援。

刘备停军于赤壁不前主要是为了休息士兵的体力与骑兵马力，曹军已临近，刘备把千余骑兵布置在了部队左翼，此地左高右低，地形狭窄，大军无法展开，这样曹军数量上的优势便无从发挥了。

对于行军中的曹军，刘备实施的是最简单有效的战术：弓弩坚守住正面，骑兵迅速突破敌之右侧，正面步兵趁势掩杀，曹军受地形所限，无法迂回，自己的右翼有江东水军掩护，所以全军尽可以集中左翼，将曹军之前锋赶向长江。

为什么不采用伏击的战术？这便是受江南的地形所限了。江汉河网密集之地，大军不易隐蔽设伏，小部队设伏，弄不好就会被敌方反咬吃掉，刘备有限的兵力只能集中使用，武力也不敢分散使用。

此战刘备的目的不在于歼敌多少，而是欲趁曹军行军疲乏，一举打掉曹军的士气，止住曹军推进的势头，联军便算成功。然后再临江汉立寨据守，其余的就要看周瑜的水军表现了。

曹操本人现在江南的军中，他自己也有点儿受不了战船的颠簸了，探骑一来禀报前方赤壁有敌军结阵据守，而且打的是江东军的旗号，曹操便决定还是使用荆州军打头阵，他们与江东军缠斗多年，可算知己知彼，等磨掉江东军锐气之后，再由曹军出动突破。初次与江东军交手，曹操也不得不谨慎一些。

赤壁的江面上，前锋也是荆州水军，那率领荆州水军的蔡瑁、张允两位水军都督却是水战行家，从一发觉江东水军驻锚于赤壁附近江水转弯之处，便急令大军落帆回撤。此等江流水势，不利战舟结阵，一旦被江东水军横流侧击，最前方的战船连回救都不可能，水面作战决不能在这种江面上开打。

这下周瑜欲以水军首战胜敌的想法便自然落了空，见曹操的水军回守，周瑜当然也不会傻得舍此地利前出挑战，便吩咐就此结水寨相持，首战也只有看那刘备的了。

遗憾之余，周瑜却也不愿意就这样观战，便传令集中三千步兵，做好下船作战的准备，一旦赤壁刘备战事顺利，即刻登陆参战；如联军不利，则负责掩护联军撤上战船。

诸葛亮见周瑜布置得如此井井有条，也不由得暗暗点头：看来这周瑜决非浪得虚名之辈，曹操这次碰上了对头！

首战赤壁震曹操、惊周郎

被赋予大军前锋重任的荆州部队现在有些趾高气扬，俗语说得好：好钢用在刀刃上！眼下曹军的刀刃是荆州部队，还能不是好钢吗？

虽然以往对江东军作战败多胜少，但荆州人历来不怵江东军，由于江东军的鼻祖孙坚是被荆州轻松干掉的，所以荆州在对江东作战时反而有一股莫名的荣耀感。至于己方的黄祖刚丧命于江东人，大家一般总是尽量不去想它的。

荆州军——不，现在应该称曹军——威风凛凛地扑向了赤壁的江东军，直到临近至一箭之地，大家才突然恐慌了，无不暗骂主帅曹操忽悠自己：前方结阵的哪里是什么江东军？大旗上分明看见的是一个"刘"字，是左将军刘备！

那刘备是什么人？在荆州几乎家喻户晓啊，曾反徐州、杀车胄、斩蔡阳，威退曹操，智歼夏侯惇，活捉夏侯兰，长坂坡赵子龙单骑救幼主，张翼德一声暴喝震晕五千虎豹骑，更不用提关羽百万军中独骑单刀刺颜良，连曹操的命都是人家救的！你曹操不敢惹，让俺们来当冤大头来了？哥们儿也不是天生傻哥，腿长在自己身上！

前方负责突击的轻骑一犹豫，后面跟进的大部队便一下挤成了堆，战场信息传播最为迅速，人嘴如同互联网，口口相传胜似扩音器，曹军的荆州前锋几乎同时听到了一个消息：前面是左将军刘备的十万大军布成的口袋，正等着我们去钻呢！

后面的曹军主力拥了上来，可是道路狭窄，前面的空间被前锋密密地挤满了，连看见敌人都不可能，这仗还没开始打，怎么自己的部队先乱了？

准备先以弓弩部队阻击一下曹军势头的刘备也纳闷了：对面的曹兵是在玩儿啥新战术，怎么只听见战鼓响，不见人过来呀？好像在等待什么——也不大像，对面旌旗混乱，队不成列，这哪里是曹操指挥作战的风格？

不管怎样，先出动左翼骑兵试探虚实，本来是留作关键时刻突击用的。后发制人的方略用不上了，现在只能自己先下手了。

刘备令旗挥动，千余骑兵出击了，随着刘备的手势，孙刘联军的步兵大阵也开始缓慢前移，弓弩兵开始引弓搭箭，刀牌兵开始用单刀有节奏地敲击自己的盾牌，没有人呐喊，还没到时候。

看见对面刘备的骑兵扑来，曹军本来已经混乱的前锋立时爆炸了，没有人起抵抗的念头，可是狭窄的地势使逃跑也变得极难，身后是曹军的大队主力，刘备的骑兵是从右前袭来，大家只能本能地向左边的江边跑去，那里有自己的水军，是条活路。

前锋瞬间溃散，使曹军步兵一下面临轻骑的袭击，地势不容结阵，当刘备军骑弩袭来时，曹军开始慌乱了。

不过将士们毕竟历经无数战阵，以弓弩阻击、刀牌防护、长枪前出，这些对付骑兵的基本战术动作还是娴熟的，刘备的骑兵对曹军右翼的威胁并不大。

正面刘军的步兵战阵步步逼近是最大的压力，数万混乱的荆州部队几乎成了敌人的前锋，开始涌动曹军自己的主力，使得曹军开始无奈地步步后退。

其实大部分荆州士兵还是都退向了江边，这使得战船上的周瑜大为震撼：这刘备军的战力如此强悍？对名震天下的曹军竟然如同摧枯拉朽一般，以前倒是小瞧这位大耳朵了！

尤其是看见刘备将自己配备给他的五千精兵布置于战阵后方，周瑜不由得感叹：这刘备仁义的确名不虚传，战场指挥也令人刮目，简直有点儿艺术化了，不明白他那长坂坡之战是怎么战败的？

看见江边拥来了曹军大量的溃兵，周瑜及时地下令：出动所有轻舸，搭载准备好的步兵登陆南岸，围歼曹军！

长江中的巨浪卷上了江岸，溃败的荆州前锋突然发现不是自己的战友，而是索命的江东军！大惊之下，回头向自己的主力部队卷去，登陆后的江东军尾追掩杀，竟如同驱赶着一群野马扑向了曹军主力！

正在被刘备逼得节节后退的曹军这下遭遇了大劫！有组织的

退守一下子被自己的部队给冲破了防线，后方曹操的军令开始传不到前方，就是传到也得不到有效地执行了，曹军开始全面的溃败！

刘备做梦也没预料到战势会如此发展，今天遇到的曹军竟如同纸糊的一般。厮杀多年的刘备对战势变化甚为敏感，当然不会放过如此歼敌良机，立即传令：鼓角齐鸣，全军出击，击杀曹贼者赏万户侯！——不知刘备自己食邑几户？

长江的水流向东去，南岸的人流向西卷；

江中的浪浪打浪，岸上的人人杀人；

江流似在呜咽，人流像是疯狂；

长江东去，大浪淘不尽人类之千载羞辱，夕阳西下，晚霞映红了生命之万般凄凉；

杀人的威风，被杀的可怜；他日角色再互换，其实大家都可怜！所以说：青史从来血涂红！

数万大军一旦溃败，恰如一江止不住的水流，偶尔出现几座抵抗的礁石，也迅即被淹没得无影无踪。曹军自相践踏，死伤无数，后面的刘备、周瑜联手追杀，如狮虎赶群羊——这曹军也尝了一回做猎物的滋味。

江北的曹军再势强，也只能望江兴叹，但大江中庞大的曹操水军却不能冷眼旁观，凡是能靠岸的小舟紧急出动，接应曹操及残兵上船。孙刘联军毕竟数量有限，曹军主力终于撤到了江中舰船之上，几经周折，江南的曹军全部撤到了江北乌林，从此双方开始了赤壁之战的一个新的阶段——隔江相持。

但此时的周瑜的心情反而更加沉重了，因为他又发现了一个潜在的可怕对手，一个他不得不佩服的将来之敌人——刘备。

曹操乌林练水军

孙刘联军首战大胜，致使江南再无曹军，此战果大出刘备尤其是周瑜之预料！江东军一时士气大振，士卒们无不相传周郎运筹战舟，指挥若定，瞧见了吗？连那左将军刘备也成了周都督的先锋官。

江南已无战事，刘备陆军凯旋回到夏口，现在刘军的主要任务是阻截北路汉水的曹军，并且要加强江北鲁山张飞、赵云的兵力，使之前出蜀山，威胁曹军侧背，视双方水军战况，配合联军的主力周瑜水军的行动。

经历了首战曹军，诸葛亮对眼前的战局已经不再全力关注，那是周瑜的事了，他相信周瑜的战术指挥能力，诸葛亮的目光已经越过了长江，开始注意荆州江南的四郡，那里现在名义是曹操的地盘，但是如果荆州的大公子刘琦到了呢？

一直无家可归的刘备实在太需要一个稳定的根据地了，现在以公子刘琦的名义收复失地名正言顺，需要等待的只是那个出兵的时机：一切要等周郎的水军战况明朗。

退军回到江北乌林大营的曹操计点了一下江南首战失利的战损：伤亡万余，因水土不服失去战力的却近半，令曹操不由得忧心忡忡，倒不是兵力需要补充，就是现在的人马扫平江东也绰绰有余，问题在于那对岸周瑜的水军！

大军下江东，辎重靠长江，有周瑜的水军在，曹操大军便无法东下，一旦辎重被断，人马越多，麻烦越大，数十万大军若断了口粮，那会是什么局面？

所以当务之急是要先解决这周郎的水军，可是从目前实际情况看，现有的荆州水军数量虽庞大，战力却不容乐观，看来江面上的真刀实箭也免不了靠曹军。

事情已经明朗化了：当务之急，训练！要开展大练兵运动，把这群陆上猛虎训练成水上蛟龙！到那时，江东则大势必去，管他什么姓刘的、姓周的、姓孙的，一切都会在姓曹的掌握之中。

早在荆州刚接手之时，太中大夫、智囊贾诩便建议："明公昔破袁氏，今收汉南，威名远著，军势既大；若乘旧楚之饶，以飨吏士，抚安百姓，使安士乐业，则可不劳众而江东稽服矣。"（《三国志·魏书·贾诩传》）

可是军势骤强的曹操哪里还能听得进去这等言论？只是把他当作了一个例行议案对待而已，我允许你说说，我也只能听听，至于怎么做，那是曹操的事，别人有权发言，无权干涉。

顺心的事还是有一些的：益州牧刘璋闻曹操克荆州，向曹操表示归顺，现在所派的助战士兵由益州将领张肃率领已到荆州，人数虽不多，但却是表明了态度，千里送鹅毛，礼轻人意重么！后又遣别驾张松专程来向曹操致敬。

曹操将益州军三百人安排在夷陵驻扎，并拜张肃为广汉太守，以防备周瑜水军沿江西上，威胁曹操大军背后。但在对待刘璋使者张松的问题上，曹操却是无意中犯了一个大错。

那益州张松为人短小放荡，形象虽然不堪，"然识达精果"，也就是说这张松见识高远，行事果断；主簿杨修建议曹操在朝廷委任个较高的职务给张松，将来对囊括益州必定大为有利。

而现在的曹操已经把荆州吞入了口中，又已击溃了刘备，江东眼看指日可下，将来横扫益州当然也不在话下，没有必要多费什么心思，再加上这张松尊容生得如此猥琐，将来列班朝臣，岂不有损政府形象？便没有理睬杨修的建议，接待张松时也相当冷落。

前面笔者就已经说过：宁可得罪君子，万莫得罪小人！这张松偏是个小人中的尖子，坏人事的大师。见曹操如此轻慢自己，心中大怨：你曹操不是以貌取人吗？我要让你后悔到死不瞑目，这辈子就别想收降那刘璋了！

于是这张松回益州全力办成一事：力劝刘璋与曹操绝交，联结你的大敌刘备，从此西蜀将成为你曹操一生的噩梦！

得罪了益州张松，曹操给自己今后制造了一个大隐患，乌林前线的曹操现在当然是体会不到这点的，他的心思目前全放在了水军的训练上，怎样让北方的士兵适应长江中颠簸的风浪，眼下成了曹操心中的大难题。

现在有些不懂得古代战争的人分析出好多曹操应该采取的正确策略，有些结论简直令人啼笑皆非，例如：

"曹操不应该急于与江东作对，应该全力剿杀刘备所部，等消灭了刘备，那江东还能跟谁联合去？"——这是标准的替曹操一厢情愿：刘备的主力已经退到了樊口，这里已经处于江东军的势力范围，实际上刘备已经被江东水军给保护起来了，不击溃江东水军，实际上连接触刘备军也是不可能的。

就是刘备与刘琦暂守的夏口，曹军欲接近也是不容易的，夏口虽位于长江北岸，地处长江、汉水、交汇处，但欲攻夏口，只有两条水路：

一、沿长江而下，就是曹操现在采取的进军路线，大家看即将实际发生的战事就明白了，不用多说。

二、战争焦点北移，全力从汉水南下？那汉水比不得长江，水面狭窄，大型战船无法进入，曹军的水军主力是原荆州部队，尤其是不光面对的是关羽的万余水师，还有一个重要的人物：荆州的大公子刘琦！让荆州水军去全力与他们的故主作战？估计不大容易做到。

"制江权"不在手中，陆军便几乎寸步难行，还是那个老问题：大军的后勤供应怎么保证？

再说，江东也不会眼睁睁地看着刘备被灭，孙权能不明白曹操的下一个目标是谁？在邺城挖那个玄武池练水师干吗？仅仅是对付荆州刘表？

再退一步说，就算曹军打到了夏口，也不过是实现了赶羊战术，从不固守一地的刘备还是要退往江东，那江东祸水曹操是避不开的，孙权也不能避开。

暂时不战，拖到来年开春呢？这样士兵也习惯了当地水土，练出了水上精兵，有的大师是这样认为的。

其实还是不行，天气！江汉一带的气候在初冬季节最为适应北方军作战，一旦战事拖到了江南梅雨季节，光淫雨潮湿就能让曹军丧失大半战力，到时候陆战没有战机，水战则会对曹军更加不利！

那么曹操就没有胜机了吗？有！胜机绝对大于孙、刘两军，大伙且耐心看笔者怎样指点曹军作战。

诺贝尔发明奖应该补颁给曹操

曹操将兵，哪里用得着外人指点？再说那成群的谋士也不是吃干饭的，荀攸、贾诩之辈都是谋略大师，怎会不如今天的纸上谈兵之徒？

其实对于赤壁之战的另一种可能的结果，有一位晚唐诗人早已用一首千古绝句给予了明确总结，这位诗人便是号称"小杜"的杜牧。

进士及第的杜牧曾登贤良方正能直言极谏科，官至中书舍人。与诗圣杜甫不同，杜牧不但善属文、工诗，其书法深得六朝人风韵，还有一项特长：以济世之才自诩，有抱负，好言兵事，见解非凡。

对这场六百年前的战争，通晓兵事的诗人是这样定论的：

赤壁怀古

杜　牧

折戟沉沙铁未销，自将磨洗认前朝。

东风不与周郎便，铜雀春深锁二乔。

看见了吗？公元 8 世纪的杜牧早已断言：如果不是那一场突

如其来的东风，2世纪的赤壁之战，最后的胜利者将是曹操！

至于会不会把孙策的遗孀大乔及周瑜的夫人小乔给弄到以后建的铜雀台去？笔者估计大有可能。以曹操偏爱收编敌方将帅俊俏妻妾的嗜好，以美貌著称东汉的大乔、小乔怎会幸免？

是一场东风改变了所有当事人的命运！

坚持这一观点的还包括三国史专家罗贯中大师（相信罗大师比我们今天的任何人都更了解三国，称其专家绝不为过！），在他的小说《三国演义》中，清楚地表达了这一看法，只不过给这场东风发明了一个制造者——诸葛亮，这场风是诸葛亮借来的。

罗贯中先生在自己的大作中清楚地表达了这样一层意思：如果没有诸葛亮"借"来的东风，周瑜就不会拖到后来被活生生地气死了，赤壁之战没结束便早就自行吐血而亡。

笔者虽然同意两位先贤的观点，但还是有一点自己的看法：这场"天灾"（对于曹军一方来说）决定了这场战争的胜负？这只是重要因素，更是表面现象，起决定作用的还应该是"人祸"！战争中起决定因素的是人！这个论断永不过时。

那么曹操对战役的指挥到底在哪儿出了问题呢？

让我们随着战事发展探讨下去，最后会明白的。不过截至现在，曹操还未犯大错，甚至在今后一段相当长时间内，曹操做的决定都是基本正确的。

这将会牵扯到一个极具争议的话题：曹操为解决北方兵晕船的问题，搞了一个水面战术革新：把大型战船用铁链锁在了一起，上铺木板，战马都能在上驰骋，长江中的风浪从此不能剧烈地涌动战船，曹操把分散的战船组成了若干个能抵抗风浪的水上作战平台！

罗老先生的小说中说是"凤雏"庞统实施"无间道"，给曹操献的这一损招；正史记载是曹操自己发明了这一蹩脚措施，我们当然要相信正史所载；从日后的实践结果看，此措施导致的后果极其严重，大大增加了曹操水军的损失。

一千八百年来，学习曹操这种发明的倒也有几个，最著名的当数元、明之交的农民起义军领袖汉王陈友谅，这位曹操的隔代弟子在鄱阳湖中与朱元璋的红巾军作战时，也将自己的战船锁在了一起，也是被朱元璋一把火给烧惨了，最后中流矢身亡。

笔者注意到，关键时刻还是"天灾"！是一场突然变向的狂风帮了朱元璋的大忙！不禁设想：

东风（？）不与朱八便，能否会有大明朝？

估计还是会有的，不过是时间早晚而已，决定性的因素还应该是人！

一千八百年来，对于曹操的这种发明革新，除了陈友谅外，予以认可的极少，尤其历史学家、品史大师等，在这个问题上例外地统一了声调：这是曹操作茧自缚，取败之道。

笔者公正地唱个反调：曹操的这个发明创造是伟大的！兴许后人的航空母舰的发明也是参考了曹操的这一发明思路，建议：诺贝尔发明奖应该补颁给这位东汉发明家。

还是国人素以成败论英雄的恶习在作怪，实践有时候不一定必然出真知，TNT炸药的发明失败了多少次？一种普通的农药竟然还是在第六百六十六次才勉强问世的呀！

试想：如果没有老天的帮忙呢？那么，曹操的航母作战平台周瑜如何对付？那玩意儿也是可以继续改进的，如果曹操在上面装上了他自己在官渡之战中发明的"霹雳车"呢？

不用说别的，趁风向有利时，全部出动，生猛地硬撞江东水军的舰船、水寨就是；那周瑜估计没有在水面上对付骑兵的作战经验吧？

自从曹操把这项发明付诸水军试验以来，曹军士气大为高涨：真正的"不管风吹浪打，胜似闲庭信步。天堑变通途"，绝对是"神女应无恙，当惊世界殊"。

士兵踊跃，曹操兴奋，临江把酒，豪情如浪，指点江山，激扬文字，出口成章，感慨即诗！

遥望江南，喷口而出："……周公吐哺，天下归心！"

长江战势难周郎

江东周郎目前心事重重。

赤壁首战虽然轻易大胜曹军，但周瑜心里极为明白：那主要是暂时盟友刘备的作用。

送往后方柴桑战报当然这样写："赖主公运筹帷幄，三军用命一心，职部督军于水上，将士浴血于江边，刘备甘为前部，程普坐镇中军，赤壁首战江南，曹贼胆丧魂飞，临阵犹狂飙落叶，败敌若摧枯拉朽，战鼓擂时敌崩溃，号角扬时我凯旋，首战毙敌数万，计点缴获如山，现曹贼鼠窜江北，江南已无匪寇，且待我大军续写辉煌，碎曹贼苟延残喘！"

虽然战报到时，整个江东民心顿安，士气大振，但实际上曹操只是略燎皮毛，主力未损，战势大局并未改变，江东处境仍然险恶，前景未见乐观！

尤其是经此战之后，那曹操出动必将更加谨慎，如此必将导致战机难觅，相持日久，战事堪忧：战争的持久力江东是没有资格与曹军相较的。

区区江东，六郡之地，要知道，仅曹操新收的荆州即拥有八郡沃土，更何况那辽阔的中原九州？战争的动员能力双方不是一个重量级的选手，周瑜现在是要以一人之力，挽狂澜于既倒！

高压下的后方平静是暂时的，这一点周瑜更加清醒，对面的曹军再失利几次也不会伤筋动骨，自己却不同，只允许不断胜利，就是连小败一场也是不允许的，不是兵力损不起，而是舆论！

小败传到后方，不免也成矗耗！到时江东舆论转向，众口不免又皆言降，谁能把握这位年轻的主公心理能坚持到几时？不用别的，就是后勤军资稍有延误，这赤壁前线则大势必去！

还有那已回江北的刘备军，毕竟不是自己的部属，指挥调动难以得心应手，决战时刻，能及时配合否？

对待刘备集团，周瑜的心情是矛盾的：彼势弱于我无用，忧于眼下；彼势强于我少益，患留将来！如何利用，关乎江东日后安危，轻重缓急，赖于周郎今天斟酌。

对于刘备本人，周瑜现在有了一种莫名的恐惧：此人枭雄！终非池中之物，日后必为江东大患！

对于接触了几次的诸葛亮，周瑜逐渐感到了其人深不可测：言谈之间，滴水不漏，偶尔数语，往往点破关键；其口才自不必说，周瑜只是在事后回味其人言谈时才有所领悟：此人目光极远，有时竟感到他是在为数年后布局！

这些还都是远虑，最急迫的近忧是对面乌林的曹军！

双方最近在水上不断有小的战事发生，主要是些前哨探舸的遭遇争斗，大致互有胜负，己方略占便宜，这几天近乎形成默契：双方的游艇基本以长江中线为界，不轻易越过，表面看战事平稳。

周瑜心里有数：这种平稳是暂时的，也是曹操所希望的，曹操在积蓄力量，一旦江北山雨来日，整个江东又岂止会风满楼？那风将会是腥风！那雨绝对会是血雨！

周瑜曾简装随探舸轻舟近窥过曹军水寨，侦察兵们都是些老水手，当然会极为娴熟地利用风向水势，轻舟先沿南岸逆流西上，越过乌林之后突向对岸逼近，顺水掠过曹军水寨前，等曹军战船出动时，江东轻舟已经顺流东去，笨重的艨艟斗舰是无法追上的。

亲自抵近观察之后，周瑜忧思更甚：这曹操用兵看来名不虚传！

岸上旱寨，错落有致，高低参差，配合得当，堪称攻防适宜。水寨设计得更是井井有条，别出心裁：水中寨栏几乎如同排兵布阵，战船通道隐蔽难辨，拦江木柱铁锁隐隐可见，关键是水旱寨已经连为一体，相互掩护，接近毫无可能。

旱营水寨，沿江数十里，纵深更不知多远，隐约可见，旱寨之间有马道，水寨之间有舟索，灯闪烁，旗飘摇，鼓角相闻，枪刺林立，江雾初散之时，几乎举目狰狞！

尤其是周瑜竟发现了无数庞然大物，近乎移动的水上小城，下有暗道，轻舟出入，上有铁骑，来往驰骋，各类水上战具，不知暗伏多少，士兵们竟然在上面排列阵势，这是水战交兵还是陆上冲锋？

与这种东西怎生作战？轻舟无法接近，艨艟于其无损，斗舰与之相较，简直成了玩具一般！若被无数这东西围卷上来，岂不是坐舟待毙？一撞之下，哪里还能有什么浮着的舟船？

拔寨退兵？那是慢性自杀，曹军如就此步步紧逼，江东水师又能退到哪里去？继续相持？等此物围寨之时，岂不是全军覆没之日？莫非注定江东多难，曹贼逞狂？

既不能远遁，又不能坐毙，路唯有一条：先与其试战，不伸手摸摸，毕竟无法知道人家的胳膊多粗，胜败无关紧要，要找找这家伙也有软肋否。

传令水军先锋黄盖来见，着令其带本部战船二十艘，明天抵近对岸水寨挑战，任务为试探对方水上巨物之实际战力。只不知曹操是否轻易出动这东西？

打得狠一些！不怕他不露真本事，本都督率主力船队负责接应，听得帅船鸣金，火速回撤，尽量减少自己的损失。此战若败，责不在老将军，有周郎向吴侯承担。

那先锋黄盖却是周瑜叔爷一辈的老将，是随同孙坚创始江东军的元老级别人物，哪里会将什么水上怪物放在眼里？求战早已心切，接令正合心意，暗暗发誓：什么若败？不胜愧姓黄也！

这是江东水军与曹操水军的长江第一战！

周瑜欲败，黄盖欲胜！曹操呢，正好实战练兵，试验新武器！

战长江多少对手斗心智

首次长江水战之前，先交代一下双方的主力舰船：艨艟斗舰。

艨艟是一种古代专用于水面作战的中型快艇，其动力以桨为主，全舰暴露部分有开了射击及划桨孔的生牛皮遮蒙，专用于进攻作战的艨艟舰艏一般还用铁皮蒙镶舰艏，以便以撞击的方式击沉敌船；船速较快，相对讲受风向影响较小。

大概就是古代水面的坦克吧。

斗舰便等于水面作战的步兵战车，船型较艨艟大，据《通典》载："斗舰，船上设女墙，可高三尺，墙下开掣棹孔。船内五尺，又建棚，与女墙齐。棚上又建女墙，重列战敌。上无覆背，前后左右树牙旗、幡帜、金鼓，此战船也。"

艨艟斗舰即二者的结合舰种，将斗舰按艨艟装备防护，等于给水面的步兵战车增添了装甲，水面战力顿时倍增。

走舸是古时的小型运兵船，也类似于后汉时代的露桡。虽无防护，但船速极快，在赤壁之战中一般用作艨艟斗舰之间的交通联系、前敌侦察、补充给养及无码头时登陆等。

楼船是有多层建筑的大型船舶，即古书上所说的"船上施楼也"。船大吃水则深，所以战场必然受限制，一般用来作指挥、后勤补给舰只使用，像今天的航空母舰一样，这种大家伙是要由其他舰只来保护的，自身的作战能力有限。

黄盖所率领的前锋舰队就是由二十艘艨艟斗舰组成的，船上专用于作战的士兵不下两千人，应该说是一支不小的力量，但是，像这样的舰船，曹操水军中数以千计，一旦大量出动围了上来，黄盖的主要任务还免不了是逃跑。

现在的黄盖脑海里可没有逃跑这个字眼！黄盖治军，宽严得当，"姿貌严毅，善于养众。每所征讨，士卒皆争为先"（《三国志·吴书·黄盖传》），有这种条件，又身为全军前锋，初战当然应该力求必胜，否则对全军士气必将大为不利。

但是，首战胜负的关键却不在于黄盖，而是在于他的对手：曹军的水军都督蔡瑁、张允，再准确一点儿，那就是在于曹操，在于曹军肯为黄盖的挑战出动多少兵力，出动什么舰只。

曹操接到水寨禀报：有江东水军前来挑战，请示是否出击迎敌？曹操亲自上了战船，他要亲自观察一下令他头疼的江东水军，观察一下原荆州水军的战力，尤其是想亲眼看一下自己的发明作战威力如何。

蔡瑁水上作战多年，知道黄盖挑战的目的，所以提醒曹操：这是周瑜试探我战力而来，最好不予理睬，等黄盖无奈回军时予以顺水追杀即可，不用出动我军主力：连环战舟。

曹操呵呵大笑："孤与周郎相同，亦欲试探彼水军战力也！我水军之战力，不惟周郎欲明，孤也欲知，今试观卿江面建功！"

蔡瑁明白了：这是丞相在实战考察荆州水军，考察他蔡瑁、张允对丞相的忠诚度，考察丞相创造的水面战术改革成果，是一场非胜不可的战斗。

再多请示就是在表白自己是笨蛋了，蔡瑁即刻遵令，调动战船出寨迎敌，至于出动多少，如何排阵，那就是蔡瑁自己的事了。

　　蔡瑁也想在新主人面前露一手，所以一开始就打定了全歼黄盖军的主意：传令西侧右寨出动未锁的艨艟斗舰二十艘，只准结阵应战，不准顺水出击！曹操不由得点头：蔡瑁，将才！

　　果然，蔡瑁第二道军令颁下：连环战舟于下游数里水寨左门东侧水道待命出动，以十舟连环的战舟，分两列出动十排，左列负责阻截江东援军，右列溯水而上，围歼黄盖之江东前锋舰船！

　　接着是第三道军令：上游水寨右侧水道伏连环战舟五排，待我军堵住黄盖归路之时，紧急出击，替下艨艟，参与围歼黄盖水军！

　　蔡瑁这次是杀鸡用上了牛刀，其实就是以与黄盖相当的兵力诱敌恋战，用曹操发明的连环战船围歼黄盖，战功当然是丞相的，那主公还不大乐？

　　黄盖虽然急于立功败敌，却是个江面水战的老油条，在率领战舰越过长江中流之前，先逆水西上二里有余，然后扯帆顺流东下，贴近了曹操水寨，这时的黄盖水军其实已经占据了上风、上水，只要曹军出寨，黄盖军已得天时地利。

　　耳听得曹营鼓角齐鸣，水寨中驶出曹军水师，数量并不庞大，与自己估计实力相当，但阵势摆得奇怪：竟然密集结团，分明是战事还未起，先准备好了固守挨打。那些不明的水上巨物呢？

　　黄盖冷笑：欲掩藏水战实力，那俺此行不是白来啦？

　　随即传令：船队两排横列，顺流直击敌船，前排战舟必须插入敌阵，搅乱敌船之战阵，后排战舟准备搭钩踏板，接敌近战，力争生俘几艘敌船！——把你打疼，不愁你的大家伙不出来！

　　时已旭日东升，大江薄雾尽散，西北风微微鼓帆，最利战舟行使自如；江面微澜闪烁，阳光照耀之下，金光闪闪，犹如遍江金鳞抖动，白帆片片，竟如群鸥丹鹤掠水；整一幅水墨山水，画中含诗！

此景象，哪有半分血腥厮杀的前兆？

双方的战鼓俱响起，双方的箭弩都上弦，双方的战士都握紧了刀把，双方的主帅俱心藏着鬼胎，曹操与周瑜，隔江遥望，都好似看见了对方：来吧！大江东去，浪淘尽，千古风流人物！

铁锁横舟战江东

黄盖作战历来的作风便是身临前敌，带头冲锋。

实际上这种习惯并不是一个合格的战场指挥员，不利于综观全局，随机应变；唯一的好处便是可以激励将士，提高部队士气。而今天的水战，却是非黄盖带头不可。

黄盖不是担心战船冲不上去，而是顾虑冲上去不能及时脱身，前面的战舟需要冲入敌人战阵核心，在被围状态下，能果断冲出才是最难的，他需要临场指挥员的绝对冷静，尤其不能贪功恋战，所以黄盖决定由自己亲自顶上去。

在生牛皮掩体的防护下，黄盖所率的战船几乎船速未减便接近了敌阵，等进入了敌人弓弩射程以内，黄盖突然发觉敌人的箭矢并不猛烈，好像有点儿等待黄盖战船接近拼杀的意味。

黄盖突然警觉：不对劲！荆州水军从不是这种作战作风，难道刚改挂了曹军旗号就能改变基本战法不成？在以往，荆州战船是竭力阻止江东战船接近的，怎么突然胆子大了起来？

落帆减速已经来不及，黄盖紧急传令：右满舵转向，与敌游斗，不再冲入敌阵。——其实也根本冲不进去：曹军各舰之间就没有留出能容一艘艨艟斗舰冲入的距离。

这是要与黄盖战船纠缠相斗，黄盖率船队掠过曹军船阵，双方互射了一阵弓弩，却是都无损伤。

再率舰绕回重新冲杀？黄盖正在犹豫之时，忽然隐隐听到周瑜帅舰楼船的鸣金之声：怎么，现在便罢战撤军？肯定是来路出现了情况，周瑜的指挥楼船高大，发现了什么。黄盖当机立断，就势回师，贴南岸火速向主力船队靠拢。

船至中流，黄盖极目东望，不由得大惊：原来那曹操水军的巨无霸，已经在东部水寨出动，而且数量众多，首个大家伙已经越过长江中线，自己的舰队即便高速，也会与对方撞个正着！

也就是说，自己的舰队已经被这东西与江东主力隔离了。

回头望去，只见那原来驶出曹军的水道，竟又接二连三驶出了那水上怪物，自己的后路也已经被断了。

黄盖决定，与这东西交一交手，看清它是如何造的，俗话说：不入虎穴，焉得虎子？

根据距离与个头估计，这东西——黄盖突然醒悟：与这家伙无法交手，自己的艨艟斗舰与这家伙相比，还不如一只小舢板，一旦接近，撞击之下，必然船毁人亡！可是，怎样脱身呢？

黄盖几乎是凭本能命令各船保持贴近南岸航向，满帆高速，随时准备转向北驶，不能真的与这家伙硬撞吧？

双方又接近了些，黄盖已经看出了这东西的构成：是由十几艘自己这样的艨艟斗舰拼接而成，这仗打不得，单船靠近，与送死无疑！

黄盖紧张地估算着双方的航速与航向，突然紧急挂起信号旗，全体左转，航向直冲北岸！

现在是双方比速度的时刻，黄盖的意图已经摊明，全速北绕，从敌方舰队后面绕过去，以求生路；那连环战船上的张允却也极为明白，怎能容你就这样轻松逃脱？

二十排连环船分头向上下游开始转向，开始围向黄盖的舰队。

黄盖的二十艘艨艟斗舰上的桨手们现在是拼上了全力，且喜顺风顺水，船速快得已经令人瞠目结舌，就在水寨中的蔡瑁发觉了黄盖军的动向，又派出新的连环船驶出水寨的同时，黄盖的舰队也沿着曹军水寨的寨边，蹿出了曹军的包围圈。

不是全部，最后两艘战船没能躲过向下游转向的曹军的围捕，被轻松地撞了个船身散架，士兵们落入大江，而黄盖却眼睁睁看着不能回救，这首战看来是败定了。

幸亏江东水军自小在长江边厮磨长大，个个水性极佳，落水后却知脱光衣物，顺流直下，被陆续救上船来不少，只是江水寒冷，被冻毙于江中的也不少。

曹军的作战平台转向却不那么灵活，所以并未集结前来追赶，黄盖才得以率余下的十八艘斗舰向周瑜交令，一路回思，直冒冷汗：此次能逃脱全军覆没实属侥幸！

周瑜细听黄盖讲述战况，口中安慰黄盖：能探知曹贼连环战船一事，老将军已立首功！脸上却不禁愁眉紧锁：这战事如何再打下去？

　　而黄盖却语露兴奋，低声断言："都督莫忧，那曹操违天意而行，败亡不远也！"

　　凯旋的张允却兴奋不起来，本该大胜，却让那狡猾的黄盖只给丢下了一条小尾巴，这连环战船作战威力虽大，驾驶操作也太不易了呀！

　　这一点蔡瑁也有些作难，十舟十舵，稍微转向便必须同一动作，即使派一令官统一指挥，各舟还是难以把握各自的力度大小，转弯儿时从内到外，各舵角度逐大，怎能恰如其分地同时动作？

　　事情汇报到了连环战舟的发明人曹操那儿，曹操大乐，一口酒差点儿喷出："十舵不能一统，一舵如何？"

　　一语提醒梦中人：是啊，各舰已成一体，要那么多舵手干吗？安一巨舵足矣。

　　只是连环战船之舵手尚需训练，各排之间的配合更需操练，欲用其最后决战，估计还需月余。

　　曹操大方：就给你一月时间，到日必破周郎水军！

　　可是，那周郎给荆州水军们这一月时间否？

黄盖献计布棋局

　　《三国志·吴书·周瑜传》载：瑜部将黄盖曰："今寇众我寡，难与持久。然观操军船舰，首尾相接，可烧而走也。"

　　建议的确不错，这是来自实战第一线的建议，当然具有可行性。可是一接触到具体实施，却又不那么容易了。

如果将此战法施用于江面战场，那应该是没有问题的，可是如此一来也就等于提醒了曹操谨防火攻，最多不过大胜一场而已，一把火烧不掉曹军所有的连环战船，今后却是再也不可能有胜机了。

所以前提是必须把这把火烧到曹操的水寨中去，方能一举解决掉曹操的庞大水军。可是，接近曹操的水寨怎会容易做到？那曹军寨前水下必然暗桩密布，能容艨艟斗舰进出的水道极为隐蔽，就算是能侦出水道确切位置，曹军只要出动一艘斗舰阻挡，火攻即就此湮灭！

这一点还是由黄盖想出了唯一的可行之道：诈降！

只有如此，曹军才会容火船接近，才会给来船标明航道，才会不在进出水道里设置障碍物。

黄盖毫不犹豫地自荐了这个变节诈降的角色，至于能否成功地使曹操上当，这球就又抛到曹操手里了，就看以奸诈著称的曹操怎么玩儿了，但愿曹操也实在一回。

《三国志·吴书·周瑜传》原载，周瑜采纳了黄盖的建议，开始准备对曹操水军的火攻行动："乃取艨艟、斗舰数十艘，实以薪草，膏油灌其中。裹以帷幕，上建牙旗，先书报曹公，欺以欲降。又预备走舸，各系大船后，因引次俱前。"

还有一个关键处：风向！

没有大风——而且必须是东风——的帮忙还是不行的，无东风助势，你就是把人家的水寨木栅全点着了，也不过就是毁了曹军的一堵墙而已，就是风小了都不行，水寨火灾，旱寨无恙，那曹军的主力仍在，江东仍然后患无穷。

167

这点却非人力所能为之，找诸葛亮借场东风毕竟是演义里的戏说，实际点儿只有一个办法，那就是：等！

后来不是有句成语吗：万事俱备，只欠东风。

这就是直截了当地说明了周瑜等待东风的心情。假如"天不灭曹"，等不来东风呢？估计那就只能"东风不与周郎便，铜雀春深锁二乔"了。

演义说周瑜心胸狭窄，其实现在的周瑜心比海阔，火攻的决心一定，周郎就准备一口吃成个胖子——全歼曹军！水陆一锅烩，毕其功于一役！一战定江山！

不过解决曹操陆军还是免不了要指望刘备，用人不疑，古之明训！周瑜大胆通知他：希全军尽量秘密接近曹军，决战在即！

时间：东南风起之日；

具体时刻：曹军水寨大火为号；

如天不作美，风力不大，贵军必须把曹军的旱寨点着！

刘备接到周瑜密信紧急与诸葛亮商议：下一步军事部署怎样做才更合理？

孔明表态简洁明朗：现在唯有两家同心协力才有胜机，对我们来说，这是唯一的生机！

没说的，那就紧急集结兵力吧：留关羽率两千水军于汉水虚张声势；刘琦掌两千军驻防夏口……

不！诸葛亮建议：刘琦将军留军五千，于夏口待命出动。

刘备当然知道诸葛亮的用意，立即接受提议：其余所有将领、兵力全部集中于蜀山前线，尽可能秘密接近曹营，无令不得擅动干戈。

由于近来紧急扩军，收集长坂坡失散的旧部，算来尚能集结近两万人马，刘备亲自率领接近前敌，这次也准备孤注一掷了！

而诸葛亮还有更重要的一步：与刘琦等待于夏口，准备好发表刘琦为荆州牧的表章，乌林战事一起，表章则紧急发至荆州江南四郡，刘琦军同时出击江南，刘备之安家大业，在此一举！

刘备还有一点与周瑜相同，那就是也"万事俱备，只欠东风"，两人都盼东风，东风如意来否？

实际上就是"东风如意到君家"也没有用，战事真正的关键还在于曹操本人！

聪明一世，糊涂一时

自古以来，漂亮的计划若想实施得漂亮，要依赖于对手的配合。曹操能密切地配合孙、刘两家吗？

如果配合了，那还能称其为曹操？

其实话还可以这样说："如果不配合，那还能称其为曹操？"

长江首场水战，曹操目睹了连环战船的作战威力，内心甚是满足，至于毁敌船两艘的区区战果，曹操根本就没放在心上，他现在手上已经掌握了水战攻无不克之法宝，这才是最重要的！

心中大结已解，曹操通体舒泰；江风拂面，豪情陡起！

南望无限江山，云遮雾罩，青山绿水，休叹枉自妖娆；

回思戎马半生，电闪雷鸣，紫绶金带，尔说谁主沉浮？

曹操满腹锦绣，大肚文章，论其文学造诣，远胜武功丰绩！

所留诗词二十余章：四言雅风，五言古句，深沉厚重，慷慨激越；篇头词尾，字里行间，思绪灵动，悲天悯人。一洗前人脂粉文风！

最难得的是作为文人的曹操，更显几分哲人气息。信笔挥洒之间，充满了对生命的探讨，对人生的思索。文学上，曹操站在了历史的制高点！

曹操的诗风，被后世称为建安风骨之鼻祖！直接影响了后来的诗仙、诗圣、词宗、曲神，就连近代的诗词大家，也不无受其感染，只不过学其皮毛易，得其精髓难，始终未达上乘，而流于世俗争斗、个人感慨。惜哉！

早在去年（建安十二年），曹操北征乌丸路经东海之时，面对浩瀚无际，不由感慨，赋诗刻石，铭留华章，以至于后世伟人出句相和：东临碣石有遗篇。现原文摘录如下：

东临碣石，以观沧海。

水何澹澹，山岛竦峙。

树木丛生，百草丰茂。

秋风萧瑟，洪波涌起。

日月之行，若出其中；

星汉灿烂，若出其里。

幸甚至哉，歌以咏志。

诗人面对苍穹，遐思天外，咏万物寄情怀，歌自然抒志向，山水草木，凭海波皆赋予灵气；日月星汉，借秋风俱唤醒神志，状似描景，其实写人，令人感到作者已将自己融化于大自然之中，实不愧流芳千古之佳作！

时隔一年，曹操面临大江，恍惚间自己已成为那包罗万物之大海，天下即将握入自己掌中，人生如是，夫有何憾？

伟哉宇宙！微哉一人！

罗贯中大师就是把曹操一曲著名的《短歌行》的写作时间定在了此时此景，对此笔者大为赞同：即将功成名就之际，最易使人念旧伤感，曹操歌中略显失落之格调，正是他感觉人生目标突然伸手可摘之时的真实写照，或者说目标骤然消失也未尝不可。

仿佛看见：曹操把酒临风，微醉高歌；属下不乏文思敏捷之才，如有相和，也属常理。因为《短歌行》虽篇幅颇长，但四句一韵，意境各异，颇似问答相和之作，但最末之句，如奇峰陡起，一扫开篇略阴冷之气息，当是出自曹操本人之口无疑！

文美不厌复读，原文照录如下：

对酒当歌，人生几何？譬如朝露，去日苦多。

慨当以慷，忧思难忘。何以解忧？唯有杜康。

青青子衿，悠悠我心。但为君故，沉吟至今。

呦呦鹿鸣，食野之苹。我有嘉宾，鼓瑟吹笙。

明明如月，何时可掇？忧从中来，不可断绝。

越陌度阡，枉用相存。契阔谈宴，心念旧恩。

月明星稀，乌鹊南飞；绕树三匝，何枝可依？

山不厌高，水不厌深；周公吐哺，天下归心。

此诗曹操大量用典，风格颇与其一贯文风不同，全篇上下，也不乏意境相互矛盾之处，所以后世也就多有怀疑此文并非出自曹操笔下，最起码也是有他人润色而成。

"山不厌高，水不厌深。周公吐哺，天下归心。"

前两句出自《管子·形解》中句："海不辞水，故能成其大；山不辞土，故能成其高；明主不厌人，故能成其众；士不厌学，故能成其圣。"

后两句借用《韩诗外传》中周公自语："一沐三捉发，一饭三吐哺，起以待士，犹恐失天下之贤人。"整个末句之解：山不以高而自傲，水不以深而满足；周公宁可吐掉嘴里的食物接待贤才，天下人心当然乐于归顺。

曹操的文思雅兴，当然出于自己武备顺利，战事预期不是乐观，那是相当的乐观。兵威之下，接江东水军先锋黄盖投诚密信：难以忍受后辈小儿驱使，愿认清形势，弃暗投明，请丞相给予立功机会，晚几天江东大批军粮运到赤壁军前，黄盖负责押运，粮船上插牙旗，当尽数运抵曹军水寨，让周郎率部去灌西北风吧！

曹操信不信呢？毫无保留地相信！原因很简单：对于江东官吏、将军多数愿降的情况，曹操通过细作了解得极为清楚，江东孙权、周瑜处于树倒猢狲散之时，谁不巴望个最好的结局？

以黄盖江东元老的身份，对沦为一个后生小辈的前驱，又怎会甘心受辱？俗话说得好：夫妻本是同林鸟，大难来时各自飞！连夫妻都会各顾各，更何况肯定会对周瑜不满的黄盖？

尤其，正是这黄盖，亲身体验了曹军之连环战船的威力，胆丧之际，又能有什么更好的出路？诈降？区区一个水军前锋，能对曹军造成多大损害？他难道能不怕江东平定时死无葬身之地？

与谋士们商议此事？那哪儿行？岂不闻，历来两军作战，敌中有我，我中有敌，人心隔肚皮，虎心隔毛衣，一旦有一丝风声走漏，岂不枉自害了黄老将军的性命？

等到黄盖率敌粮船归降当日，自然会向全军公布，那时将会给周瑜一个极大的打击！给我军将士一个极大的振奋！

曹操绝不是这么易被忽悠的，主要是目前的军事形势太好了，人太顺利的时候一般不愿意过多地动用多余的脑筋，懒惰是人类的通病。

还有一个最关键的原因，那就是曹操内心深处的自傲：我曹操是干吗的，只有我骗人，还有人敢骗我！哪一个欲诈降骗我的人能不先想想：曹操是易上当的人吗？

聪明一世的人最容易糊涂一时！

万事俱备，只欠东风

现在有三个人正在翘首东望，夏口的诸葛亮关注着天气风向可能的突变；赤壁的周瑜心内如汤煮，就等着"东风吹，战鼓擂，现在世界上究竟谁怕谁"的那一刻；乌林的曹操几乎"东临碣石，以观沧海"，等着东方送上门来的军粮。唯有一人关注的是西南方向，那就是刘备。

刘备率张飞、赵云、刘封诸将沿长江北岸向西南方向的乌林潜行，现在离曹操水陆大营已经不远，不能再靠近了，一旦被曹操警觉，自己便等于送上门去挨打；但又不能离得太远，看不见周瑜所说的水寨火光信号，自己的部队便无法参战。

且喜曹操最近全神贯注于水军训练，刘备军才得以暗伏于曹营东侧不远，一边准备决战时所用箭弩火具，一边等待着那救命的东风。不过对于江北的刘备军来说，这东风是把双刃剑，自古水火无情，战事一起，风火不认曹刘，旋风乱转，兴许跟着被一锅烩了！

黄盖准备送给曹操的二十艘"粮船"已准备停当，俱满载浸泡了桐油的柴草，上遮幔布，乍一看蛮像那么回事，只是这些"重载"艨艟斗舰的吃水过浅，容易露马脚，不过容易解决，多加些压舱石不就是了？

周瑜连火起后水上厮杀的主力也早已安排好了：除丹杨都尉黄盖任全军前锋外，周瑜亲率当口令甘宁、横野中郎将吕蒙、先登中郎将韩当、宜春长周泰、征虏将军孙贲、定威校尉陆逊、武猛校尉潘璋等组成水战主力；由右都督程普、赞军校尉鲁肃坐镇楼船帅船调度全局；给事朱桓防守于柴桑方向，以备援各方。

只有东风无法准备！

连日的西北风使江汉的气温下降很快，曹操在如此天时、地利、人和的形势下，只觉得心清气爽，兴奋非常：黄盖只要能顺利来归，那隔江相持的周郎便没有仗恃继续相持下去了，没有军粮的部队怎么打仗？

曹操已经做好了准备，黄盖的粮船一到，立即出动连环战船，顺流直下封锁住周瑜水军下游的江面，如此一来，估计这水战就不用打了，周瑜除了举全军投降外别无他途，谅周郎还能潇洒地以江水充饥？

现在与战各方都是一种态势：万事俱备，只欠东风！

现在如驻舸大江中流，江南是旌旗相望，江北是鼓角相闻；小兵们已被鼓动得热血沸腾，将军们也被忽悠得摩拳擦掌；唯有诸葛亮冷眼观望于夏口，刘备心中忐忑于江北，周瑜心焦如焚于赤壁，曹操得意扬扬于乌林。对了，还有一个孙权，在柴桑度日如年，急切地盼望着前线传来的哪怕是一丝信息。

江汉初冬的天气，乍寒尚有转暖时，那时，就是东南风来临的时刻。

晴空万里，大地好像欲暂时转暖，大家都盼望的事情终于就要出现了：东风就要刮起来了！

狂风烈火卷乌林

建安十三年（208）十一月十三日，东南风骤起！

清晨，浓浓的江雾被渐劲的大风裹向长江北岸，水面的大雾还未散时，黄盖的"粮船"开始启运了。

周瑜所率的主力船队没有紧随黄盖"粮船"之后，而是沿长江南岸落帆操桨隐蔽行驶，一直到了乌林的对岸上游数里，才抛锚集结，等着对面那即将出现的火光，受江岸遮挡，岸边的江雾还没有消散，周瑜的船队全部隐藏在了一片白茫茫之中。

对岸曹军的水、旱寨几乎不在一个世界，水寨大雾早已散去，战船水道甚为清晰；旱寨却还处于一派茫茫之中。浓雾中，刘备的部队开始沿江岸逐渐向乌林接近。

　　曹操一大早就接到黄盖所派走舸送来的紧急禀报：粮船已到，正开过江北，请给明示进寨水道。

　　终于等到了！曹操大喜，急令挂起信号灯旗，并吩咐文武大员一起去水寨帅船迎接深明大义的黄将军。

　　大家这才知道曹丞相暗中还操办着这么一件大事，于是全军像被传染一般兴奋起来，一个个走上楼船高台，遥望东方，不是盼望那一轮喷薄而出的朝日，而是欲先睹江东水军的风采，分享曹丞相那胜利的喜悦！

　　嚯！不愧是专给巨无霸连环战船预留的水道，尽够二十艘艨艟战舰并头驶入，这里不光是连环战船的码头之一，还是曹操全军的粮草集散船坞，要不，能让黄盖的粮船驶到这里来？卸货方便嘛。

　　大江中流，黄盖已经遥见曹军水寨，岸上茫茫，水中熙熙，隐隐约约，人头攒动；忽然间东南风急劲欲狂！黄盖传令各舟举帆，将航向对准曹军水寨信号所表明的水道，用最高速疾进。

　　曹军水寨中，不光是楼船上文武大员兴奋地迎接黄盖，大好消息传播得极快，就连连环战船上的将士也不禁挤上甲板观看江东降军，陆上的官吏士兵不能"近水楼台先得月"，只得争上高坡，"欲穷千里目，更上一层楼"。热闹大人孩子都爱看。

　　浓雾将散朦胧之中，刘备挥手止住了众军前进的脚步，风势不大对劲，已经呜呜作响，离得过近，一旦稍有变向，城门失火，殃及池鱼，曹营失火，殃及哪个？

　　周瑜耳听越来越大的风声，心潮不由得澎湃如沸，强忍激动，传令各舟备帆待鼓，大军逐渐接近长江中流，白帆扬起之时，对面曹操必将大惊失色，不过，那时对于曹操来说，一切都已晚矣！

离曹军水寨还有二里左右，黄盖吩咐所有将士进入所拽走舸，各船一起举火！

只一瞬间，二十艘艨艟斗舰烈焰陡起，趁风势刹那怒卷全舰，二十条张牙舞爪的火龙乘风破浪，直向曹军水寨扑去！

来船突然变成数十个巨大的火团，曹营水旱寨中顿时一片寂静，除了东南风呼呼作响，旌旗猎猎，岸上水中，鸦雀无声，众人目瞪口呆，一时全傻了！

帅船上的官员将军们比小兵们也好不了多少，刚才还在指指点点的人们像被突施了定身法，大家大脑里这会儿也是一片空白！

火船如箭，仗风扬威，二里水路，瞬间即到。

一股热浪迎面扑来，如同导火索燃到了尽头，只听"砰"的一声，整个曹营如同爆炸一般沸腾起来！人们只知空喊，双足却不知迈向何处，手足无措大概就是目前曹军将士们真实的写照，其实换了谁都一样，乍逢剧变，有哪个能气定神闲？

已到长江中流的周瑜水师，突然各舟同时扬帆，大江之中，恰似盛开了白莲朵朵，遮天盖地，无边无沿，乘风齐向北岸蔓延而来；满江战鼓咚咚，号角阵阵，呐喊连天，吼声欲断流；江水如煮，浪花亦疯狂！

刘备眼见江中火势，耳听狂风大作，心中突然警觉！紧急传令：速抵近曹军旱寨，箭弩点火，速射速退，不得杀入曹营，全军后退二里，待命突击。

楼船之上，曹操首先清醒，定神看时：帅船舰艉已冒青烟，举目望去，沿江已是火光一片，风乘火势，已经登陆岸上营落，火借风威，恣意席卷水寨舟船！

连环战船着了！各舟被铁链锁在一块，避无可避；自己的粮草船着了，还被诸多的连环战船挡住去路，直接又成了一只只的火船，被浪涌风卷，扑上了江岸；旱寨也已满目烟焰！

士兵们乱了，走投无路之际，纷纷向江中跳去！可是沿江的水面也已是火海一片，被大火烤焦的船板、桅杆已经散落于江中，大江中，一半是江水，一半是火焰！

将军们慌了，仓皇无措之际，挤上了帅船，可是帅船也好不哪儿去，船头已经着火，烈火正在蔓延，只是因为那上面有曹操，那是将军们心里的依靠，是大家心目中的神仙！——可惜不是灭火队员。

曹操看着四周肆虐的火舌，远望江心快速逼近的江东水军，近看已经成为了大火帮凶的自己全军辎重粮草，心中清楚：完了，此战败局已定，现在已经是如何脱身的问题了。

细听岸上，东面呐喊连天，杀声已起，曹操知道那是何人，是刘备！这不是趁火打劫，是早有预谋！自己……别，现在不是后悔的时候，是决定自己生死存亡的时刻！

还有一些幸运的艨艟没有着火，曹操紧急带大家下到几只船中，可是江中周瑜大军已经封锁了逃出火海的出路，登岸更是死路一条：岸上也是火海，不是火的岸边，人马如何能快得过御风乱突的火头？

环顾四周，主要的谋士与将领都在自己身旁，大家都是接令前来迎接黄盖，没想到驾临的是火神祝融！难道此地就是曹军全体的墓地不成？

饶是曹操逢变一贯镇静如常，遇险向来果毅决断，此时却也束手无策，不过，人们从脸上还是看不出曹操此刻想的是什么。

有章有法的大败亏输

数十里曹军旱营水寨，已成数十里狼烟烽火，周瑜率水军主力舰队扑到了这火海边沿，却是不能继续向前突进了，那风火不长眼睛，江东的战船也是会照烧不误的。

他只能于大火后面跟进掩杀，不能与火神爷抢功！周瑜的舰队实际上做的是封锁火场与等待清理火场的工作。曹军旱寨东侧已经传来刘备军的杀声，西侧却万不能登陆，那是下风处，登陆如同投身火葬场！

曹军主力大部在舟船之上，只要全歼了水军，与收拾了曹操全军没有多大区别，陆上的事就交给刘备吧。至于哪家能捉到曹操，那就凭各人的运气了，就看曹操现在身在何处。

曹操在何处？他正与众文臣武将在一艘艨艟中，艨艟躲藏在帅船附近的一小块无火的江水中，与其说是躲藏，还不如说被困更准确些。前后左右俱是烟火肆虐，不时有燃烧的片帆飘落在甲板上，虽然将士扑救及时，未酿火祸临身，但却是扑了东舷西舷复燃，真正的顾东不顾西、顾首难顾尾。

曹操心里更清楚：火势减弱之时，就是自己毙命之刻，那周瑜正在火场外等着呢！留给自己及全军的时间不多，必须当机立断了，哪怕葬身于江上，也强似束手就擒、坐以待毙！

曹操用平常指挥一场普通战斗时一样的声调唤过水军左右都督蔡瑁、张允，命令他们在自己的艨艟之上挂起帅旗，代自己集结指挥全军；所有未燃火舰船，分为东西两路突围，主力一部满帆向上游突破，一部随同曹操落帆顺水向下游突破，分散也不要紧，目标就一个：会合于江陵。

遇到江东军阻截怎么办？允许弃舟登岸，但有一条：必须自焚坐舟，不能以战船资敌！

这就等于命令：焚毁所有战船！因为不遇到阻截是根本不可能的，遇阻则烧船，从此也就不会再有什么荆州水军了。

这不是曹操一时的权宜之计，是曹操在最短的时间里做出的长远大计：荆州局面已经无法收拾，那就只能退求最好的结果，不能让庞大的荆州水军落到周瑜手里，老虎添上了翅膀之后，就不只是在窝边吃人了！

曹操考虑的不单是目前数十万将士的处境，还包括西方的江陵、遥远的襄阳，甚至后方的许都、邺城！

一艘曹军的艨艟斗舰冲出了火海，满帆直向上游逃窜，周瑜冷笑一声，令旗挥动，数艘快艇斜刺截杀过去，想逃？哪有这么容易。江东军船快，几乎是迎头截住，突然那斗舰上燃起烟火，船上的人纷纷跳江，游向北岸，那逃窜的曹军战船片刻成了一个水面火团。

又是两艘船冲出燃烧着的水寨，江东水军又是给予迎头围堵，那冲出的曹军战舰又是自焚，乘客还是弃舟逃生；数十艘艨艟冲了出来，既不分队列，又不分阵势，分明是各自挂帆逃生。

看到困兽没有犹斗，而是仓皇鼠窜，周瑜不禁摇头：这曹操的所谓雄师就如此战力？别做梦了！别说一艘艨艟战船，就是一条小舢板也休想逃出天罗地网，曹操，你就束手就擒吧！

周瑜亲率主力战舰围了上去，只见来船一艘艘接连燃起了大火，还是先前的老套路：打不过，就自焚，看来这曹操耍起了无赖！

一群走舸冲了出来，看见周瑜水军正在围捕猎杀，却没有再自燃跳江，走舸轻便，吃水极浅，能选合适的地点抢滩登陆。周瑜的大船战舰没招了。

不要紧，周都督早就给你们预备着呢，随着周瑜的令旗挥动，游弋于江心的小型走舸快艇如利箭般射向了乱窜的曹军小舰，大家都能登陆，你就是上了岸也逃不过追捕！

瘦死的骆驼比马大，毕竟是号称八十万的曹操水军，如同崩溃一般，一时水寨中蜂拥出数不清的舟船，型号不一，大小个别，不过保证没有那令江东水军胆寒的水上巨无霸——连环战船，那大个家伙现在都成了柴火，正给周瑜的大火助威呢！

周瑜帅船上的战鼓响了，江东水军的全部战船一起围堵上来，这情景几乎如同一群鱼鹰遇上了鱼群，都想混个肚圆，对于逃命的曹操水师来说，其处境连被围捕的鱼群都不如：鱼群还能潜入深水呢，失去了抵抗力的曹军能往哪儿逃？

随着周瑜船上几声长长的号角，大批的江东水军轻型舰只开始在西方离火场上游稍远的地方抢滩登陆了。周瑜不想把岸上的战果让刘备军独占，水上经过大火，无甚缴获收入，岸上的东西不会烧光，不能我周瑜放火、你刘备发财，那是不公平的。

　　岸上的刘备还真没有发财的想法，现在就是连曹军的营寨都没有靠近过，炽人的热浪让刘备不禁连呼侥幸！若不是东退二里，说不定自己的部队也已被烤焦，现在是时候了，大火的火头已向西北蔓延而去，曹营现在已是一片狼藉的劫后火场，动手的时候到了！

　　就在周瑜水军全力围堵于西南上游之时，刘备全军扑向曹军旱寨之际，曹营水寨东侧潜出了数十艘大小不一的舰船，有的还冒着缕缕青烟，显然刚扑灭余火，这支无声舰队落帆顺流直下东北，一路无阻，直向刘备部队的后方插去。

谁说败军之将不可言勇

　　这是一种另类的"明修栈道，暗度陈仓"，曹操带领部队的高级将领、重要谋士、亲信卫士及数千残兵潜出了江东水军的包围圈，虽然逃窜的方向是敌人的后方，但也只有如此才会有脱身的希望。

　　按照曹操的判断：周瑜水军全力围堵于上游水面；刘备陆军此时应该对自己岸上的部队开始了预谋的趁火打劫；自己只要能顺流驶出十里之外，那周瑜及刘备就肯定对自己无可奈何了。

　　至于蔡瑁与张允率领的向上游突围之船队，损失是躲不过的，但全军覆没也是不可能的，鱼过千层网，网网都有鱼，即便是劫后余生的曹军也是庞大的，会让那周瑜截不胜截，杀不胜杀，孙刘联军追杀沿江突围的余部之时，正是自己率部逃出生天的大好时机！

谁说败军之将不可言勇？能冷静地面对败局才是真正的大智大勇！周郎娃娃、刘备大耳朵！让曹某再给你们上一课：此战真正的精彩处不是那一把由于曹某一时疏忽惹来的大火，是曹某危难之刻的声东击西！不，准确点应该是西窜东奔。

曹丞相果然算无遗策！周瑜全神贯注于那满江乱窜的白帆，刘备忙活于接收曹军遗留的大量辎重，曹操率领众人顺利地在刘备部队背后东北方向十余里靠岸登陆，更可喜的是岸上树林密布，大雾尚未消退，十余步即只能闻声不能见人，绝对有利于落落大方地逃命走人。这才是真正的天不灭曹！

中国东汉王朝之命运现在寄托在这数千残兵败将身上，这是部队的精华、曹操的火种，曹操要将她变成播种机！这不是逃跑北窜，是战略转移，是新的征讨开始了伟大的脚步！

可是具体到行军路线却是关乎部队生死存亡，路有两条：直接北上汉水，寻找护军都督赵俨、奋威将军程昱所率领的北路大军；转身西上，会合江陵的曹仁。两地距离差不多，风险各不同。

北上一路平坦，易于曹操拼着绝大风险保存下来的骑兵行军，但是遭遇刘备、诸葛亮预伏阻击部队的可能性也较大，尤其是那游弋于汉水的关羽水军，一旦上岸围捕，则曹军便等于自投罗网。

西进出敌意料，只要绕过乌林战场，估计便无敌情。但据荆州本地士卒介绍：此去一路水网纵横，沼泽密布，树木杂生，小道崎岖，风险在天不在人，尤其是怕一旦遭遇刘备于乌林的部队，那便如同刚出狼穴，又入虎口。

军处敌后，不容细想，一旦孙、刘两家觉察，曹操这点部队，几乎毫无抵抗能力，现在是安全在于保密，时间就是生命！曹操果断决定：全军寻路北上，直奔汉水。

太阳躲入云层，浓雾之中，曹军步兵前导，骑兵随后，开始了磕磕绊绊的艰难之旅，心急吃不得热豆腐，越欲快速脱离险地越是快不起来。马不敢嘶，人不敢喊，路不敢问，将不敢催，如何能像长坂坡一日疾追刘备三百里那般迅速？

真是此一时，彼一时，造化弄人，令人心里越琢磨越不是滋味！

残雾时有时无，道路曲折婉转，树林片疏片密，河沟走向不定。曹操全军不一时全不知东西南北，只好由曹操指使方向，大军盲目随行。那曹操就对当地地理熟悉？非也，曹操是跟着感觉走，自信随意指出的大方向定然无比正确！

领袖嘛，嘴里胡说八道，说句"山不厌高"都是无比英明的。

一路虽然盲目乱撞，艰难困苦更不必说，曹操这统帅兼舵手却也没忘记自己的导师身份，不断对部下谆谆教导：困难是暂时的，道路是曲折的，前途是光明的！平乱尚未成功，将士仍须努力！

可惜自然规律从不以人的意志为转移，还是实践是检验真理的唯一标准。曹军折腾了一下午，红太阳露了脸，竟然是军向南行！这不是与革命目标背道而驰？曹操于马上细心看时，不由大惊：全军竟然又转回了乌林附近！

曹操就是曹操，大惊却并未失色，虽然出了三分错误，毕竟还有七分成绩。曹操索性将错就错，显出一副英明无比之神态：这是预料之中的弯路，本来就是诱导你们心向西方，我们这种思路就是做得极对！

曹操此刻却才是真的认准了方向：正西便是华容道，是通往江陵的最近小道，顺江而行到江陵是走南绕弓背，这华容道就是弓弦！于是大手一挥：全体西进，逢山开路，遇水搭桥，直奔华容！

可是那华容小道岂是易行的？一路崎岖狭窄不说，主要是沼泽处处暗伏，战马踏上即陷，徒步行人也不能避免，部队怨苦连天，拥挤混乱，人马停滞，直如同：雪拥蓝关马不前！

曹操见状大怒！自古有句"兵来将挡，水来土掩"这个军队具有的一往无前精神，它要压倒一切敌人，而决不被敌人所压服！岂能"艰难苦恨繁霜鬓，潦倒新停浊酒杯"？

他紧急组织先锋队——其实是送命队——割草伐树，填草铺路，架木渡水，只是泥泞道上，铺路的步兵如何能快得过急于逃命的"轻骑"？怀中的茅草刚铺进泥潭，自己的躯体又被填入，马踏脊梁而过，人踩脑袋当桥，士卒死伤狼藉，惨不忍睹！

据《资治通鉴》载："操引军从华容道步走，遇泥泞，道不通，天又大风，悉使羸兵负草填之，骑乃得过。羸兵为人马所蹈藉，陷泥中，死者甚众。"

不管怎样，曹军中主要将领及高级幕僚总算是都渡过了艰险，事情总是有其两面性：有其弊必有其利。难行的道路虽然给曹军添了要小兵命的麻烦，可是也定会阻挡那一旦到来的追兵。

曹操终于脱困，前面就是江陵！

大小官员心中凄凉，全军将士面色楚苦，虽然侥幸保命，但回思这意外的惨败，哪个心中能是滋味？官军现在个个极想号啕大哭一场，一抒胸中郁闷酸痛！

曹操首先带头，为大伙做出了表率：骑在战马之上，仰天朗朗长笑！

众将当然要问主公笑之为甚？据《三国志注·山阳公》载，曹操爽朗回答："刘备，吾俦也。但得计少晚；向使早放火，吾徒无类矣。"

这就是曹操！

周瑜、刘备二对一 PK 曹仁

周瑜、刘备水陆两军胜利会师于乌林。

曹操十余万大军半数以上不是丧命于火海，便是溺毙于寒江，其余大部溃散，一部侥幸乘舟逃出重围，顺长江逃往江陵。

周瑜的目光盯住了江陵：江陵乃南郡郡治，为连接荆州江南各州之水陆枢纽，拿下江陵，北攻可以威胁荆州州治襄阳，南掠可以平定荆州江南四州，将来进则西收巴蜀入己囊，退则东据夏口守江东，这是个非拿下不可的地方。

刘备异常配合周瑜的军事部署，把部队分为江北江南两路，拱卫着长江中的周瑜水师，沿江而上，直逼江陵！当然，现在大军粮草是由江东的水军保证的，至于乌林之战中的缴获，那当然早就运回夏口了，那里还有刘琦的五千部队嘛，关羽的汉水水师也是需要加强的。

像夏口、樊口这种对于江东来说犹如前哨阵地的江岸城市，诸葛亮心里最明白了：刘备是总归保不住的。此地处于两强之间，弱势的占据此地，等于两头受挤挨打，最好的处境也就是帮助孙权把守门户，刘备必须另觅安身发展之地。

赤壁大战的准确战报一传来，诸葛亮便依照当初与刘备商定的方案，与公子刘琦提军向江南出动了，此时出师有名：刘备军的后援部队，一切为了江陵前线！

但对荆州的江南诸郡的传檄可不是这么说的，那是新任荆州刺史刘琦在向自己的江南下属发布指示：快弃暗投明！左将军刘备是我们的唯一领导！

周瑜、刘备、诸葛亮，各盯各的目标，各有各的眼光，目的不同，措施当然不一样，付出的代价天差地别，最后的各自收获更令后人不由得叹息！

孙刘联军在周瑜的统一指挥下进展神速，一路尾追曹军残兵败将到了南郡，在江陵对岸扎下了大营，估计对面的曹仁在兵威之下，风声鹤唳，必然胆丧，挟赤壁大胜之余威，一鼓而下江陵应该是水到渠成的事情。

周瑜现在最担心的是刘备处于江北的部队，是担心他们的安危？非也！是担心他们近水楼台先得月，趁曹仁退兵抢占了江陵去，那样一来，岂不成了为刘备火中取栗？

对刘备，周瑜现在看重多了，这是个永不会屈居人下的枭雄之辈，不束住他的手脚，将来必受其害！现在周瑜内心多了一个不得不佩服的人，这人长着一对比别人大的耳朵！

左将军啊，江北部队身处强敌之侧，危地也！最好集结于江南，与我江东大军共同进退，方为万安。

　　刘备感激公瑾照应，当即照遵不误，并且主动屏障周瑜后方，兵指江南四郡，要知道，那也是曹操的地盘呀。

　　周瑜现在顾不上刘备军在江南的动向，对面的曹仁不但没有退军的迹象，反而摆出了一副要与周瑜决战于江陵城下的架势。周瑜却不敢贸然渡江攻城，虽然周瑜知道曹操本人已经从江陵北返许都，但是背水屯兵于坚城之下，还是令周瑜大为踌躇。

　　对于刘备的兵锋南指，周瑜还没当多大事对待，一个江陵城就让周大都督如此头疼，那江南数十城，你刘备还不得打上个猴年马月？只要不与江东争功于江陵，夺利于南郡，暂时的联盟便可以维持下去。

　　部将甘宁建议：溯江而上，径直先取江陵上游西北方向的夷陵，从而威胁江陵侧后，曹仁如分兵相救，则江陵其兵势必减弱，公瑾率主力必能顺利下江陵。

　　周瑜虽然采纳了甘宁的建议，但却只让甘宁率其本部数百部队前去夺取夷陵，主要是怕还没分了曹仁的兵势，先分散了自己部队的兵力，如此便事与愿违了。

　　那甘宁却不怯战，慨然率部前往，驻守夷陵的乃是益州将领袭肃，对曹操本来早就不满，甘宁数百军一到城下，便举军投降甘宁。这样一来，甘宁所部兵力已经超过千人了。

　　周瑜这时却不知怎么想的，担心的是什么，反而上表给孙权，要求将袭肃的三百益州兵调出夷陵，拨给横野中郎将吕蒙。

　　吕蒙其人目光高远，智勇双全，见周瑜之令味道不对，赶紧直接越级上报孙权："肃有胆用，且慕化远来，于义宜益，不宜夺也。"权善其言，还肃兵。（《三国志·吴书·吕蒙传》）

周瑜欲弱夷陵甘宁兵势，江陵曹仁却更视甘宁为身后大患，尽遣所能机动的六千步骑围攻甘宁于夷陵，此时甘宁部仅满千人，受攻累日，据城死守。曹军架设木质高楼，箭矢如雨，尽射城中守城士卒，城中部队惶恐皆惧，唯甘宁谈笑自若，方使军心未乱。

但如此艰难困守，岂能持久？无奈遣使求救于周瑜。

周瑜却召集诸将商议，开会讨论救不救甘宁。诸将谁不心领神会领导意图之所在，纷纷发言认为兵少不足分，看来甘宁注定要被困死在夷陵了！

只有吕蒙看出了势头不对，当众对周瑜、程普说："留凌公绩于江陵，蒙与君行，解围释急，势亦不久。蒙保公绩能十日守也。"救自己的部队反而要吕蒙作保，这周公瑾实在是开了一军统帅之先河！

周瑜再不从其言估计就难以向孙权交代了，于是留凌统暂守江南大营，与程普、吕蒙等率主力救援夷陵的甘宁，大军开始沿江西上。

夷陵城下，即将再现周郎风采，

长江北岸，且待续写赤壁辉煌！

与曹操相比，孙权是位老实人

欲准确地阐述东汉末年或者说是三国前期的历史不大容易，甚至比写之后的各朝代更难。原因很简单：各家都按自己的需要或者说是理解记载同一个重大事件，说法各异，各陈己见，甚至连具体时间也是相互矛盾的，我们该采信谁的？

仅在赤壁之战这么重大的历史事件上，《三国志·魏书·武帝纪》便与其他史料在时间上记载的相差几乎两个月，在另一件大事上，也是各有说法。

这就是江东孙权第一次围攻合肥之战。

按《三国志·魏书·武帝纪》的说法，孙权是在赤壁之战前，为了营救刘备，才出兵合肥；《吴书》则注明是在赤壁大战胜利之后，孙权乘胜杀向合肥，欲取得更大的战果。

孙盛在《三国志·魏书·武帝纪》本条后评判："按吴志，刘备先破公军，然后权攻合肥，而此记云权先攻合肥，后有赤壁之事。二者不同，吴志为是。"

笔者认为孙盛评判的是有道理的，理由很简单：以江东六郡之微弱兵力，怎会在赤壁主战场胜负未定之时，先于江淮方向挑起战火？而且即使孙权攻下合肥，也救不得夏口的刘备，曹操荆州的大军是无法分兵向东方的江淮战场的。

事实也是曹操并没有拿孙权围攻合肥当回事，只不过从汝南抽调了千余部队，由一个名不见经传的将军张喜率领，去增援合肥。

而合肥前线的孙权却把这次亲征合肥当成了大事，这毕竟是他亲自出马对付曹军的第一战，胜负关乎自己的威信！尤其是派遣长史张昭率部攻击九江当涂的失败，更使孙权发誓非拿下合肥不可，不然怎么好意思回师江东？

但是合肥却不是发几句狠话就能攻克的，孙权有点急眼了，准备亲自上阵，率领轻装备骑兵向城墙突击。

长史张纮对这种全军主帅去兼职突击队长的举动很不以为然，劝阻孙权："兵者凶器，战事凶险。将军仗一股锐气，轻易上阵面对强敌，致使大小三军为你一人担心！即令可以斩将拔旗，威震沙场，不过一勇将耳！这哪里是主帅应做的事情？请将军克制自己孟贲、夏育（古代勇士）的匹夫之勇，以霸主、王道的谋略为重！"

孙权的突击队长没当成，围城部队却抓住了两名欲潜入合肥城中送信的曹军信使，孙权一见信中内容，不由得大惊失色！原来是曹军援军主帅张喜的军报，告诉合肥守军：某已率步骑兵混合大军四万余人抵达雩娄，望城中守军给予配合，力争全歼江东贼寇，活捉孙权！

这还了得？孙权当然不能让敌军的阴谋得逞，紧急下令：焚烧全部围城营寨与攻城器具，全军火速撤退！

好一个三十六计走为上！

只可惜这送上门来的情报根本就是在忽悠这实在人孙权：曹军哪来的四万大军？这是扬州别驾蒋济耍的一个小花招，是为解合肥之围与孙权开的一个小小的玩笑。蒋济分别派出了三个信差，携带"援军挺进"消息通知城中守将，估计只能有一个信差得以入城就不错了，而另两个信差当然免不了成为孙权的俘虏，于是才出现了这两家都皆大欢喜的截获信差事件。

一纸退去江东大军，简直令孙权一生蒙羞！

人家周郎在赤壁放火烧的是曹军，孙权在合肥也学着放了"春天里的一把火"，烧的却是自己的军营。

曹操虽然于乌林被烧，但惨败之余却并未糊涂，回到江陵并没有赌气复仇，而是留曹仁、徐晃驻守江陵，自己坦然回了老家许都。

不是曹操怕了孙刘联军，曹操怕的是后方出乱子！

前线大败，后方必然震惊，此时最需要的就是稳定政局，哪届领导不是强调稳定压倒一切？什么才是稳定人心最灵的药方？主要领导人在媒体多亮相呀，事实胜于雄辩，谁说领袖死了？

看来曹操深得"君子报仇，十年不晚"之句精髓！也极为明白事情的关键在何处：欲报赤壁之仇，关键在于水军！

建安十四年（209）春三月，曹操率大军回了老家谯县，干什么去了？打造轻舟，重建水军，曹操的目标还是江东！

其实自赤壁之战以来，曹军与江东一直便处于战争状态，江陵前线，两军于对峙中从来战火未熄，尤其是夷陵城下，那战事打得格外热闹！

唯有兵掠荆州江南诸郡的刘备格外开心：出兵不用交战，攻城不如攻心！一路兵不血刃，如同推倒了"多米诺骨牌"一般，江南四郡：武陵太守金旋、长沙太守韩玄、桂阳太守赵范、零陵太守刘度依次表示归降刘备，刘备终于有家了！

主要功劳是谁的不用费猜详，看刘备的论功行赏就明白了：幕僚诸葛亮第一次有了官职，被刘备任命为"军师中郎将"，并负责总督长沙、桂阳、零陵三郡，以调集军粮赋税，供应刘备全军。

救援夷陵、甘宁的周瑜一时还顾不上刘备的突然发达，他要面对的是曹军中最为优秀的将领曹仁，稍有不慎，赤壁一战挣下的半世英名便会付之东流，对曹仁之首战：必胜！

将要开始的江陵之战应该算作赤壁之战的尾声，毕竟是一个没有中断的战事，但由于曹军的前敌主帅从此已经换人了，所以我们还是宣布：至此赤壁之战结束。

赤壁之战总结报告

首先统一下战役名称：赤壁之战。

实际上这个名称是不确切的，好像应该称为荆州战役更贴近些，赤壁之战不过是其中的一场遭遇战而已，后来关键的战斗发生在乌林，那场大火与赤壁也没有什么关系。至于后来的江陵、夷陵之战，应该算作这场战役的尾声部分，不过这个尾声也的确长了点，那就把它另算。由于一千八百年来赤壁之战这个名称已经深入人心，我们就还是把它称为赤壁之战吧。

对于战役的起止时间：结束时间当事各方无异议，都是截止于当年十二月。开始时间参战三方认识略有不同：《魏书》认为该从七月份始征刘表算起；《蜀书》认为应从十月份刘备到了夏口，决定联合江东时算起；而《吴书》则支持了蜀书的意见，也认为应当从自己这败曹主力决定参战时开始。

请看各方总结：

一、曹操方：七月公征刘表，八月刘表病亡。九月公到新野，刘琮畏服归降。刘备逃窜夏口，曹军胜利渡江。荆州人民新生，归降将士受奖。益州刘璋受役，江东孙权张狂。为备围攻合肥，救兵一到仓皇。赤壁战备不利，士卒逢疫死伤。烧舟乃引军还，刘备遂据荆襄。

二、孙权方：刘备军破欲渡江，正与鲁肃遇当阳。遂图共计抗曹兵，诸葛奉命到柴桑。诸公闻曹皆畏惧，中流砥柱有周郎。曹军虽众多疾病，难敌江东好儿郎。与备并力战赤壁，曹军败走逃仓皇。先锋黄盖献妙计，不怕铁锁连船舱，先锋巧施诈降计，数十火船冲过江。曹军烧溺死者众，兵退南郡魂魄丧，备与瑜等复共追，曹仁留守操远飏，公瑾程普战南郡，权攻合肥掠徐扬。

三、刘备方：先主遣孔明，自结于孙权，孙权遣周瑜，水军助数万，并力战曹公，赤壁焚其船。刘孙水陆进，追到江陵边，北军多病死，曹公引军还。又征南四郡，一路凯歌旋。零陵收刘度，长沙降韩玄，武陵纳金旋，桂阳伏赵范。

以上各方的总结被告当然是经过笔者加工过的，但味变药未变，各方之大意就是这些，不同点笔者不再重复了，归纳一下共同点：曹军败了，也病了，也被火烧了；江东出兵了，是破曹的主力军，最后被粘在了江陵；刘备主动求援于孙权，一直在配合江东军作战，战果最为丰厚。

最后大家看第四份总结报告：

赤壁之战意义非凡，不仅是一个不可多得之以少胜多战例，关键是改变了历史进程，没有此战，中国的历史会是另一个模样。

对曹操来说，此战封了他戎马一生的顶峰，以后虽仍然战事频繁，胜多败少，但从此战后曹操从未再自称过拥有八十万大军；而且对孙、刘两家的战事基本处于被动守势作战，曹操在有生之年统一中国的梦想基本破灭。

再具体点儿，曹操此战失利的原因极为简单：大意！

设想一下：只要不让黄盖给忽悠了，提前阻止他的所谓粮船接近水寨，那孙刘联军有什么办法战胜连环战船？怎么赢得水战胜利？风向突然变化了还不注意防范，大意容易失火，何况有意放火？

至于别的因素，大多都是在扯淡，早打、晚打、先打谁、后打谁，其实都与胜负无关，要么不打了，大家从今和平共处，要么就痛快地开战，打利索点儿老百姓也能少摊点军费，不战不和就是在烧银子。

但需要指明一点：如果按曹操方的战役起止时间算账，曹操还是大有收获的，不是弄到手半个荆州吗？

孙权获得了长期的安定，掠走了半个江夏郡，又蚕食了荆州江南各郡的一些地盘，应该是收获颇丰，但摘桃子的功夫毕竟比刘备差远了，又凭空造了个潜在的强敌出来，算有得有失，收获大于损失吧。

刘备开始是准备拼上了，结果没用自己拼命，从近乎一无所有，到一举囊括半个民丰土肥的大州，简直是没用出工钱，雇了周瑜替自己卖命，刘备的确是做生意的高手！

关键是这等于打了点折扣地实现了诸葛亮"隆中对"战略策划的第一步，前景豁然开朗！而且刘备现在还没有满足，还正在给实现第二步创造条件：占领南郡，将自己的势力向益州逼近。

赤壁之战，不像《三国演义》那般描写的属于诸葛亮，也不像苏子《赤壁怀古》中渲染的好像属于周瑜。

赤壁之战属于刘备。

至于风流潇洒的周郎，就看他在即将开始的江陵之战中的表现了。

第三章

三分天下

两大对手欺周郎

周瑜盯上的是曹仁的骑兵。

再说明白点儿是眼红曹仁派到夷陵的那些大个军马。

对于不产战马的江东地区来说，军马是极为重要的战争物资。

由于曹操已经控制了中国北方，现在江东军马匹的来源已经彻底断绝，想增置骑兵部队，那唯有一条路：去战场缴获呀。

当周瑜的援军还在长江的舟船上时，周瑜便派出了多批侦察人员，就一个任务：摸清围城曹军军马的饲养地。骑兵不适应攻城，肯定休养在曹军后方的某个地方，只要出重兵把这个地方给收拾掉，那就不是只解夷陵之围的小事，而是怎样一口吞掉这些生力军的问题了。

事情进展一切顺利但结果又令人丧气，准确的情报及时地送到了周瑜船上，曹军战马皆随攻城大军，这偷马的活路看来要吹灯拔蜡。

这时还是吕蒙献计：派三百士兵，专门在曹军归路布上乱柴，让曹军人虽能过，战马却行不得，我大军狭势围攻，以驱赶为目的，曹军战马还能飞回江陵？

周瑜依计，立即靠岸登陆，率主力扑向了曹仁的攻城大军，而吕蒙则带了三百人专干劫马的工作。

　　夷陵战事异常顺利，曹仁的部队注意力全都在夷陵的城墙上，突然间背后围上来周瑜的主力，顿时乱了阵脚！主要是没有预料到周瑜竟敢置江陵前线与曹仁的对峙不顾，全力来援甘宁；尤其是双方数量实在差距太大，周瑜又并未采取围死的战术，而是集中兵力突击到城下，转身驱赶掩杀，曹军有逃路，便失去了死战之心，形成溃败。

　　以下的战事极为简单，其实就是曹仁部队竭力杀回老窝江陵，周瑜、程普等人全力掩杀，再加上夷陵城中甘宁部的及时出击配合，曹仁的攻城部队几乎被歼半数。

　　周瑜率部直追，急于逃命的曹军到了险道，果然进入了吕蒙早布的干柴乱阵，战马无法踏柴而过，周瑜大军又紧追不舍，曹军士兵只得舍弃了坐骑，步行逃回到江陵城，吕蒙的劫马之计大获成功！

　　此战周瑜大破曹仁部队于夷陵，极为振奋了江东军的士气：谁说南人不善陆战？最令周瑜高兴的是缴获了战马三百匹，全都装船运回了江陵前线，简直如同又娶媳妇儿又过年，好事全都赶在节上了。

　　江南大营的凌统也奉命顺势渡江，双方从此开始了漫长的江陵攻防战。

　　人说乐极易生悲，周瑜就是如此。攻城战事激烈，周瑜兴奋之下竟忘记了曹仁的厉害，亲自跨马上了攻城的战场，被曹仁在城头看得真切，集结了弓弩手瞄向周瑜，一声令下，箭如流星，周瑜落马，将士急救回营，却是矢中右肋，疮伤甚重，攻城战事只好暂停。

那曹仁如何会错过这等击溃江东军的机会？随即率兵出城求战，主要是听说周瑜已经卧床难起，不趁此时破江陵之围，难道还要等你伤势痊愈后再来攻城？

这周郎偏有一股狠劲，一咬牙忍住伤痛，先巡逻军营，后率兵列阵应战，曹仁一见周瑜无恙，顿时气馁，遂退军回城，还是持久战的作战方针吧，咱们就在这江陵城头耗上几个月，看谁能笑到最后？

这两人此时都没料到，这江陵之战最后所拖时日又岂止几个月？

曹仁就这么怕周瑜？不是这样的。曹仁乃曹操军中出众拔类的智勇兼备、仁毅果敢之将，在敌情突变情况不明时，曹仁是不会孤注一掷的。曹仁的目的是把周瑜的数万大军给耗走，不是一举击败江东军。

为什么呢？双方的力量相差太远了！现在的曹仁有多少守城部队呢？说来简直难以置信：夷陵之战曹仁几乎丢光了所有的机动部队，现在除了四城据守的部队外，曹仁竟然凑不出一支能出城作战的机动力量！

而城外的周瑜军则是赤壁之战的全部兵力，三万余人！

不光这些，刘备在如同武装游行般收拾了江南四州之后，也来江陵帮忙了，人马不多，由关羽、张飞各率千人而已，但其意图极为明显，以求在南郡分得一块地盘。

这从刘备任命关、张二人的职务上便可以看出来：关羽，襄阳太守（空头官）、荡寇将军，常驻江北江夏虎视南郡；张飞，宜都太守、征虏将军，其实划给张飞的活动地盘也是在南郡。

　　刘备本人也来了，这时兵是不能多带的，就周瑜自己的部队也足够攻城用的，你刘备若带大军来江陵，是准备跟谁作战？再说刘备初定四郡，数十城急需安抚，安抚靠什么？靠武装当后盾呀！现在诸葛亮与刘琦及刚被升任为牙门将军的赵云（《云别传》为偏将军、领桂阳太守）做的都是此项工作。

　　其实对于刘备并吞荆州的江南四郡，孙权现在还是没予以官方承认的，而且刘备占据四郡之后，除后来叛变的桂阳太守赵范外，基本是维持了原来荆州——也可以说是曹操——原地方官员的职务，并未实行一朝天子一朝臣的当然方略。

　　所以现在四郡的官，是各派各的，占上一个县不妨也放过个太守去，实际上现在孙刘之间的暗斗已经开始了，不过要让孙权玩儿明的，现在倒还不至于，那荆州的合法继承人刘琦还在那儿干着荆州刺史呢，大理上也得讲得过去不是？

　　这刘备的确够仁义的，你在后方积极拆我的墙脚，我在前方积极帮你打仗！

　　刘备向周瑜建议：让张飞带他的所部千人参加都督的攻城战就行了，我去顺夏水北上，抄了曹仁的后路，这江陵这么难打不就是曹仁仗着城内粮食充足吗？切断了他与襄阳之间的联系，看他还能撑多久。请都督给我两千兵就行（用你的部队，这样放心了吧）。

　　备谓瑜云："仁守江陵城，城中粮多，足为疾害。使张益德将千人随卿，卿分二千人追我，相为从夏水入截仁后，仁闻吾入必走。"瑜以二千人益之。

　　周瑜照办了，刘备当然需要地方支持部队的工作，所以便冠冕堂皇地任命了自己的部属向朗督秭归、夷道、巫山、夷陵四县军民事。——仗还没打，南郡四县先姓了刘！

玩这类的花活儿周瑜与刘备根本不是一个重量级别。

那么战场上 PK 曹仁呢？也难说是一个重量级的。

这从双方的一场小战事便可管中窥豹：周瑜数万人马将江陵围了个铁桶一般，又沿城挖了一道困城的深沟，每日遣数千前锋于沟外边谩骂挑战，城中的曹仁老是关城避战，时间久了士气必然低落。一日曹仁于城头观察良久，毅然组织了一支三百人的突击队，由部将牛金率领出城迎战。

当时长史陈矫在城上与曹仁一同守城，只见牛金区区三百人一出壕沟，即被江东军围了个乱蜂抢蜜一般，不多时只看见旌旗摇动，杀声震天，就是不见牛金军的身影，眼见得即将全军覆没！

长史陈矫大惊失色，曹仁意气奋怒，呼一声："取马来！"便要出城救援部属，陈矫急忙劝阻曹仁："贼众兵盛，势不可当。即便丢弃数百人又能怎样？何苦将军以身赴其凶险！"

这种话曹仁懒得理睬，遂披甲上马，率其麾下精壮士卒数十骑出了江陵城。到了沟边，离乱军战场尚有百余步之遥，城上陈矫等以为曹仁肯定会停军沟边，为牛金助威张势也就不错了。

哪知曹仁径直渡沟直前，冲入江东军中，只一个冲锋便将牛金等人救出重围。回头看时，尚有余众在乱军中未能尽出，好一个曹仁！勒马转身第二次突入江东军阵，整个江东军莫挡其锋，被曹仁视若无人般救出全部牛金部属，回城点其伤亡，仅损数人，从此江东军轻易不敢再来骂战。

陈矫等人开始见曹仁没入乱军阵中，都不由得惊惧，暗叹：

征南将军休矣！及见曹仁全军而还，方才叹出了声音："将军真天人也！"

从此三军皆服其勇，就连大后方的曹操也不由得赞叹，曹仁仅因此战便被转封为安平亭侯。

江陵前线的周瑜进退两难，一筹莫展，谯县的曹操却集中其所新训练的水军顺涡水开向了江淮方向，这下就看孙权怎样用兵了！

曹操的军刀打算砍向何处

建安十四年（209）七月，曹操不顾荆州江陵前线的胶着战，指挥着自己在家乡训练的水军开向了扬州合肥，是不是为解江陵之围而开辟第二战线？不好说，反正江东军总得来应付一下吧。

孙权甚为紧张，当然要集结手边的部队于江淮前线，但等待许久却不见曹军从合肥出击南下，这曹操在干什么？

这曹操的心思谁也不好猜透，连笔者也给他弄糊涂了：竟然是来慰问军烈属来了！

曹操在合肥发表了自己的辛未令：

"曹某自起兵之始，大军则征伐未断，或遇病疫瘴气，士卒魂断他乡，以至兵丁家室怨旷，百姓流离失所；而吾以仁治世，怎肯乐于如此？实是情非得已，被迫兴师。此令：出征将士亡于战事，家无田产难以自存者，县官不得断绝米粮，长吏勤予抚恤，以称吾意。"

第二件事竟连长江对岸的孙权也摸不透其用意了，及至大悟时，数年已过，孙权方才尝到苦头：曹操率大军到扬州种地来了。

曹操发动扬州郡县长吏，招民开荒屯田，在孙权的家门口种起了庄稼，这是要与孙权长期地耗下去？

实际上这只是表面现象，曹操大军屯于合肥是为了内部的隐患——庐江郡将发生的叛乱。

赤壁战败，周围的形势一下变得微妙起来，说恶化倒还没到那种程度，但已经不容装睡了：刘备、孙权现在勾肩搭背好似正在度蜜月——这是摆明了的死敌；益州刘璋跟风转舵，已经公开与刘备眉来眼去；西凉马超、韩遂阳奉阴违，小动作不断，公开反叛只是时间问题；就连那汉中巴掌大的一块地方也开始蠢蠢欲动，张鲁正在积极扩军备战，准备对付哪个？不一定是他口里喊的"兵向益州"。

这还只是外部明患，内部的暗疾才最容易致命！赤壁刚败，庐江营帅雷绪便公开叛乱，曹操派夏侯渊督诸将平叛，但却虽胜无益，庐江雷绪竟带着数万精壮兵丁投奔了那可恶的刘备，致使刘备如虎添翼！

已经损失了的暂时不去想它，有损失苗头的却不能不注意：庐江人陈兰、梅成最近各自集结兵力于灊山、天柱等六县，据准确情报二人欲叛曹独立，莫要再出两个雷绪！

担心的终于成了现实。陈兰、梅成公开宣布叛曹了，曹操带来的大军派上了用场，杀鸡用上了牛刀，兵分两路，分别讨伐，决不能就这样轻易地丢弃了庐江郡。

实际上现在的庐江郡也只有一半掌握在曹操手里，基本上是以庐江中部东西走向的灊山为界，山南被孙权控制着，灊山以北才真正在曹军手里，由于后勤供应受到灊山的阻隔，曹操大军无力越山作战，兵少却又难以在江北山南的狭小地域站住脚，所以双方也就形成了默契：分治庐江。

陈兰、梅成的叛变打破了庐江的平衡，曹操当然不能任其丢弃，派出了于禁、臧霸等征讨梅成；张辽督帅张郃、牛盖对付陈兰。战斗首先由于禁、臧霸打响了。

于禁治军严整，作战稳重，采取了稳步推进的堡垒战术，大军近乎四面威逼，那梅成的庐江军就是想学雷绪也不可能做到了。

但人家梅成却压根没想学雷绪率部投刘备或孙权，而是学的袁谭、高干等人的暂降手法，一经祭出，极为灵验，忽悠得于禁大喜望外，不战而屈人之兵，尽显将军将才也！

于禁解围撤军，回合肥去向曹操报功，大军还在中途，那梅成复叛的消息却先传到了于禁的耳朵，于禁欲待回师，却是迟了，梅成伪降的目的就是争取脱身的机会，已经率部投奔了陈兰，欲兵向陈兰，那陈兰也不会等着挨打呀，二人合军后即退入了灊山，再说，那已经是属于张辽的活路了，不好去上门争功吧。

其实这功却不是易立的，灊山中有天柱山为主峰，山势险要，高峻二十余里，刚进山还有狭道婉转而上，步兵还能勉强攀爬而上，接近峰顶时，却连山路也不存在了，就连陈兰、梅成也是以绳索系身如同进行攀岩运动般才登上去的，这种军功怎么立？

张辽欲提军进山，诸将实在没有获胜的信心，纷纷劝谏张辽："兵少道险，难用深入。"张辽看法却与诸将不同："此所谓一与一，勇者得前耳。"遂驱兵入山，安下营寨，看来是要采用长期围困的战法？

谁知张辽当夜便亲自率部登山，径直冒死攀缘天柱山，要以常理看，这简直是拿自己与士兵的性命当儿戏，敌军只要不是一堆死人，那死人就会是张辽自己了！

对于陈兰、梅成来说，躲在天柱山峰顶是绝对安全的，但事情往往就是一到极点必转向，安全感过头了反而成了大害，天险竟成了自己最有效的麻醉剂。

陈兰、梅成连个起码的岗哨都懒得设，全军舒服地在山顶睡起了大头觉，现在成了这种情况：睡着了的人跟死人其实没啥区别，那死的就不会是张辽及他的登山队员了。

死的是陈兰、梅成！这种地方还能来要命的？睡梦中发觉要命的人真上来了，当然也就不知所措，连抵抗意识都没来得及反应到脑袋里，脑袋就被摘走了，其众尽数被俘，张辽一时成了曹军中的"战神"！

曹操亲自为荡寇将军张辽作战役总结报告："登天山，履峻险，以取兰、成，荡寇功也。"自然，重赏是免不了的，张辽之封邑倍增，并荣获假节待遇。

是不是曹操的首次兵出合肥专为平叛而来，最起码表面看是如此。庐江战事方定，十二月，曹操率大军原路回到了谯县。

曹操说，有才的人缺德不要紧

建安十五年（210）的春天到了，丞相掾和洽向曹操发表了一番高明言论："社会上的人才，才德各殊，谁能兼备？俭朴清廉的人自己居家过日子可能是把好手，但治理国家未必过失就少。"

据载，曹操大善其说，致使一贯喜欢别出心裁的曹操发布了惊世骇俗的求才令：

缺德不要紧，咱老曹唯才是举，录用不误！

这曹操犯了哪根神经？从古至今，历朝历代，莫不把德操放在第一位，德智体全面发展，那个"德"字还排在老大呢，此令给曹操的儿孙们做了大孽！

再说了，曹操的话也能信？不知道又在琢磨啥呢，谁要是真相信了他不过问你的廉洁德操，那就说明你确是个无才的痴呆，绝不能用之！

曹操的话，有时得反着理解，那明令上面越说形势大好，那恰恰说明局面不可收拾了；最近老夸战事形势好，那你就等着吧，准有几拨人又进军地下了！

曹操据八州之地，中原贤士辈出，人才济济，还用得着不顾品行招募人才？真如此的话，那人家孔融岂不死得太冤枉了。戏谑之言，也被灭三族，背后肯定有原因！

按朝廷施政之惯例，缺啥的时候绝对大力宣传啥多得成灾了。东汉有些年头到处饿死人，皇帝却是发愁粮食多得吃不了怎么办？一天吃五顿？多喂猪吧！以后来个全民吃肉。

估计曹丞相不缺什么多智少德之才，就手下如荀彧、荀攸、程昱、贾诩、杨修之辈，多了去了，也未尽其用而闲时居多，新秀如果缺德，保证让你一边凉快去！

又想到秦时名将王翦故事：王翦率大军出征，一路不断向秦王致书，求财索赏，左右密友不解，王翦解释："做大王的将军，有功也不一定能被封侯……所以我多求赏赐田产，名为子孙计，实为安秦王之心，这样他就不会疑我造反了。"

这曹丞相发《求贤令》、造铜雀台也是在学习王翦？那可怜的献帝不是蛮横多疑的秦王啊，曹操这是在忽悠谁？莫非真是革命意志消退了？

至于秦将王翦的心理，估计也有，不过绝不是为了忽悠皇帝刘协，应该是为了消除朝野臣民的普遍认识：曹丞相要当皇帝啦？

不管后世的专家大师们怎么赞赏曹操的这一手，笔者还是认定这是曹操一生中为数不多的败笔之一！有些事可暗做不可明喊，曹操没学会后世儿孙们坚决德才兼备选干部的高明策略。

就在曹操为招揽人才不顾脸面的时候，荆州南部的刘备却是军马人才源源不绝的时候。雷绪的主动归附，给刘备一下撑起了部队的数量，荆州的原官吏军民当然不愿接受世仇江东，在刘备与孙权之间，几乎肯定地选择投靠刘备，刘备军力急速膨胀数万，势力大增。

江陵城中的曹仁也快坚持不下去了，后方已经被关羽的水军借汉水地利给断绝一年了，幽灵一样的关羽水军给曹军襄阳等方面对江陵的支援造成了极大的麻烦，虽然《三国志》乐进、文聘、李通等好几个人的传记中都说过救援江陵战败关羽的话，但事实上一年来谁也没有真正地杀到江陵城下，眼睁睁看着曹仁孤军在江陵困守了年余！

《李通传》对此的记载很值得一读："刘备与周瑜围曹仁于江陵，别遣关羽绝北道。通率众击之，下马拔鹿角入围，且战且前，以迎仁军，勇冠诸将。通道得病薨，时年四十二。"

看见了吗？就一个与关羽真拼命的还病死在路上了，其余乐进、文聘这些大将们对关羽的水军是颇有顾忌的，设想一下就明白了：关羽单骑宰颜良那是大家都知道的事，谁自忖能比颜良勇猛多少？再说了，部队硬冲过去，后勤辎重怎么办？前文笔者就说过，在江汉河汉密布地区，不掌握"制水权"，陆上的仗没法打。

消灭关羽的水军？荆州水军大都在赤壁给一焚了之，剩下的全在关羽手里，拿什么去跟水军作战？再说关羽也犯不着与谁拼命，保持住这种骚扰态势就是对江陵战事最大的支持，只要曹军的外围部队没办法解围，那江陵城粮食再多也会有消耗完的一天，拿下江陵只是时间问题。

"相守年余，所杀伤甚众"之后，曹仁虽败犹荣地撤离了江陵，江陵城终于属于周瑜的江东军了，没有光泽的江陵之战也就属于周郎了。

周郎得到了什么呢？大打折扣的南郡太守官帽，因为由于刘备在江陵之战中的参股，抛盘后总得按投资多少分红吧？刘备分得了南郡的江北地区，周瑜实际上只是大半个南郡一半的太守。（一部分还在曹军手里）

就这样也还能忍受，可是不能忍受的事情出现了。那孙权给周瑜派来了一个顶头上司，周瑜做梦也不会想到：竟是那大耳朵刘备！

高层的私下交易下级干瞪眼

人家刘玄德才是真正的又娶媳妇又过年!

今非昔比,鸟枪换炮,再也不是三五个人七八条枪时的刚拉队伍之光景,现在是四大郡的主人,几万人马的司令了!

而柴桑的孙权却前景不看好:与曹操已经有了难解的血仇,身边突然多了这么个枭雄,实力已近乎与自己相当,孙权越琢磨越不是个滋味。

孙权要采取行动了,而且是紧急有效的行动,出动的是家庭中的主力:自己的妹妹!嫁给刘备这老男人,不信如花似玉的小妹拾掇不了你这大耳朵!

这种委身下嫁当然是要刘备出点彩礼的,具体刘备出了多少血本,史书未载,笔者不敢胡编乱造。不过现在私下揣度,那孙权、刘备都是管不着的,待笔者瞎猜:

大家一直对刘备借荆州之公案争执不休,各翻检史书里的那只言片语,以证实是借了,或是没借,或者是借了半个南郡,等等,可是怎么就没人想想:人家孙权的妙龄妹子,嫁给一个刚发迹的老男人,合理吗?那刘备总得出点儿什么吧?哪怕是一句承诺!

为什么孙权后来索要荆州那么理直气壮?那荆州又不是他孙家的,最起码原主人还姓刘,孙权总不能把姓刘的东西再借给姓刘的吧?但是刘备还真承认借过,就是推三阻四地不想还;联系到两人都不好意思摆明当初是怎么借的,这里面大有蹊跷!

可以肯定的是刘备许诺过孙权什么。许过什么？当然是荆州的所有权，要不孙权凭什么索要？啥时候许诺的？笔者估计十有八九就是双方定亲时，这样才好解释为什么会出现这老牛啃了嫩草的不合理现象。

孙权与刘备惯于在幕后做交易是有史书为据的，在这次不光彩的权色交易之前，二人还做成了一笔权权交易：庐江雷绪率部曲数万口投奔刘备后，荆州刺史刘琦病死，刘备部属当然推刘备为荆州牧，孙权给予公开承认，并容刘备于要地油江口筑公安城作为州治；作为回报，刘备也大方地上表推荐孙权行车骑将军，领徐州牧。

需要说明的是一点：孙权毕竟比刘备实在忠厚得多，刘备得到的是个有地盘的实职；而刘备送给孙权的则纯粹是哄着小孩不哭的虚玩意儿——连人家曹操统治的徐州牧都送给孙权了，你去上任吧！

史载：权稍畏之，进妹固好。先主至京见权，绸缪恩纪。

这是《三国志·蜀书·先主传》的一面说辞，孙权能到了怕刘备怕得进献妹妹固结两好的程度？还应该是有便宜可占才不惜亲妹，这便宜应该就是将来的荆州，车骑将军的妹妹也应该值这个价钱。

双方成了当紧亲戚，那就不免要走动一下了，刘备冒险屈身去见孙权，却不是为了走亲戚，而是去履行借地手续，并且要求孙权对自己的荆州牧不光是口头承认，应该着实地让自己以荆州牧的身份都督整个荆州——当然不能包括曹军控制的部分。

周瑜闻知此事，紧急上疏孙权："刘备枭雄，并有关羽、张飞这样的熊虎之将，必然不肯久屈为人下。职部建议把刘备留在东吴，多为他建筑宫室，多给他配备美女、玩物之类，投其所好，娱乐其耳目，将他与关、张二人各置一方！那时假如周瑜与其部下攻战，则大事必定。现在反而猥割土地增强他，这三个人如果都在疆场，恐怕犹如蛟龙得云雨，终非池中物。"

周郎现在已经清楚了刘备的厉害之处，再也没了初见刘备于长江帅船中的傲气，怎么预想也不会预想到，这个不起眼的大耳朵会成为自己的顶头上司？哪怕是名义的！

但现在的孙权已经不能听周瑜的了，曹操还在北方虎视眈眈，赤壁之羞无时不欲雪洗，还是应该大局为重。据史载：孙权以曹操在北方虎视眈眈，正应当广揽英雄，又恐怕刘备留在江东难以卒制，所以没听周瑜的。

高层的幕后交易下属千万别掺和，白费心力。

孙权也不是真拿刘备当妹夫了，这是政治利益组成的一家人，孙权还真像那么回事似的向刘备"泄密"：咱哥俩儿一块去把益州刘璋给收拾了吧，你不去我去，拿下来咱送给妹夫你，那是俺妹子的嫁妆嘛！

对于这类的试探，刘备可称达到了宗师级别，孙权这是在俺左手心里耍大刀了，左手心？关羽呀，关、张左右手也！

刘备当即郑重表态：刘璋再怎么不好也是我的同宗本家，你如真非打他不可，那我刘备只好削发为僧青灯黄卷种菊花去也！

对于周瑜，刘备临行也没忘了替他说句好话。据《江表传》载：刘备告别孙权的时候，孙权乘飞云大船与张昭、秦松、鲁肃等十余人共同追送刘备，大宴饯行叙别。张昭、秦松、鲁肃等躲了出去，孙权独留刘备说了会儿私房话，刘备感叹周瑜："公瑾文武筹略，万中选一的人间英雄，但看其器量广大，恐怕不能久为人臣啊。"

周瑜、刘备相互"吹捧"，二人的目的其实都是一回事：孙权你要小心了！

那么周瑜是真的"不能久为人臣"吗？对了，还有一个人有这种怀疑，那就是曹操：这周瑜就会这么忠于孙权？

那就试试他。曹操密遣九江蒋干往说周瑜。这蒋干以才辩独步于江、淮之间，乃周瑜昔年好友，周瑜出迎好友之后，先堵住了蒋干的说客之口："子翼用心良苦啊，远涉江湖，为曹操来做说客啦？"

接着陪蒋干遍观军营，行视仓库、军资、器仗不算，还于饮宴之时让侍者展出服饰珍玩之物。最后对蒋干摊明："大丈夫处世，能遇到知己之主，外托君臣之义，内结骨肉之恩，言听计从，祸福与共，假使苏秦、张仪一块儿来了，能动摇他的意志吗？"

蒋干只好苦笑，终无所言。回去后告诉曹操："周瑜雅量高致，不是言辞所能离间的！"

这句话过了！周瑜对孙权无二是真，雅量高致却未必，马上又一个馊主意献到了孙权面前：要亲自带兵攻打益州、收服汉中。这周郎简直就像梦中人！

曹操说，俺决不当皇帝

赤壁之战留下的后遗症格外麻烦！益州已经表示公开为敌；

刘备得江南据南郡；孙权不断捣乱于江淮；雷绪、陈兰、梅成等先后公开叛乱——虽然都被成功镇压，但现在太原商曜又叛乱于大陵，国家几乎如同森林火灾，扑了东边，西边又燃，眼看就要烽烟四起！

这还都是皮疥之疾，没发现的隐患才是真正的大患！凉州、雍州的马超、韩遂反迹渐露！

饭总要一口一口地吃，隐患能隐一天不妨就让它多隐一天，目前要文武两手抓，先说武的：太原平叛。

挂帅平叛的是夏侯渊。这夏侯渊在以前的战事中大都负责些督促军粮供应之类的后勤事务，只是在赤壁战后讨伐庐江叛者雷绪时才首次独任一路统帅，虽然战果令人惋惜，但毕竟是胜了。

这次都督徐晃等诸将围攻太原，夏侯渊决心露上两手，结果两手露得都挺漂亮：亲自上阵，依仗自己正当壮年，不畏战场血腥，驱兵直下二十余屯，阵斩叛军主帅商曜；第二手最让曹操欣赏：尽屠其城！看来夏侯渊大有魏武之风。

从此曹操便有了这种印象：这夏侯渊也是个大将之才，看来以前有些委屈他，今后要如同使用曹仁、夏侯惇般使用他了。

等到后来经实践证明这夏侯渊略有不足时，已经送掉了这夏侯将军的性命，那时曹操方悟：夏侯渊在战场上指挥不如大耳刘备，捣鬼不如小人法正，勇猛不如老头黄忠。

看来要真正了解一个人太难了，非要在他盖棺之后方才能给予定论——有时候盖了棺都未必能定论，例如太祖曹操。

时年五十六岁的曹操偏有一样好处：极懂得劳逸结合，苦中不忘求乐，忙里专会偷闲。就在这国家多事之秋，政务繁忙之时，战事频繁之年，曹操的铜雀台动工了。

这是个地道的个人安乐窝，曹操开始向汉灵帝看齐了？不能光看表面现象，曹操公开表示自己从今只对美女感兴趣！其实大有深意。

曹操于建安十五年（210）末发布了著名的十二月己亥令。

这曹操要给自己做未盖棺的定论了？

曹操在文中几乎不厌其详地回顾了自己的前半生，简直有点向天下人诉冤抱屈的意味，这不大像阿瞒的性格呀！

抱屈之后，不免摆功，在历数败在自己手下的诸豪强之后，曹操给自己总结："设使国家无有孤，不知当几人称帝，几人称王。"——曹操快点到己亥令的主题了：我不想当皇帝！

"身为宰相，人臣之贵已极，意望已过矣。"

让天下人给评评理：那么多想当皇帝的，我曹操都把他们给灭了，现在老曹又公开声明：当上宰相就心满意足了，决不篡位当皇帝！封邑实惠吧？咱又主动辞去了两万户，大权不愿旁落那是既为国家不乱又为个人保命——咱老曹还不算是千古忠臣？

年轻时那个叫许劭许子将的人说过评语，曹操一直念念不忘："子治世之能臣，乱世之奸雄。"现在咱把乱世给拼杀成治世了，最起码该是位能臣了吧？

可惜这个世界有一个铁的定律：凡是自己成天把"忠"字挂在嘴上的人，老百姓大多是给予反面定论的！

看来曹操想自己摘这顶"奸雄"帽子难于上青天！

为什么曹操突然在乎起身后名声来啦？

不是为的身后，是现实形势起了变化，曹操开始认识到了政治第一的绝对真理，要在自己活着的时候先立一座"贞节牌坊"。

建了那么大一个工程，费了那么多口舌，曹操就是为了向天下表态：我曹操对做皇帝没兴趣！那顶篡位的帽子扣不到老曹头上来！

再现实点儿，就是为了安定内部，因为外部马上就要出大事了！

外部有两件大事，一件马上就要爆发，一件已经传到了邺城。对于曹操来说，即将爆发的事当然是件绝大的坏事：西凉马超暴动在即；但已经发生的这件事却无疑是件绝大的好事：江东周瑜突然病故！

周瑜实在难以忍受屈身于刘备之下，名义上也不行！周郎丢不起那个脸。所以亲自面见孙权，要求带兵西进，兵出益州，收川后趁势囊括汉中，然后结交西凉马超，由西而东下长安；江东这边席卷江淮，威逼许都、邺城，东西对进，一举收天下！

对这种近似说梦话的行动方略，孙权竟然表示同意支持！笔者实在怀疑：孙权莫不是想等着看公瑾的笑话？须知道，此建议根本不具有任何可行性，兵伐益州基本等于自杀行为！

细节不说，就两条：其一，那曹操手握八州之地，就等着你将来东西对进？其二，能否大军入川，现在是刘备说了算，水陆要道现在都控制在刘备手里呀，刘备筑城油江口是干吗来啦？

长途远征，辎重怎么保证？你周瑜大军西进远了，刘备把后路一堵，周瑜全军喝西南风去？实际上，不收拾掉刘备，江东军哪儿也去不成。

在孙权同意刘备总督荆州并借南郡地一块给刘备驻军养病时，

曹操闻此信息，大惊失色，手中毛笔落地而不知，可见刘备哪里是什么善茬？

可绝世聪明的周郎却不理睬这些，回到江陵马上整军出发，大军已到巴丘，周瑜突发疾病身亡。说实话，笔者认为这是周郎牺牲了自己一人救了全军，不然江东军得多少将士陪他送命！

周瑜突然辞世，给孙权带来的是无比悲哀，给曹操带来的是一方暂安，给刘备带来的却是另一个机遇：独霸南郡！西方益州的大门对刘备敞开了！

新郎刘玄德的新对手

刘备把他的新夫人安置在了他新筑的江防城公安，蜜月当然也是在这油江口度过的。

新娘的名字史书未载，京戏、评词、演义里便给她起了个极俗的名字：孙尚香。有野史载名叫孙仁，然而据正史记载，孙仁是孙坚庶子孙朗的别名，一家人不可能起重字号，所以刘备新夫人的名字就成了永不可解开的谜团。

其实，百年前的中国女子一般都是没有名字的，姓后面加个氏，就是女人的名字，出嫁后前面还要加上丈夫的姓氏，什么孙王氏、刘孙氏的名字就出现了，那刘备的新娘准确地说，就应该叫刘孙氏。

新娘的年龄史也未载，但从哥哥孙权不到三十来看，应该是在二十出头；相貌如何？史书更未提，但其兄长孙策容颜姿美是史有确载的，小妹国色天香应该是毫无疑问的；性格？史书说了：才捷刚猛，有诸兄之风！

史书虽是褒词，但笔者却推断：坏了！对做妻子这个终身职业来说，这可不是什么优秀天分，老刘有苦头吃了！

事实也是如此，新娘子"身边侍婢百余人，皆亲自执刀侍立，刘备每入，心内常觉凛然惊惧"。

刘备有多少军国大事？这不，周瑜暴亡，大势突变，刘备的机遇又来临了，这次换了个熟悉的新对手。

接替周瑜职务的是鲁肃，此人谋略超群，眼光绝非那周郎可比，督兵江陵，对刘备来说利弊各半：鲁肃顾大局，容易据理沟通；鲁肃长谋略，接触之间真要占便宜极难！

有时你认为他让步了，得意不多久，你突然发现，自己被他利用了。之前让你占的小便宜不过是他抛出的诱饵，是他在付工资让你给他打工呢。

关于答复刘备实际都督荆州的事就是鲁肃一力促成的。

孙权对鲁肃的信任非同一般，早在赤壁之战刚刚结束，鲁肃先回柴桑，孙权竟集结在京所有文臣武将迎接鲁肃，鲁肃入阁参拜孙权，孙权起立回礼！孙权当场说与鲁肃——其实是说给一干投降派听——"子敬，孤持鞍下马相迎，足以显卿未？"（《三国志·吴书·鲁肃传》）

鲁肃竟答："未也！"

众人闻之，无不愕然。

就座之后，鲁肃方徐徐举鞭而言："愿至尊威德加乎四海。总括九州，克成帝业，更以安车软轮征肃，始当显耳。"权抚掌欢笑。

（《三国志·吴书·鲁肃传》）预祝孙权当皇帝，这孙权能不笑吗？

现在最让鲁肃头疼的就是江陵！

此地虽关紧要，但其重要性主要体现在西进益州、北攻襄阳方面，但这两项战略行动却都是务实的鲁肃不愿采取的，江东暂时没有那个力量！就是现在守住江陵，对江东也是个绝大的负担。

曹操已有苗头，找江东的麻烦在江淮合肥方向，江东不得不全力与之角逐于东线江淮，西面的江陵却面临襄阳曹仁巨大的压力，就是确保均势，也是不易，庞大的后勤供应需要从江东溯江逆运。

军粮就近由荆州江南四郡供应，当然是最合理的，可是那地盘在刘备手里呀，现在是这种状况：江东军在江陵前线替刘备苦战曹军，刘备在后方积极发展巩固自己的势力，这怎么能行？

经鲁肃向孙权细谈战势，孙权同意了由刘备军接防南郡，但是也没忘了注明：暂时！要还的。这大概就是借荆州的来由吧。

刘备现在兵多粮足地盘增，关羽率军向襄阳步步蚕食，刘备集结主力虎视西方益州，出兵益州，实践孔明《隆中对》第二步的时机成熟了！

就像一伙强盗，正谋划好了到一家富户抢劫，谁知道，那家的主人竟上门相请来了！

这是曹操的功劳，事情是由于曹操对西凉开战引起的。

曹操欲重会西凉铁骑

对于西凉铁骑的恐怖，曹操一直记忆犹新，昔日荥阳汴水之役给他的印象太深刻了，那雪亮的马刀在曹操的眼前一直晃动了几十年！

董卓得势时，西凉的原装将领马腾、韩遂等人与董卓尿不到一把壶里，便持兵观望于凉州；李傕、郭汜主持中央工作时二人曾想合兵宰了这两个浑蛋，结果竟被赶出了长安地区，两人便退守下陇，割据关西，在凉州做起了土皇帝。

其实韩遂与马腾也不是什么可以拴在一个槽上的叫驴，对于相互挤占点对方的地盘都相当感兴趣，而且还都有寸土不让的血性，所以之间也就不可避免地要比比谁的刀子更利了，双方大战不见，小战不断，都把宰掉几个对方士兵当成了例行军事演习。当地的老百姓却是倒了大霉，是"保皇派"还是"造反派"你总得表个态，一旦答错脑袋就会没了，这里没有"逍遥派"，不表态两边都揍你！

曹操在河北与袁氏打冤家之时，最担心的就是这两个西部军方代表乘机为乱，这也是大军区司令级别的军头，没奈何，来个对调吧，可惜这西路军不大听领袖的招呼，曹操只得采取历代执政者用滥的老办法：上调中央，升官许愿。

建安七年（202），曹操代表朝廷拜马腾为征南将军，韩遂为征西将军，并允许二人各自独立开府办公，又征调另一名凉州将领段煨为大鸿胪，这样凉、雍二州也算稳定了几年。这手儿挺绝：征南将军该征的地方为荆州、江东；征西将军你要先打下汉中、益州来呀，你们应该先干好你们的本职工作，兼职捣乱的事情就少做点儿吧。

段煨被九卿之一的高位给打动了，就任后病卒于任上。曹操又复征马腾为卫尉，封槐里侯。马腾正与韩遂厮打得腻了，大概觉得还是在中央干有发展前途，于是便应召到任，那马腾就这么大胆？敢只身入虎穴到京城许都做官？不要紧，有武装力量做后盾，谅曹操不敢把俺怎么样的。

马腾留的后手就是让儿子马超率领其部属军马，继续割据西凉，这叫和谈是为了战争，战争是为了和平，是战是和就看你曹操的态度了。

这马腾的儿子马超却是值得一书：马超，字孟起，右扶风茂陵人。自幼随父亲厮混于军营马背，生得唇红齿白，猿臂羚腰，天生力大无比，更兼身手敏捷，拉得硬弓，骑得烈马，活脱脱一个吕布翻版！

马超曾随钟繇征讨郭援、高干于平阳，其部将庞德于阵前怒斩郭援首级，马超凭军功被封为偏将军，封都亭侯；马超的"粉丝"遍羌胡，在军中又极得将士爱戴，以至就如韩遂这样与马腾不和的对手，偏与马超关系不错，如杨秋、李堪、成宜等西凉将领自然对马超极为信服，一时马超隐隐然成了西凉军人的领袖。

曹操赤壁战败，马超不甘于偏远的凉州，联合韩遂，势力渐侵关中地区，其部队主力已遍布长安至潼关沿途，西凉军马，个大腿长，士兵偏又惯习长矛大枪，关中曹军见之无不退避三舍，没人敢轻易掠马超长矛铁骑的虎须。

这却怪不得军前的将士，是曹操经常嘱咐他们："关西兵精悍，坚壁勿与战。"这直接造成了曹军中流行起了"恐马症"，都传说马超军的长矛阵无坚不摧！重甲难防，厚城墙也能戳成烂泥！那西凉马匹匹堪比赤兔，临阵想逃都没门，还是及早远避，莫要招惹为上。

可是马超的西凉军并不因为曹军的退避就心满意足了，而是你退一步，我进一步，步步进逼，一直压到了潼关，这里离曹操的老巢许都已经不远了，曹操必须有所动作了。

曹操大军被迫西向，却也不好公开拿马超、韩遂等西凉军作为大敌，毕竟能不翻脸还是不翻脸的好。建安十六年（211）三月，曹操令钟繇率军先出河西，声称讨伐汉中张鲁，继而遣夏侯渊、徐晃等出河东西向，声言与钟繇军会合于陇上，实际是欲以兵威震慑马超，盼其知难而退，维持暂时的和平。

毕竟还有一个马超的老爸马腾在许都，这简直就是绝佳的人质，你马超不能拿亲爹的老命当儿戏吧。如西凉军不主动退避怎么办？那就只有开打了，正好施假途灭虢之计，打你个冷不防，报咱二十年前的汴水血仇！

这马超却是乖巧得很，哪会轻易地被曹操给忽悠住？你南下汉中的口号喊得再响也没有用处，这十几万大军组成的牛刀绝不会是去杀张鲁这只温鸡，这是对着我们的西凉马来的，防患于未然，你不好意思撕破脸，咱先替你戳透窗户纸吧，要打咱就堂堂正正地开战！

那老爹马腾的性命怎么办？这谁都明白：老头的生命决定于前方战场的态势，你们打得越狠，老头子越安全。这时候马超却没想：一旦败了怎么办？那曹操可不是什么善男信女，会毫不犹豫地撕票的！

马超与韩遂、杨秋、李堪、成宜等宣布反曹救驾了，西凉军驻马潼关，虎视中原，并州、河洛一时人心惶惶；汉中张鲁闻知

曹操大军来犯，也集结兵力东越秦岭，为马超助势扬威，谁让你
曹操先喊着来打俺张天师呢。

　　一切并没有超出曹丞相的预计，该反的总是要反的！正值南
方前线周瑜病故于巴丘，襄阳正面已无强敌，曹操便调回了勇将
曹仁，命其率军西进，迎向了潼关，就要与西凉军再见高下了！

没料到西凉马还是那么快

　　曹仁率本部军马开向潼关。

　　临行向曹操请示作战方略，曹操仅回答两个字：避战。

　　曹仁有点儿迷惑，但又不好再问，只是心里忐忑：避战就能
把西凉军避败吗？

　　曹仁却也早就领教过西凉铁骑的厉害，既然曹操嘱咐避战，
那当然也提不起主动招惹马超的热情，不过曹仁随曹操征战多年，
内心早已肯定曹操后面一定有动作，自己的任务就是为了掩护那
个不知道的动作。

　　全面解决西部军事问题，这就是曹操的根本目的。

　　为达到这个目的，那就不能只盯着潼关，就算在潼关前线能
把马超击败、击走，甚至击溃，对整个凉、雍二州的安定能有多
少助益？西部若想长治久安，前提唯有一个：消灭马超，全歼西
凉兵！

　　这时的曹操有点儿一厢情愿，先不说消灭马超谈何容易，那
西凉兵又哪里是能全歼的？当时的西凉军头遍地，千把兵即一个

独立旗号，占一块地盘，相当于一个独立小王国，能分而破之，就算不错了。

但曹操历来相信事在人为，西凉人一贯精于战场拼杀，而弱于战略取势，只要把握住战局大势，破彼军不难，全歼也并非妄想。

在曹仁军抵潼关的同时，曹操的第二项战略行动开始秘密进行了：徐晃、朱灵等部晓宿夜行，从北路潜向了潼关西凉军的侧背，行动目的：渡蒲阪津，据河西为营，随时切断西凉军与老巢凉州的联系。

马超此时却是顾明不顾暗，击强不睬弱，集结所有主力，瞄向了隔关相持的曹仁，潼关前线战势明朗：只要马超出动，则曹仁部队全军必危，几乎没有一点儿抵抗的资格。

此种情形身处前线的曹仁当然体会深刻，而于后方统揽全局的曹操也更是明了：曹仁部急需增援！

建安十六年（211）七月，曹操亲率大军，开往潼关，此行必要一举定关中、收河西，平定中国西方！

大军远征，不会同时抵达，总要有支先头部队吧？曹军的先头部队到了，领军何人？曹操本人是也！

这是曹操作战的老习惯，主帅亲临前敌，将士们作战怎会不尽全力？潼关在望，曹军的第一件事便是抢渡黄河的支流济河，能立营于河北，才有决战的机会，至于胜败，曹操还没到盘算那个的时候。

曹操行兵，历来看重兵贵神速，自己率先头部队抵达南岸之后，片刻没有停留，即开始了抢渡。若等到后续主力抵达，那马超当然也会于对岸阻渡，如此一来，就连在北岸占据一块滩头阵地也将不易，总不能是带着十几万大军到了潼关，是来与马超隔河相持吧？

首批渡船过去了，回舟已到南岸，说对岸并无西凉军的防守阵地，前锋安全抢滩登陆。曹操判断：这是马超还没有反应过来，此时过河筑营，正是时机！谁说西凉军的马快？两军主帅的脑子哪个反应快，才是真正的快。

看来这马超毕竟久居西凉荒地，对战场指挥绝非久经战阵的曹某对手，来啊，随俺闲庭信步渡河去也！一切顺利，曹操所率先头部队已经陆续登陆对岸，现在该曹操与众"虎士"上船了。

正要登舟之际，对岸突然喊杀骤起，无数的西凉铁骑就像从地下冒出来的，烟尘腾起，无边无沿，长矛雪亮，闪烁入目，已渡过河的部队眼见得成了待宰的羔羊，曹操心里阵阵抽动起来！

是急放空船过去，能接回多少是多少？还是亲率"虎士"增援？不过马上的增援是否会成为对马超添酒加菜，让西凉军吃得更加痛快淋漓？放空船过河，能在激战中撤下多少残兵？难道就眼睁睁看着这数千战士被杀戮绝尽？曹操一时不能定夺，可犹豫也不是办法，那对岸的西凉兵是不会勒马收刀等待曹丞相思考周全的。

其实就是曹操想犹豫也没有时间了，对岸的部队已经不算什么值得关注的大事了，那早就忌惮的马超露面了，却不是出现在河对岸的战场，而是可怕地出现在了曹操的背后！

看来马超脑细胞的活动一点儿也不比曹操慢，提前就渡过济河等着曹操呢！

只见马超一杆雪亮的铁枪前导，背后是一片耀眼的长矛大军，那西凉军马状如狂狮，风驰电掣，片刻已到眼前，随着雨点般的骑弩飞来，猝不及防的"虎士"也一下混乱了，曹操在这一瞬间仿佛又回到了当年汴水前线，曹洪何在？

这一刻却无救命的曹洪在身边，但身边的几位不管从哪方面来说都强于曹洪：张郃、许褚等将领急劝曹操下船，暂避马超锋锐。而曹操却怎肯临阵退却？

曹操强使自己镇定如常，索性端坐于一军械箱上，欲待指挥"虎士"们紧急结阵固守，以待自己的主力能及时赶来创造奇迹。首战对双方士气关系极大，曹操不想就这么轻易放弃了。

军令还不及发出，那马超的长矛铁骑却如同一道激流直冲曹操而来，曹军的外围亲卫竟像一堵沙墙，遇此激流冲刷，纷纷溃散，只一愣神的工夫，马超已经率军扑到了曹操近前，曹操身边的"虎士"已经慌乱地开始了殊死抵抗，怎奈无人是那马超的对手，交手之间，纷纷中枪落马，虽然前仆后继，却只能略缓马超的前扑速度而已。眼见得曹操本人即将成为马超的猎物了！

许褚一看势态不对，一把扯过曹操，强拉到背上，跳到河边的一艘船中；张郃率剩余"虎士"竭力阻挡马超的突击，死战不退——曹丞相，你快开船啊！

谁知那曹操的座舟竟如同被施了魔法一般，任凭桨手使出了吃奶的气力，固执地粘在近岸纹丝不动，莫非有水鬼拖住不成？

许褚虽然心中火燎一般，却也未失去理智，登时醒悟：是舟小人多，轻舟搁浅！可是眼见更多的士兵挤上小舟，重压之下，舟身渐偏，别说借舟逃命了，这情形只要再需片刻，所有乘客都不免被反扣于河中！

　　许褚情急之下，哪里还顾得上战友兄弟？怒拔长剑，砍向了刚才还在并肩血战的战友，尤其是那些还未能挤上小舟的攀船者，几剑扫过，船舷如同涂了一遍血红的油漆，粘着些指头、断手，惨呼声中，小舟浮起，总算离开河岸了！

　　岸上张郃身边已经没有了任何步卒骑兵，早已被马超的万余步骑长矛给捅了个七零八落，死伤无数，张郃舍命冲向乱军，幸喜小舟中的曹操已被马超发现，一声长呼："曹贼！哪里走?"引得八方响应，众军的注意力全都集中到了河面之上，张郃幸免于难，冲出了重围。

　　但河中曹操的情形却顿时危急，随着岸上马超的枪尖挥动，瓢泼大雨淋向了曹操的小舟，那雨点便是由箭矢骑弩所组成的！

　　河面不宽，尽在西凉军弓弩射程之内，箭雨中小舟上已无其他乘客，就连操舟的桨手也成了刺猬一般，相继殒命落水。唯有许褚，因及时抢过了一具马鞍，护住了自己与伏在舟中的曹操，那小舟却是失去了控制与动力，在河中打起旋来。

　　好一个"虎痴"许褚，一只手举马鞍遮挡住箭矢，一只手操桨拨水，一只小腿弯却夹住了舵杆，那小舟终于又顺流前行了。只是岸上的马超却不依不饶，率军沿岸追射，这许褚的单人驾驶双人舟，又怎能快得过西凉快马？

　　现在许褚最盼望的就是下游前方能出现一道河汊什么的，这是救命的唯一希望。

艰难的渡河之战

"天不灭曹"这句俗语又应验了。

许褚手中的马鞍的防箭效果竟然优于任何坚固盾牌，二人毫发未伤地顺流直下，一道南流的河汊挡住了马超部队的穷追猛射，只能用无效的乱箭送曹操、许褚的轻舟东去，马超功亏一篑，没能初战宰曹操。

曹军主力陆续赶了上来，马超大军已按部就班地退回到了济河北岸，曹军将士寻战不得，寻主帅曹操却也不见，都知道前锋已全军尽没，莫非曹操也一同"壮烈殉国"？诸将领心中不禁惶恐！

曹军几乎全军出动，沿河寻找曹操，活要见人、死要见尸呀！直到天色已晚残月初上之时，大家才惊喜望外地看到了被许褚搀扶着的曹操，诸将情绪激动，心中似有万语千言，却又不知从何说起，一个个热泪盈眶。

曹操举止潇洒，神色欢愉，爽朗大笑："今日几乎被马超这小贼给算计了！"

夜间军帐之中，曹操召集诸将商讨明日的战事，诸将士言语之间对马超的长矛军阵颇有畏惧，那玩意儿杆长锋利，绝非曹军配备的大枪马刀所能抵挡，与西凉铁骑作战，大伙总有些说不出口的尴尬心思。

诸将几乎异口同声："关西兵马大势强，又惯习长矛，除非精选前锋，否则无法对付他们！"

　　曹操回答诸将显得满不在乎，语气确凿地断言："战争的主动权在我们这边，并非在马超手里。贼军虽熟悉长矛，我将使他刺在空地里，怎么，不信？那大家就睁大眼睛等着看好戏吧！"

　　第二天的好戏开锣了，还是那一件未完成的事业：渡河，在济河对岸找到立足点。

　　这次马超还是沿用昨天的老战法，以逸待劳地等着曹军登陆，曹军有限的船只一次载不了多少部队，只要空船刚回头，西凉军便开始了屠宰行动，野战工事也决不让你构筑。对第二批渡河部队也决不阻挡你登陆，不过一般都是在上批曹军被杀戮一尽时，下批才能及时地送到西凉军的长矛面前——这是地道的"添油战术"，让马超慢条斯理地分批宰杀自己的部队！

　　仗哪能这样打？诸将领的脑筋就是被洗换得再彻底也不禁疑虑了，一个个偷眼向曹操望去，曹操不动声色，依旧把手一挥：继续强渡！——整一个测试西凉军的长矛能穿多少曹军士兵的架势！是与马超比试谁的心肠硬些？

　　曹军的前锋俱是精锐，士兵们几乎没有一个是胆小怕死的窝囊废，可是西凉兵实在是太彪悍了！又兼那马超几乎便是一个吕布再生，铁枪之前，根本没有能与之拼上几个回合的对手，一批批的精锐战士就这样被渡舟送到了马超面前，供其练枪，供西凉军的长矛乱捅！

　　曹操面色安详，其实心中如沸，虽然明知这种渡河攻击笨拙而可怜，几乎就是用自己士兵的生命来对西凉军实施疲劳战术，但却还不能轻易停止，停止就是承认失败，对士气影响甚大，一且攻势不再，那就是与马超形成了隔河相持，曹军长途远征，怎能耗得起？

战势太简单了，简单到了任何兵法谋略都用不上的地步，一道不宽的济河，已近乎曹军士兵的奈河无桥黄泉路，可是曹操别无良策，却只能狠下心肠将一批批忠勇的士兵驱向死亡，有斗争就会有牺牲，死人的事是经常发生的，再过去一批，让鲜血来寄托我们的哀思！

现在的战局成了这种样子：对面的西凉军也在轮换作战，歇足了力气便上去过一把杀人瘾，曹军如同去上供的大小三牲，依次被摆上西凉军的餐桌，这是要把马超胀死撑坏？

曹操也好，曹军将领也罢，包括曹军士兵，心里就盼一样：天降奇迹！或者马超心软退军。

这奇迹还就真的出现了！

西凉军的侧背，突然出现了数不清的牛、马、羊群，这是来与曹军争抢上供桌的资格来啦？

对以鲜肉为主食的西凉士兵们来说，活脱脱的牛羊显然比杀戮活人更具有诱惑力，西凉兵向来有劫掠归己的优良传统，面对美味与曹兵，还是晚上的烤全羊的味道更使人向往，于是不待马超传令，齐奔大餐而去！

曹操见状不由得激动，紧急向撤防的对岸连送了两批弓弩兵，曹操本人与诸将也随同长枪兵渡过了济河，并且在弓弩的掩护下紧急施工，硬是在马超强驱回西凉士兵前构筑了防守工事，随着运到的木段车仗紧急架设，一座背水的简易营寨建立起来了，曹军有了一方供全军渡河的滩头阵地。

　　马超见已经不可能再对渡过河的曹军肆意杀戮，又不愿意作伤亡极大的攻坚作战，只好结束阻渡战事，兵退数里扎寨，那就把希望寄托于明天吧！

　　这些救命的牛、马、羊群可不是从天上掉下来的，是校尉丁斐凑巧从北方来给曹操送军资，于对岸不远发现了战势不对劲，果断地放出了所驱赶的牛、马、羊群，又恰碰到西凉军嘴馋贪吃，丁斐得以建此饵贼大功。

　　马超却并没有什么遗憾、后悔的感觉，宰曹操，没有今天还有明天，一口哪能吃掉个肥曹操？明天，彪悍的西凉铁骑与背水一战的曹军，将在野战中见高低！真刀实枪之下，方见得英雄本色。

　　且慢！能否给曹操一个出其不意的"斩首行动"？如能创造个机会，于方寸之间纵马生擒曹操，那能省却多少将士的气力？对，给他设个非钻不可的圈套，让曹操自己把脑袋伸进来！

　　一封战场谈判邀请函送到了曹操面前：马超要求与曹操单独于两军阵中间线会面，商谈罢兵归顺事项，条件是：各家只准带领一名记录的随从，只要条件谈妥，马超永远忠于中央政府，承认今后全中国只有一个政府矣！只是不知曹丞相有这个胆量与和平的诚意否？

　　曹操冷笑：马儿也太小瞧我曹某了！于是他不顾将士、谋臣集体反对，当即回复：一切如约，明日战场中央，双骑弃军会将军！

马超 PK 曹操的生死对决

大西北的天气谁也捉摸不透，尤其是初秋季节，中午时分太阳毒辣，能把铁甲烤成热铁鏊；而清晨、黄昏却又令人感觉春暖花开一般；深夜一阵北风袭来，却能让你如至严冬，裹上棉被兴许还打哆嗦。

曹操与马超的单独会面选择的是中午时分，曹操身披重甲，外罩长袍，却是没有顾及天气炎热。这下曹操如同进入了一只封闭式烤箱，骑在战马之上，还未行至两军阵中间位置，浑身即如水洗，白色蒸汽从领口、盔下袅袅而起。远处的士兵不能觉察，但越来越近的马超却是看了个一清二楚，心内不禁失笑：怕死鬼！哪个欲要你性命？

马超不会要个死曹操的，自己的父亲现还在曹操的控制之下，不活捉曹操，便换不得父亲马腾万安。马超的打算是：等与曹操近得马头相交，自己一个前突，伸手活擒曹操于马上，这场战事到此也就算胜利结束了。

现在看到曹操把自己包裹得如同一具俑人出土，心中的嘲笑不禁显露到了脸上，讥讽之词才欲出口，却隐隐感到一股无名杀气逼来。马超不由得内心一紧，举目向曹操身后望去，只觉得两道寒光如锥，马超顿时心中一凛：这曹操的随从绝非凡品！

曹操的身后乃是"虎痴"许褚，这许褚此时却身不着片甲，一件普通箭袍半敞着前怀，直露出黑乎乎一片寸长的胸毛，满脸横肉棱角分明，简直好像铁铸铜雕，那一对圆眼却好似另外嵌镶上去的，连眼角都忘了给描上，这就是那杀气的来源，两道寒光的发射点！

双方已经马头相抵，各自勒住坐骑，拱手对话，这马超与曹操虽搏命于沙场，但若从父亲马腾那儿叙起，却是属子侄辈分，便首先礼貌问候："曹公别来无恙？"

这分明是不承认曹操的汉朝丞相的身份。

曹操又哪里会在乎这些口词小节，额手回礼："得见小将军不易，数载不见，又长高了许多。"

这分明是大人见到顽皮之小孩子的口气。

论说现在应该是由马超提出归顺朝廷的具体条件，由曹操逐条答复或反驳，但现在马超几乎全部的注意力都集中在了曹操身后的许褚身上，竟然一时无语，双方是到战场中间晒太阳来啦？

这种晒太阳却是实质上给曹操上刑，那曹操遍身如煮，又怎会有闲情逸趣话家常？强忍住被烘烤的阵阵头晕目眩，近乎在催促马超："小将军有话不妨直言，只要不明违朝廷法令，曹某当尽可能依从小将军。"

哪知马超根本没有任何与曹操谈判的打算，要按原先预计，此刻曹操应该被擒于马上，自己的部队应该发起了掩护突击！可是如今突然发觉了一个可怕的对手就在咫尺，马超不禁犹豫了。

所以对曹操的语言，马超几乎听不到曹操在说些什么，只是本能地答话，却是答非所问："听说你有名部下，人称'虎侯'，此人现在哪里？"

嘴里问着，心里其实早就思忖：这家伙就是传说中的名字中带虎之生猛勇士？如此时突擒曹操，这小子焉会坐视？近身厮打拼搏，一力降十巧，凶险倒还在其次，与这混家伙撕扯乱打却是一件极丢身份的事情。

任何人也不会估计到：曹操此时已经近乎中暑昏厥，口不能言，唯有以手额顾盼许褚，意为：此即你所说"虎侯"。——不谈就赶快各走各的吧，莫非今天要丧命于这烈日之下？

马超骤惊之下，动手与否犹豫不定，却没有动其他的歪心思，例如：临时编造几个所谓条件，多扯儿会曹丞相的丰功伟绩，汇报一下关中、关西的风土人情之类，假如热情地拖上曹操一个时辰，那曹操非得给蒸熟在当场不可！

马超惊惧之际，暗下决心，却不由得把心里的语言说出了口："三日后我们双方于此地列阵交兵，一决生死！"

曹操闻听此言，如逢大赦，忙不迭一声："告辞！"

回马之时，强作悠闲自信，实是恨不得战马飞回自己军中，心中不由得暗自发狠："这种不注意天气的疏忽，再不犯第三次了！"——那次是在乌林水寨，差点被黄盖给火葬；这次是在济水，再拖就要被热毙了！

马超目送曹操与许褚背影，心中断定：这"虎侯"必是三日后决战之劲敌！曹操啊，又让你多活了三天！

对所约三日后的决战，曹操、马超都开始了心中的谋划，兵不厌诈这句话没有人不懂得，可是要将其运用到实战之中，却又是另一回事了，有时候战神照顾的却不是谋略的高手，实实在在地按黑旋风李逵的战法"一对大板斧排头砍将去"反倒成了最高明的战术。指挥作战，从没有固定的格式，也不会有什么必胜的方略。

曹操与马超，善使诈的是谁？实在的是哪个？胜负的关键在何处？现在都不好说，曹操驾驭战场，是公认的大师级别；而马超则可称战场奇才，仿佛天生就是为了打仗而来的。二人可谓将遇良才，难分明显的高下。

胜负的关键处回到了一句话：兵员素质与兵员数量。西凉兵战力明显高于曹军，数量则少于曹军近半。双方又是各有所长，互有软肋，难分利弊。

事情有些不妙，即将开始的战事又开始不公平了：没待三日，曹军的数量优势已经不再，据曹军探马急报：那马超军数量骤增不已，西凉各部兵员源源不断开来，马超军几乎得到了成倍的增援与加强！

这下战局的天平一下倾斜了。

鸡多不下蛋，人多瞎胡乱

曹操用兵惯于战场使诈，那是全国闻名的，了解曹操的马超对此不得不防，对于陆续到达的西凉诸部援兵，马超不会将他们作为主力使用，尽数派往左右两侧担任警戒及掩护任务，也算人尽其才吧。

针对曹操习惯于迂回纵深，专欺负辎重兵的战法，马超请韩遂部驻防老营，如曹操遣兵潜至，马超部即分军回击，与韩遂部合歼曹军；估计曹军只能采取四面骚扰一面突破的战法，那么马超准备采取分兵相拒、诱敌深入，然后分割围歼的战术准备就应该是合理的，只不知那初战失利的曹操有那份胆量前来突破中军吗？

只要曹操敢来，马超便会愉快地实施与韩遂商议好的方略：将曹军放至韩遂的后营寨前，到时韩遂军以生力军对曹操疲军迎头痛击，马超部封锁其退路，再加上杨秋、李堪、成宜各部同时参与围歼，大胜曹兵当在情理之中。

对于西凉兵骤增的消息，曹操与诸将反应正好相反：逐渐兴奋起来，有点儿敌人太少，多多益善的味道。诸将领与谋士们虽然不解，但信心却不会受到曹操感染。与士兵们不同，高级将领及谋士是不会被曹操的表面神色给忽悠住的——丞相这是在强迫自己相信必胜？

及至制订作战方案，将军们更是傻眼了！曹操弃用了参谋班子的"八路疑兵分敌势，一彪铁骑隔马韩，主力出动劫辎重，少量刀牌拖马超"的集体意见，独断专行地决定：不用费那么多心力，集兵一处，不断攻击就是！

决战日到了，马超率本部长矛铁骑列阵迎击曹操，按马超的预计：曹操的主力必然在向后方迂回，两侧的骚扰疑兵不需多加关注，只要将正面的曹军诱向纵深，此战即胜券在握也！

开战了！马超突然觉得不大对劲：这对面的曹操摆了个奇怪的阵势，几乎看不到曹军的骑兵，但阵势却大得出乎意料，正面极宽，竟像欲全面包围西凉军一般；纵深无法一眼洞穿，无边无沿，阵中的战鼓敲击得极具节奏，像是在演奏进行曲一般，曹操这是想干吗？

　　不用多费心思了，因为已经开始了接触战，马超立时悟到了曹操的战法：乌龟加刺猬的战术！

　　前敌几乎全是由弓弩兵组成，马超的长矛军扑上去便落得个自己人仰马翻，长矛毕竟没有弓箭长，曹军的主力步骑便缩在弓弩兵的背后，根本就不出动作战，但整体大阵却是坚定地在阵内战鼓的伴奏下步步进逼，那劲头分明势不可当！

　　曾有一股马超的亲兵卫队不顾伤亡接近了曹军，但是曹军阵门突然大开，从里面扑出了数千骁骑，依靠弓弩的掩护，局部数量的优势，直如同砍瓜切菜一般吞噬了那小股马超亲兵，驻马之时，又被曹军的大阵淹没，其实淹没曹军骑兵的是那遮天蔽日的旌旗，能观察到的对面曹军其实是一片战旗的海洋，从旗海里飞出的是如雨的箭矢！

　　曹军没用马超诱敌，像是行军一般直逼而来；马超的西凉军虽然预计的是佯退散开，但现在是被迫后退了；而远处来援的西凉诸部看到这种前所未有的阵势，竟然成了旁观的军事观察团，没有一家出动来阻挡曹操全军的前进。

　　曹军的大阵太宽了，一并扫荡了西凉诸部的分散部队，诸部如同约好了一般，一起拔寨而走，向大后方退去。这下成了曹操集结全军在驱赶着西凉大军向西北退去。

　　转眼之间，曹军逼近了韩遂的后军老营，那马超却未能得空将实际战况通知韩遂，韩遂看见曹军旗号便依照事前约好出动了，全军扑向了曹军的弓弩大阵，没料想根本靠不上前沿，便被一阵阵强弩飞矢劈头盖脸袭来，部队人仰马翻，一片混乱。

　　马超部冒着箭雨前来救助，双方合兵力战，欲保住韩遂的大寨老营，正僵持间，曹军阵中又扑出了那数千彪骑！

这便是曹休（曹纯已于两年前病故）率领的骑兵精锐：虎豹骑！

虎豹骑中无士兵，各军中的百夫长之上才有资格编入该军做战士！

曹操的虎豹骑也非同小可，不光战士勇中选勇，战马也是优中选优，当年曾阵斩袁谭于冀州，强摧匈奴于乌丸，逐刘备于长坂坡，保曹操于华容道，全是由不怕死的精锐中之精锐组成，是曹操的"掌中雷"，放手便天地失色！

虎豹骑出动，除率军的曹休外，领头的还有一名恶煞：许褚！

那许褚口中接着马超日前的话茬，大喝："虎侯来也！"如同一只斑斓猛虎扑入了西凉乱军之中，身后的虎豹骑借势逞威，远施骑弩，近飞雪刃，饶是马超、韩遂的西凉长矛铁骑虽然彪悍，也顿时被冲了个七零八落。

那许褚却还有一种业余爱好：激战中不忘搜集敌人的脑袋，十数颗血淋淋的人头往马项下一挂，连人带马立时形同恶魔，再彪悍的西凉兵也未见过这等凶徒！

没人愿意把自己的脑袋再被挂上去，许褚马到之处，敌骑纷避，虎豹骑踏过之地，血流成溪，西凉军全军溃退，大势已去。

曹操指挥全军，不依不饶，尾追狠打，马超住脚不能，一退再退，势难稳军。这下总算领教了曹操的厉害！

西凉大军已被驱赶到了渭水，马超突接后方急报：徐晃、朱灵已经据河西为营，后路已被曹军切断！这下西凉大军立时成了无根的浮萍，连据渭水与曹兵相持的资格也不存在了。

　　马超等屯兵渭南，眼看军事胜利已经希望缥缈，无奈遣使送信与曹操，求割河以西之地给曹操，息兵讲和。那曹操得势之时怎肯让人？毁书驱使，决不和谈，渭水如长江，不管你愿意不愿意，大军都要渡过去！

　　可是西凉兵也不是那么易打的，马超率各部残兵，节节抵抗，求和不成并未气馁，及至曹军推进到渭水时，天已九月大凉了。

　　其年乃是闰八月，曹军出动已经四整月之久，后勤供应已颇感艰难，如再与马超形成隔渭水相持，断难坚持。西路的徐晃、朱灵偏师是无力阻止马超收复河西的，彻底胜利唯有一途：强渡渭水，歼灭马超剩余主力！

　　可是渭水不比济水，那马超已经吃过了贪牛羊而放曹军渡河的大亏，怎会再容曹操轻易抢渡？再说按目前天气状况，夜晚将士如不宿于暖帐之内，不用西凉兵，就是寒冷冰冻也能尽歼曹操全军，继续作战是想象容易实际难！

　　恰那马超并不是一蹶不振之庸才，潼关虽败，但战力仍不可小视，曹操的执意再战马上就要品到的是苦果还是美味呢？

孙子兵法有时也忽悠人

　　目前的战事，如果按兵法祖师孙子的教导就应该停战了，正适应"归师勿遏，围师遗阙，穷寇勿迫"。

　　严冬将至，曹操大军可并未准备什么冬季作战装备，此时的战争行动只要遇上老天一个变脸，即便神仙也无法预测战事结局，顷刻间胜负便可能易手。

西凉军于渭南营寨已立，曹操的后世李逵之"抡起板斧，排头砍他娘的"的战法用不上了，怎样攻破马超军渭南大营、占据渭水渡口，成了曹操面临的棘手问题。

就马超求和之坡而下驴？使不得！孙子的话要有选择地实践，那老头其实没少忽悠只会机械动作的傻瓜，归师勿遏、穷寇勿迫倒是舒服了，可是问题在于，那马超是个听孙子话的乖孩子吗？

曹军归师，那马超偏来个顺势遏迫怎么办？如此胜利的曹军反而成了被追的"穷寇"，到手的战果又退给了西凉兵，曹军的西征是来大西北度假来啦？济水畔丧命的"虎士"岂不死得太冤枉了！

孙子兵法，妙在活用，所谓活用，其实就是：有时偏反其道而行之。

曹操便是如此活学活用的：大军抵近西凉兵扎寨，相距不过数里，开始摆开了与马超相持比耐力的架势！——远征没有这样作战的，曹军没有泡蘑菇的资格，这点骗不过精明的马超。

马超在等待曹操的后续动作，不安地注视着这位不受欢迎的邻居，在这儿越冬过日子？在蒙谁哪！有啥后招就使出来吧！只是请别露出破绽，只要你闪出哪怕一丝缝隙，咱西凉长枪就会毫不客气地直扎进去！

曹操的后续手段终于露出了端倪：不远又一座营寨立起，又一座开工了，又一处竣工了……不几日竟然接二连三半围着西凉军渭南大营立下了十余处营寨！这曹操究竟有多少兵？

这就是战机！

分兵十余处，必有薄弱之处，甚至处处兵力单薄，这曹操先前的集全军于一坨的战术终于不再坚持了，这就是说：强袭曹军的时机即将来临！

哪里是马超的打击目标？就是最近的、最大的、最早立起的那座曹营。

马超准确地判断出：那里就是曹操的指挥中枢，中军所在，曹操本人所待的地方！强攻军营虽不是西凉骑兵的长项，但夜袭可是铁骑的拿手好戏，让曹操在睡梦中成为俘虏！这情形想想就让人激动！

乖巧的马超并没有孤注一掷，留下了韩遂的部队固守大营，并且牢牢控制住渭水渡口，一旦有甚不测，大不了退过河去就是，到那时岂不又是一个济水？这次还能有人给你曹操送牛羊吗？

老天也像格外照顾马超，一阵北风骤起，气温突降，这下把难比西凉人耐寒的曹军一下冻回了暖帐，在呼啸的寒风中，哨兵的耳目也不会如往常那样灵敏了，西凉军出击夜袭的战机成熟了！

天地像被一并关进了一个大冰柜，又黑又冷，西凉兵却是极适应这种天气，悄无声息地潜近了曹操大营，如同陡然旋起了龙卷风，山呼海啸般涌进了曹军营寨！目标：曹操！

不好！曹营内灯火通亮，却不见一兵一卒！

马超心里更亮：上了曹贼的当了！紧急退兵，还来得及吗？

马超四周已经呐喊声四起，遍地火光，曹营军帐、木寨均被点燃，那是曹军自己所为，当然是不愿西凉军凭寨据守，所以不惜放火烧了自己的老窝！

夜色中，马超只能感觉曹军无数，几乎四面包围了西凉铁骑夜袭队，火箭如同流星般泼向西凉马队，战马立时惊乱，上面的骑手已经对其难以驾驭了！

随着追魂的战鼓咚咚、号角连连，曹军于黑暗中撒网般施放出要命的箭弩飞石，西凉军人喊马嘶，铁蹄胡踏，长矛空捅，骑弩乱放，一锅烂粥熬成了！

现在已经谈不上什么战力、彪悍、精锐了，只有回头冲杀才是救命的不二法门。可是，曹军无数，分明是集中了全部主力在归途中，怎会容失去了战力的马超部轻易撤回？

所幸马超的近卫铁骑都是些历经凶险之亡命死士，混乱之中尚能保持镇定如常，一不突围，二不求战，勒紧战马静等着主帅马超下令，哪怕是就地在烈火中固守，也不会有一人鼠窜的。

西凉主力溃乱，战马惊窜，早在曹操预料之中，费这许多人力物力，建那么多无用的空寨，就是为了诱马超入套，现在鱼儿终于入网了，想再破网逃去，我曹操批准了吗？

已随乱军突出曹营的马超没有命令部队什么，现在能接受自己将令的士兵也就是身边这千余人了，把他们投向何处，决定着马超本人今天的生死存亡。

马超遥望远方，远方也是半天火红，那是曹操的十数处营寨一起被点燃了，马超当然明白曹操的语言：本来就是空寨疑兵，小娃娃，你上当了，下马投降吧！或是引颈就戮？

现在不是后悔的时候，而是要尽快找到曹军最薄弱点的关键时刻，乱撞几乎等于自杀！

马超最关注的是来路，那里是自己的老营大寨，心里亟盼着韩遂倾力来救，却又担心出现这种局面，如此一来，大营必然不保，渭南大势去矣！

大营方向一片杀声，火光闪烁，马超知道那是韩遂拼命接应自己突围来了！行动？慢！那曹操岂能预料不到此种局面？马超看着自己混乱的部队人仰马翻，却是自动地向接应的来路乱冲而去，心里阵阵苦涩：这是在自觉地丢弃主将逃命啊！

点起火把的曹军分明在变阵了，大部都是围向了自己的乱军及来救援的韩遂，马超牙关一咬，发出了中计后的唯一的军令：随我来！

马超一马当先，横刺突向东方，也在移动中的曹军猝不及防，被马超的千余拼命求生的铁骑冲杀开了一道缺口；曹操发觉战势有变，急调前军回堵，却是来不及了，马超率近卫扬长而去；曹操并未善罢，传令一直待命的虎豹骑疾追了上来。

突出重围的马超却并未亡命远飏，心里还挂着一件事：那来救自己大军的韩遂部怎生脱险？疾驰中传令自己的亲兵百骑，继续东驰，而马超本人却带残存的千骑急转北去，迂回向了韩遂厮杀的战场。

贪功的虎豹骑扑向了人喊马嘶的东去小队，无声北去的马超甩掉了尾巴，韩遂部队还在南突，但让开的曹军复又合拢，韩遂军分明已处于被包围状态！

大营的韩遂发觉战局不妙便出动所有部队杀向了曹营，谁知非但没有接到马超，连自己的部队也一头钻进了曹操预谋的埋伏圈，奋力拼杀中伤亡惨重，却是一往直前，没有任何退兵的意思！不接到马超，回军又有何用？

这正是曹操所希望的，眼见曹军兵势越来越盛，纵深已成无底，韩遂绝望了！此时就是想脱身也是不可能了，他的后路已被曹军切断，自己也进了曹操的大网。

万念俱灰之际，后方杀声突变，封堵后路的曹军一片混乱，有西凉兵齐声大喊：马超在此！

韩遂闻听之下，趁势回军冲杀，曹军突遭强袭，无力阻挡韩遂残部，只得任由其冲出，不多时已与马超会合，战场相见悲喜交加，却无暇交流战况，其实也不用交流，大败已成定局。

兵合则势稍强，二人并力杀回大营，却见营寨已换了主人，一阵箭雨袭来：原来曹操早就预伏了部队，韩遂刚离，便趁寨内几空袭占了营寨，这下不是大败一阵的问题了，渭南已经站不住脚了。

二人不用商议，驱兵奔向渡口，且喜渡口舟船仍在，曹军正在打扫丰厚的战场，一时并未紧追，西凉残兵万幸得以渡过了渭水，真如同曹丞相网开一面也！

渭南大胜，曹操却百密一疏：未能抢先渡河。一时倒还没感觉到什么，别急！马上就会让曹操感觉到，这孙子兵法的"围师遗阙"将要令曹军付出的是何等代价！

天时不如地利？地利不如人和！

先贤孟轲也应该是一个兵法大师，其《公孙丑下》第一章中告诉后人：天时不如地利，地利不如人和。

如果说句尾"地利不如人和"是在强调政治、军心、民心之重要性的话，那么，前面的"天时不如地利"则绝对是在总结二者于战争中的分量，这里孟子说得有点过于绝对了，任何事情都有例外的时候。比如，赤壁之战，占地利（上游）的曹军就吃了利用天时（东风）的江东军之大亏，当然，"人和"是其决定性胜因，曹操被黄盖忽悠晕了，不败不合孟子教导。

渭南前线的曹操现在可没有晕乎，虽然大胜之下，出了点小纰漏：没有分兵抢渡渭水，哪怕攻占渡口也成啊！毁掉所有舟船，那还不立即置马超、韩遂于死地？

天亮后意识到此疏忽已经迟了，马超、韩遂等西凉诸部已经占据了对岸地利，曹操不得不开始了济水强渡翻版，又一次克隆起了惨烈的"添油战术"，那马超是阻渡还是远遁？

大胜后的曹军处境其实并不容乐观：所处渭南地区南临商洛群山，北面渭水，地域狭小，大军无法机动回旋，且辎重供应唯有一途，即从黄河潼关支流济水入渭，一旦马超分军东出切断渭水粮道，则曹军处境堪忧！

直接西进渡崴水占领长安？也行不通，曹操大军一旦西进，后路肯定会被西凉军切断，而且马超正面压力只要不在，必然全力扑向已经偷渡蒲阪津的徐晃、朱灵等河西大营，徐晃孤军怎能抵挡马、韩及西凉诸部铁骑？

如此一来，广阔肥沃的河西必然沦为西凉铁骑之下，战事将没完没了，曹军主力将长期被拖在西北，那中原的孙权、刘备还不高兴得相互拥抱，携手北进，并掠中原？

所以，目前的曹操面前虽路有千条，实际上给他留下的唯有强渡渭水北进一途。可是，局部战力仍在的马超会让曹军轻易地北渡渭水吗？

曹操行兵布阵，向来以我为主，对于天寒的不利、地理上的劣势根本不予理睬。次日几乎没有休整大战一夜的部队，便开始了强渡渭水的军事行动，看样子又要走上惨渡济水时的老路了！

不过曹操并非不善于接受教训的固执之辈，并没有采取上次的分批船渡、依次送死的笨招，而是组织强弩掩护，集中所有舟船链搭浮桥，部队突过渭水便筑城扎寨，先在对岸站住脚再说。

两次大败于曹操之手，骁勇的马超并不服气，手下的西凉军还有数万之多，俱是彪悍亡命之徒。尤其是，马超本人精于战场厮杀，对于如何利用天时地利更是烂熟于心，对于陆续从浮桥上冲过渭水的曹兵，马超深知敌人的软肋之所在！

一道窄窄的浮桥，一天能渡过来多少人马？没必要阻你曹操运兵的兴头，宝贵的西凉铁骑不会靠近你河边的箭阵，只要把握一条：不让你的部队在渭水北岸过夜就成，你每天怎么过来的，还是要自己乖乖地回去对岸就寝。

为什么？天气的原因！无城郭、暖帐御寒的士兵是度不过滴水成冰的酷冷之夜的。你如果敢让部队在野外宿营，那西凉军就不用与你费劲交手了，每天早上去运大冰棍就成了，不会有一个活人的，连战马都会给加工成美味的冻肉！

所以，马超几乎一整天都悠闲地瞭望曹军的忙碌，吩咐士兵养足精神，战马喂饱歇透，再准备好牛皮大盾，只等出击的时刻，啥时候？傍晚！曹军辛勤工作了一天了，营寨却不会竣工的，因为河北岸全是沙土，深桩也难立柱，坏墙更是一触即散，你搞大建设，咱搞大破坏，看哪个省力气？

　　果然，辛苦劳作了接近一天的曹军竟然连一处营寨也未能完工，那土质近似流沙，拌水不成泥，立桩顺手倒，挖道深壕工事都不可能，曹操只能望土兴叹，筑垒不成，晚上大军怎么宿营？

　　谁知庙未盖起，拆庙的到了！傍晚时分，西凉军营一声长长的号角，歇足了的西凉兵在牛皮大盾的掩护下突然发起了冲锋，战马如风扫过，却并不恋战，只是来回�踏，将曹军未完工的营寨糟蹋得一片狼藉，扬长而去，曹军伤亡甚微，但却个个气得半死：野蛮人！怎么不知道怜惜哥们儿的力气？

　　生气也没用，还是要抓紧时间沿着浮桥开回去，回对岸营寨睡觉哇，莫非还要真的给西凉兵准备冻肉不成？

　　西凉兵却也不来捣乱曹操大军的归程，反而远远哄笑曹军的傻帽行为，有些今日送君归去，期待明日再来的意味！

　　第二天，没用西凉兵相请，曹军还是来了，一切都在重复昨天的故事，虽然搭成了浮桥。

　　北风越来越刺骨，曹军越来越心凉，可怜曹操他乡几夜头白，却还是难以让部队在希望的彼岸做一刻温柔的旖旎梦。圣人说，天时不如地利，地利不如人和。可惜哭天天不应，叫地地不灵，天时地利都在照顾西凉兵，那救命的"人和"呢？

　　曹兵不是机器人，部队不是泥水匠，可是还必须天天重复这无效的劳动，大军一时士气低落，大家宁愿拼命也不愿意做工了。

　　圣人的话从来灵验，那救命的"人和"还就是真的出现了！

　　一个叫娄子伯的人不知为何灵光突现，向曹操献计："现在夜晚天气酷寒，为何不晚上加一夜班，起沙为城，以水灌之，可一夜而成城啊！"

曹操大悟，惊喜交加，当然从之。

简单说吧，曹军近战夜战水与沙，一宿战天斗地，天明，城立！马超大惊！

由是曹操大军尽数得渡渭水。

天时胜过了地利，一切归功于人和，曹操现在该与马超一决生死了吧？不，要求一决生死的反而是马超的西凉军。

马超见求和无望，阻渡不成，曹操大军竟接连沿渭水北岸筑起了数座冰冻大城，渭水渡口易手，曹军粮道通畅，长耗优势已不在西凉军，情急之下，尽出全部精锐，向曹军索战，一切让刀枪说话吧！

曹操却怪了，战势大为有利，却好似又犯了势强谨慎的老作风，坚决不出动作战，缩在冰城之内，城头高挂免战牌，竟好像要与马超在渭北共同欢度春节了。

胡说八道＝绝世神功

对于曹操胜利渡过渭水继之示弱避战，曹操后来在与将领们开战后总结会时有一番说辞："……既然暂时不可能速胜，又何妨示弱呢？我军渡过渭水，已经筑成坚垒，敌人到了营前而我不出战，乃以此骄敌也！"

其实，不管曹操是战是守，那马超现在可骄傲不起来。曹操龟缩不战，马超既无奈又心慌，大敌当前，部队无法安然越冬，北面的徐晃、朱灵等部已趁河西空虚，逐渐占领了渭北广大地域，再拖下去向凉州退军的道路也将被切断，从战略大势上看，西凉军实际上处于逐渐被合围态势！

尤其是曹操还发明了一种类似今天的高速公路防护网一样的东西，用来护路运粮，称为甬道。所用材料当然不会是今天的钢网铁栏之类，而是以树栅连车，用来阻挡西凉骑兵的突袭，由北而南，直接连通了徐晃与曹操的主力大军。

至于实际能起多大防护作用？史未详载，但看来效果颇佳，因为事后曹操曾专门提起此项发明，实际上这项发明的专利另有其人。据史载：汉高祖二年，与楚战荥阳京、索之间，筑甬道属河以取敖仓。应劭曰："恐敌钞辎重，故筑垣墙如街巷也。"今魏武不筑垣墙，但连车树栅以捍两面。

不过楚汉之交的应劭筑的是土墙甬道，曹操给改进成了木质护栏，那如果被西凉军给放把火给烧了怎么办？一道"连车树栅"就能挡住西凉铁骑的袭击？似乎也不大可能，但反正本分的马超没有去搞破坏，曹军的"高速公路"得以畅通无阻，少了大军粮草不济之忧。

目前马超由于正面的曹操大军威逼胶着，无法回身制止徐晃、朱灵军的逐渐蚕食，近不能破曹，远无法解忧，冬雪一降，人无食、马无料，欲退军也势必不能，必须另谋出路了！

出路何在？战不能战，和不能和，相持等于等死，急攻如同自杀，那就唯有一条路了：缴械投降。

投降其实也没有什么，缴械却是万万不能，两全之计：名义上投降归顺，认输不付赌注，保留武装，以土地换和平，来年再见真章！

以奸诈著称的曹操会这么实在吗？

这就要看马超提出的条件与承诺是什么了，马超与韩遂这次是真豁上了：承诺退出关中，回去安心经营凉州，永为大汉戍边之臣子，不犯雍州一步！为使曹丞相信任无疑，愿送人质于京城！

至于人质的内容？韩遂愿意送上自己的幼子，马超愿献上自己的老爹——这马超其实没这么明说，老爹马腾本来就已经进了曹操大牢，不光一个爹，马氏全族百余口现在都在引颈就戮呢。

渭南时曹操已经拒和一次，现在战势更加乐观，就是双方一般士卒也看出了大势已定：西凉军基本没戏了！

马超、韩遂这岂不是在做梦全师而归？哪有这种一厢情愿的美事？

出乎一切人所料，接到马超、韩遂等有条件投降之照会的曹操还就是答应了！

这又是贾诩的功劳，贾诩向曹操进言："兵不厌诈，许和怕什么？战、和其实在我不在彼，怠慢敌人的防备之心有什么坏处？"

战争总是以胜利为最终目的，往下该如何进行，曹操问计于贾诩，贾诩仅说了四个字："离之而已"。——要是换成现代白话文就能简单一倍，两个字就解决了：离间！

还是曹操回答得最简单，一个字："解"。——白话文要复杂一倍："明白"！

对于如何借机离间韩、马二人，曹操是不用求教任何人的，本人就是挑拨高手、离间大师、玩诈谋的祖师爷！至于上次被黄盖给耍啦？那不算，成天啃大排还有不咬回舌头的？

　　既然"请和"——好听点儿而已，说白了就是求降——那总要谈谈具体条件，马超与韩遂当然不会傻得共同参加战地谈判，于是马超留守大营，韩遂出面谈判，曹操应约而往，实施离间计的机会到了。

　　曹操与韩遂的父亲乃同岁孝廉，又与韩遂属同辈旧识，双方交马相语之时，曹操使上了绝世嘴功，旷古舌活：

　　"老朋友战地重会，真令人感慨万千！要不怎么人都说'两座山碰不到一起，两个人总会相逢有日'呢？心情激动，词不达意，老友莫怪——你看我，光顾自己叹息光阴如梭，岁月如流，竟忘记向老朋友问好了……最近日子过得可好？怎么瘦多了？"

　　据史载：曹操谈判不及军事，但说京都旧故，拊手欢笑。

　　回去后马超当然要问起谈判情形，那曹操都是怎么表态的，韩遂只能实话实说："无所言也。"

大西北的大决战

　　聪明人如果显得傻里傻气，那肯定是把你作为了傻瓜对待！一般这时候你需要小心了，离吃亏可能不远了！

　　曹操的不扯正题、胡说八道实乃绝世神功、旷古妙计！然而对于曹操突然变得半傻半絮叨，韩遂莫名其妙，马超疑虑重重：韩遂说的是真的吗？

　　马超理所当然地要怀疑了，因为这不合常理呀，且看明日怎样！第二天曹操话题更稠了，上聊天文，下聊地理，就是不说正经事，最后索性大大地秀了一回：向西凉兵做开了即兴演讲！

这曹操大名最近在西凉军中可是火爆得很，马超本来就被雍、凉二州的军民视为天神一般，现在又出了个能把马将军打得没脾气的曹操，哪个不欲一睹曹公风采？

曹操的部将、谋士们却是早就预料到了曹操的安全问题，要是被对方阵营的"粉丝"们给挤扁了，那才是因福得祸呢。据史载，诸将曰："公与虏交语，不宜轻脱，可为木行马以为防遏。"公然之。贼将见公，悉于马上拜，秦、胡观者，前后重沓……（《三国志·魏书·武帝纪》）

也就是说，曹操在早就准备的"木行马"防护下，开始了即兴讲演："汝欲观曹公邪？亦犹人也，非有四目两口，但多智耳！"（《三国志·魏书·武帝纪》）——看见了吗？你们不是想看看我曹操吗？咱也是人那么高、腰那么粗。没长四只眼睛两张嘴，但是咱的心眼多——这可没法瞧见……

不是曹操置生死于不顾，耐心去做敌军士兵的统战工作，而是手握强兵心不慌，背后不远，曹操待命检阅般列队了五千铁骑，便是那闻名中外的曹操近卫虎豹骑：盔甲明亮，马烈人雄，刀枪耀眼，牌盾森严，关键是五千骑如同铁铸，战士犹如木雕，连表情都是那么肃穆划一，与之相比，乱哄哄的西凉兵竟如散沙一盘！

这样下去怎么能行？马超对韩遂的汇报谈判进程不能相信了，想找韩遂推心置腹地谈谈。

一进韩遂军帐，正好看见了曹操给韩遂的来信，韩遂却也主动让马超共同拆读，打开看时，马超终于要当场质问了："怎么信中到处都是涂抹遮掩的污迹？"

是啊，怎么书信中到处都是涂改的墨迹？韩遂也问出了口。

你这是问谁？

是啊，咱该问谁？

我问你呢！

我问谁呢？

要不，咱去问问曹操去吧，是一时疏忽，把草稿给寄来啦？

忽悠谁呀？马超大怒！拔剑欲火并当场，众军急劝，马超掷剑而去，韩遂心中苦冤，却无从分辩，干脆率部独自开往凉州，不玩儿了，行吧？

次日，马超亲自率部与曹操谈判——是用长矛说话的谈判，曹军出动答话——大家都是使用同样的语言。西凉军势减彪悍不减，马超铁枪玩成了个竹蜻蜓，战阵布成了艘"宙斯盾"，胯下烈马，来往驰骋，部下铁骑，左右冲杀，曹军虽人数众多，却被逼迫得步步后退，眼见崩溃在即！

曹军步步后退到了冰城大营，却无暇入内避战，众将士只得拼命求生，回身与马超军死拼，人到绝处力倍增，竟能把西凉军堪堪抵住，不过总体战局七分被打，三分还手，双方已成混战，曹军劣势。

马超见不能速胜，心中焦躁，不顾部队人怠马疲，加倍催军死战，西凉全军近似疯狂，曹军眼看就要支持不住了！

背靠大营的曹操终于等到了放出"掌中雷"的一刻！

随着曹操的令旗挥动，曹军中战鼓大作，号角扬起，伴随着令人心驰神摇的战鼓号角，曹军大营军门打开，五千虎豹骑如同脱缰般扑向了混乱的战场，弩箭待弓，杀气却入目；铁骑未至，雄风已夺神！

疲惫苦战许久的西凉兵怎经得起这般生力冲杀，战局瞬间大变，全体曹兵士气陡振，西凉兵一时胆裂，有组织的攻杀随着部队的混乱烟消云散，自觉首先转马而逃的个别士兵迅速传染了他人，大部队已成崩溃之势！

马超率亲兵千余铁骑舍命顽抗，却是止不住主力大队的溃败，只得含恨冲出乱军，洒泪告别战场。他知道：大败已成定局，能脱身即是侥幸，但自己的父亲、全家、全族危险了！

马超的预感是对的，随着马超带残兵步韩遂后尘远逃凉州，曹操一举扫荡关中，追杀西凉诸部，阵斩李堪、成宜，围杨秋于安定，杨秋被迫束甲投降。对投降的杨秋曹操格外宽大：迁讨寇将军，位特进，封临泾侯。

但对马超却没有那么大度量了，在留夏侯渊驻防长安的同时，后方许都大开了杀戒：建安十七年（212）五月，卫尉马腾及全家被戮，三族被灭，只走脱了一个易容化装西奔的马岱，这是马超的叔兄弟，马氏全族之中，就给马超留存了这么一个手足帮手。

西北战役的总结大会上，曹操得意非凡，向诸将解释起敌我胜败之关键，运筹用兵之诀窍——五十七岁了，岁月不饶人，该重点培养接班人了！

"敌军守潼关乃我所愿，我军入河东贼必守诸津，则黄河未必可渡，我盛兵向潼关实乃诱敌于此，如此西河必空虚，徐晃、朱灵二将才能得以轻取西河，然后引军北渡，马超不能与吾争河西，实因有二将之军威胁其侧背。

"尤其是，我军连车树栅，构筑甬道而南，供我辎重，马超割地求和不是因我有坚垒，实是我河西大军之势威逼！吾顺言许之，皆因积储士卒战力，一旦出击，便是迅雷不及掩耳，兵之变化，固非一道也。

"至于为何贼援军每一增添，我便欣喜，实因关中长远，若西凉各部依险阻守，我军没有一二年时间怎能平定？今主动集结，其兵员虽多，但指挥未必统一，诸部相互之间也未必服气，军多而无适应的主事之才，我军只要尽力，必然一举可灭！能省却我军许多人力物力，我当然要高兴了。"

西北大定，现在到了一雪赤壁之耻的时候了！孙权小儿，脑袋准备好了吗？

国中之国的筹建工作开始了

建安十七年（212）春正月，曹操留夏侯渊主持雍州军政，自己带部队主力回到邺城，这时候发往全国的政令、军命实际上全部出自邺城，许都也就仅剩下了地名上的一个"都"字，说是曹操设在豫州的一个扩大了的监狱也不为过，而且是专门关押东汉皇帝的监狱，并且戒备森严，不信你让皇帝走出许都一步试试？那是绝对不可能的。

在这个大监狱中服刑——还是无期徒刑——的汉献帝也不能白食"牢饭"，还是要做些力所能及的工作，天下哪有闲饭养闲人的道理？有些工作别人就无法代替。例如，封官这样的活路，尤其是封比丞相还要荣耀的职务时，这时除了由皇帝本人出面，别人无法代劳。

论说曹操的职衔再往上升也实在没啥意思了，汉丞相本身就是一人之下、万人之上的好工作岗位，况且上面的这个"一人"其实不过是个天天过年的囚徒，啥时被牵着放放风也要看曹操的心情如何。

有必要！而且绝不是为了糊弄大汉公民，是为了见面方便、管理省事、要另起一套管理体制，在汉朝中建一个国中之国，用这个新建的小国来管理大国，是政治体制的旷古改革！

曹操就谦虚地先让皇帝强迫自己接受了如下待遇：赞拜不名，入朝不趋，剑履上殿，如萧何故实。

看见了吗？与囚犯皇帝再见面时不用做戏了，以前是要装着"惶恐"至极的，要"趋步"上前，还要唱名赞礼三拜九叩，解除了武装还要脱鞋甩袜，趿双拖鞋也是逾礼的。

以后好了，这些都免了，在皇帝眼皮下面亮亮刀子也是合法的了，其实也就是把早就做过的事情合法化。以前曹操进宫杀董贵人时也是把剑在匣里碰擦得山响，那时曹操违法了吗？

权大于法！古即有之，不足为奇。

至于这个国中之国的雏形，那当然是以现在曹操实任州牧的冀州为基础，先把冀州扩大加强！

这容易，这是丞相职权范围以内的正常工作，曹操代表朝廷下令：割河内之荡阴、朝歌、林虑，东郡之卫国、顿丘、东武阳、发干，钜鹿之廮陶、曲周、南和，广平之任城，赵之襄国、邯郸、易阳以益魏郡。——现在冀州本身已经成了一个超级大州了。

这是曹操在董昭等人的建议下实施的改革政体之准备工作，这种高层的政治大计当然要先与曹操的"王佐之才"荀彧商议，曹操秘密咨询荀彧的意见，不料想荀彧坚决反对！

《三国志·魏书·荀彧传》中说荀彧："以为太祖本兴义兵以匡朝宁国，秉忠贞之诚，守退让之实；君子爱人以德，不宜如此！"

笔者认为事实绝非如此，要说荀彧无限忠于名存实亡的东汉政权？这是把眼一闭说天黑了的现象，本来就是秃子头上的虱子——明摆着的东西，大汉皇帝刘协的处境荀彧能不明了？曹操的所作所为荀彧能不知道？那他这个大汉尚书令是吃干饭的？

荀彧是曹操最主要的政治帮手，又是稳坐"智囊团"第一把交椅的大明白人，其地位是真正的一人之下、万人之上，上面其实唯有曹操一人，皇帝是排不上号的，献帝截至目前的境遇实际上都与荀彧替曹操竭智尽力有关，荀彧忠于的是曹操，不是东汉！

但史载荀彧还真是反对曹操继续"进步"了，笔者认为原因有三：

一、此建议不是首出于荀彧之口，这使荀彧处于相对尴尬的地位，反对是一种本能——这也可能是笔者以小人之心揣度荀彧的君子之腹。

二、荀彧以东汉清流自居，欲在史书中记载一笔自己的大汉忠臣烈士行为，求身后清名是古人的一种时尚，荀彧未能免俗——这是笔者再往高处估计荀彧。

三、荀彧是真心地为曹操着想，认为此举将会使曹操内外树敌，对曹操的"高祖"大业绝对不利。"高祖"大业是只熟透了的木瓜，中看不中吃，损名而不得实利，非智者所为！——这点的可能性最大。

至于荀彧出口反对是扯的什么理由，其实无关紧要，关键是对这唯一次与曹操意见相左的决策的定性，说穿了不过是一次圈子内部对政策与策略的一次争论，没什么大不了的。

曹操这次没采纳荀彧的意见，绝非贪图公侯爵位，不纳忠言，而是经过熟思，权衡了利弊，最后决定支持董昭等人的意见，但对于荀彧本人绝到不了失去信任的程度，这是鲜血中结成的友谊，哪能如川剧变脸般迅捷？

就是史书中也是妄揣曹操心思："……太祖由是心不能平。"

史书肯定的是曹操并没有口出任何怨言，是后世史家们估计曹操"心不能平"，这才是公然按自己的心思书写历史呢，连人家的大概心思都书上了正史。"莫须有"的文风贻害不浅，至今不准你夸赞政府英明伟大又清廉就是那时史家们留下的后遗症：你心里想的是这话吗？

史家们大概是由于荀彧的工作岗位突然变化而恣意猜测的：曹操命荀彧代表自己劳军于谯国，十月未回，曹操出兵南征孙权，曹操让荀彧以侍中光禄大夫持节，参丞相军事，荀彧奉命南下军前与曹操会合，当时曹操大军已行至濡须，荀彧于中途寿春突病，也许是想不开曹操弃用自己的正确建议，病忧交汇，以五十岁寿病逝于寿春，被谥为敬侯。

公正地说，荀彧病逝与曹操没多大责任，如果仅以荀彧寿命稍短便责备曹操绝情，那周瑜、太史慈等人的中年病逝，孙权岂不更该谴责？曹操自己的几个儿子因病夭折又该怨谁？诸葛亮的早逝，刘禅也成了凶手了？

如果说召荀彧上前线就是不善待患难功臣，那么曹操首先虐待的便是自己，濡须口前线，曹操亲临前敌，指挥攻坚，丧命的机会更大于路途中的荀彧。

为什么曹操这么急于与江东再动干戈？因为战机到了，孙权的主要盟友刘备此时已经不在荆州，刘备军的主力部队已经尽数开往了益州，是救益州刘璋于险境还是跑到刘璋家里去挖陷阱，现在还不好说，反正是刘璋本人殷切请去的，暂时还是客人，反客为主的长途已经走到了中途。

留守荆州的是诸葛亮、关羽、张飞、赵云等人，军力骤减之时只能采取守势，是帮不上孙权多大忙的，现在的孙权只能孤军抗曹，这就是曹操的战机。

与其说是曹操的机会，还不如说是刘备的机会，实际上，最近刘备的事业大发展，步步机遇，一帆风顺，其实都是曹操给刘备创造的。例如，曹操对汉中张鲁的虚晃一枪……

刘璋与神仙世家的恩怨情仇

刘备得以入川起因于曹操。

曹操在威逼马超等西凉诸部时，打的是大军入汉中讨张鲁的招牌，而张鲁闻讯后却不能不防，整军备战时实在不愿与曹操公开对抗，便学习曹操做一套说一套的优良作风，声称是为了进军益州，这下把益州牧刘璋给吓破了胆。

这张鲁可是个非凡人物，他爷爷就是至今鼎鼎大名的"创刊号"张天师张道陵，据说曾于四川青城单人独剑大败百万鬼兵，据说后来白日飞升成了神仙，据说他的儿子二代张天师张衡（不是发明地动仪的那个科学家张衡，正式称谓：嗣师）全盘继承了老爸的法力，也是飞升成仙！——地道的神仙世家。

可怜到了张鲁这个第三代天师（正式称谓：系师）这里，继承的家传法力走了样，那些神兵天将势利眼，不听他这个正宗天师指挥了，张鲁只好屈就了凡间俗世的一个小官，在刘焉的部下任督义司马。

实际上张鲁的部队才是黄巾军的正宗嫡传，张鲁率"五斗米"道众起事，打起黄巾军的旗帜局部造反成功，后来被招安才做了国家干部，这些当然要感激老爸张衡成仙后将号称"鬼卒"的部众留给了张鲁，使张鲁盘踞汉中建立了中国汉人居住区"前无古人，后无来者"的政教合一地方政权。

有关张鲁发扬光大"天师道教"（又称五斗米教、米贼等）的仙家大业笔者后文细讲，现在先叙述那刘璋闻听张鲁又纠兵来犯、曹操开始进兵汉中之消息后的惶恐。怎么办？两家血仇已不共戴天，谁能见义勇为帮本州牧一把？

曹操出兵可不是来帮自己的，如果说张鲁是只恶狼的话，那早晚兵临益州的曹操绝对是一只猛虎，益州闻狼嗥已人心惶惶，等到那猛虎进家，益州还不得家破人亡成虎窝？

第一个以智慧对刘璋"见义勇为"的是别驾从事张松，为主解忧是臣子的本分，便主动诱导刘璋："曹操兵强马壮，天下无敌！如再收张鲁，据汉中以取蜀土，谁能抵挡他？"

刘璋老实回答："我正发愁这事儿呢！哪来的好办法？"

张松笑了："刘豫州，刘玄德，刘备！这位主公的本家是曹操的对头与克星！与曹操有深仇大恨，善于用兵，若请来使之征讨张鲁，张鲁必破。张鲁军破，则益州必强，曹操就是来了，又能怎么样？"

如此顺耳忠言，刘璋若不依从，那岂不成了昏懦之主了？深以为然也就自在情理之中，于是便按照张松提名，遣张松之密友校尉法正与副使孟达各率两千人远赴荆州迎接刘备。

请人来帮捶打架当然不能空口感激，于是便命法正携带巨资以亿计，以便法正贿赂刘备，不然人家不来怎么办？

巧了，刘备义正严辞拒绝了大舅哥孙权欲图西川的试探，并且以不惜下野出家相威胁，现在突然来了这么个自己入川的机会，当然是喜出望外，不过绝不能显得急切，要再三表示为难才行，适当地摆点架子也是必要的，一请就到，那多降低身份？

首先被蒙住的是法正，这法正本来就是受张松所托专拆刘璋的墙脚来的，主公虽昏懦却是个宝贝，谁抢先卖了他谁准能发大财，怎么这刘备这么迂腐守旧？不想着趁机吃进这一原始大股？而且是别人送钱投资，稳赚不赔，哪有送上门的大股东不做的？

只好公开了自己的主动卧底想法，并细述自己与张松商议好的掠进益州之策，竭力动员刘备别顾虑什么道德仁义之虚名，吞到肚里的才是自己的，仁义不能当饭吃，为救大汉国家黎民，一个昏庸的刘璋算什么？

法正向刘备推心置腹竭力动员："以左将军之英才，乘刘璋之懦弱；张松，州牧之股肱，响应将军于益州；后借天府之殷富，凭两川之险阻，以成霸业，易如反掌也！"

话说到这份儿上，刘备只得"然之"了，虽然显得极为勉强，答应法正："逆取顺守，报之以义。"遂起兵数万，开向了将来可能被曹操威胁的益州，刘璋的目的终于实现了！

皆大欢喜：刘璋如愿，张松如愿，法正如愿，刘备如愿。当然也有不如愿的：早就对益州有想法的中原的曹操、江东的孙权。

刘备西征救刘璋，将领带去的是荆州降将黄忠、魏延等，关、张、赵都给了诸葛亮留守荆州，为什么不带诸葛亮入川？鱼岂能离水而独活？

因为荆州太重要了，这是刘备极其幸运得到的唯一的根据地，一旦有失，刘备将退无所归！其实还有一个重要的原因：刘备这条幸运的鱼儿现在又多了一盆水：另一新收的智囊随军入川，此人即是前文提到过的庞统。

离奇的升官之路

早时周瑜的突然病故，给刘备送来了一个几乎与孔明齐名的智士，周瑜的一个功曹笔吏——庞统，字士元，号称凤雏先生。

庞统是荆州襄阳人，少年时人长得木笃朴钝，没有人知道这是个神童级别的天才。直到有一天庞统像当年的曹操去找许劭相面一样，去找了颍川的司马徽来给自己做鉴定，才一下火爆了起来。

据说是因为庞统口才不错，毅力更是令人咋舌。见司马徽时正遇上这位大师爬到树上采桑叶，庞统便坐在树下陪司马徽侃了整整一天，终于让司马徽感到大奇，（这司马徽更猴！竟能趴在树上一整天？）给了个"南州士之冠冕"的高度评价，从那才名声渐显。

不过官运似乎并没有照应这位被称为"凤雏"的天才，拼搏了几年才混了个功曹的低级职务，勉强算是"吏"，连个小官也算不上。

刘备于周瑜辞世后接防了南郡，自然也就接受了南郡的一切地方官吏，这时的刘备对庞统还是出于间接的认识，因为庞统有个了不起的叔叔：庞德公，这庞德公笔者前文已经略微提到过，牛到何种程度呢？诸葛亮的老师！谁能不服气？

那句"卧龙""凤雏"得其一必得天下的说法就是出自于庞德公原创，笔者怀疑这老庞有替自己的侄子小庞当"托"之嫌，因为以后的事实证明了此说法的虚妄。

再说，从实际的政绩、军功来比较，这庞统与诸葛亮哪能是一个重量级的？就假设庞统能比诸葛亮长寿也没用，就算庞统智慧上与诸葛亮比肩也没用，关键的一条：对道义的理解与坚守。

再加上一条：对待工作的态度二人天差地别，孔明事无大小必躬亲，庞统却是工作不对胃口便刻意怠工，让当和尚咱就剃头不念经，住的庙小了索性连钟也不撞了。

开始刘备也是越级提拔了庞统的，从一个普通功曹提拔庞统为从事守耒阳县令，也算给了庞统一个施展才华的平台，比当年政府对待刘备自己大方多了，那时的刘备凭不小的军功才被委以个县尉而已。

但庞统却认为自己没有得到重用，百里小县不能屈就大才，但那县令工资却又特别想领，便勉强地到职接任，愉快地领取俸禄，坚决地不干工作——也不知以前在周瑜手下当个功曹笔吏是如何屈就的？莫非也是白吃干饭不干活？

估计谅庞统也不敢掠周瑜虎须，只能兢兢业业地为周瑜卖力，但现在东家换了刘备，这刘备比周瑜宽宏多了，想来偷懒也不会掉脑袋，看样子庞统也是个欺软怕硬的角色。

想必庞统依仗着在荆州、江东有几个相互提携的哥们儿，如陆绩、顾劭、全琮等人，就连鲁肃也对庞统相当欣赏，与庞统比肩齐名的诸葛亮当然也会捧场的。

发觉庞统不理政事的刘备烦了：怎么，想靠叔父名气吃闲饭？那就把岗位让出来吧，政绩考核不及格当然该下岗，这下令已提升为军师中郎将的诸葛亮也无话了。

面临待业的庞统突然戏剧性地转了运，那对刘备有相救于危难之际大恩的江东鲁肃来了封信，专门向刘备推荐庞统，说"士元非百里才也，使处治中、别驾之任，始当展其骥足耳"。

鲁肃的面子不能不给，再加上诸葛亮的竭力说情，刘备决定亲自考察一下这位"凤雏"先生，便与庞统进行了一次彻夜谈话。想那庞统是何等人才？应付这种考察绝对是轻车熟路，能一天感动司马徽，不能一夜打动你刘玄德？

二人私下说了些什么，史未详载，笔者也不好胡猜，反正是刘备大悦，立即礼聘为治中从事，这次入川又破格提拔为仅次于诸葛亮的军师中郎将，刘备现在是真正的"龙凤呈祥"也！

不干活也是升官之路！刘备来了个旷古特例。

当年三顾茅庐请到诸葛亮时，刘备兴奋地对关羽、张飞说："我得孔明，如鱼得水。"现在是大水源源不断了，刘备这条鲤鱼也应该能乘风破浪跃龙门了吧！

不是说"卧龙""凤雏"二者得一便可以得天下吗？现在左龙右凤扶持刘备，那天下还能是别家的？

打天下总得要慢慢来，反正目前是形势大好，《隆中对》的第二步到了实施的时机。刘备携凤入川，刘璋闻讯大喜，亲自远迎至涪关，刘璋乐刘备更乐，益州好似双喜临门！

双方相见甚欢，刘璋深恨自己未能早识本家英雄，接风欢宴自不必说，其实欢乐的浪花下面暗流涌动，刘璋的背后不知被多少支暗箭瞄得死死的，只幸亏那离弦的信号枪握在刘备手里，要刘备扣动射向仁义的扳机也是不大容易的。

张松令法正动员刘备：就在接风宴会上干掉刘璋，如此益州当可速定！——笔者前文就已经发过感慨：历来叛徒狠于仇敌！这刘璋发薪豢养如此一帮忠贞部属，想不败亡都难！

庞统所献第一谋：就在初会之所袭击刘璋。

刘备摇头："此大事也，不可仓卒，初入他国，恩信未著，此不可也。"——刘备看来总归顾些脸面，若按庞统之计，奸诈固然能压曹操一头，可是那益州军民能轻易归附吗？刘备创业的基础便是仁义二字，一旦公开丢弃，还能指望什么？

那刘璋虽昏懦，对这本家刘备却实诚无比，先上表推荐刘备行大司马，领司隶校尉；刘备也投桃报李，推荐刘璋行镇西大将军，领益州牧。——这才是不用付出任何成本的好生意！

公正地说，此时的刘备多是虚意，但刘璋却是真正的无限深情，先给刘备增兵助饷，请刘备出击汉中讨张鲁，又交给了刘备白水军军权，刘备并军之后已达三万余众，"车甲器械资货甚盛"一时！

刘璋欢欣返还成都：英雄刘备已到，今后总算可以高枕无忧矣！可不是，刘备提军北到葭萌关，为刘璋筑起了一道钢铁的长城！

刘备军在未及征讨张鲁之前，首先做的是搞好与豫州百姓的军民鱼水情的工作，部队秋毫无犯，与刘璋当地政府军的骚扰百姓形成了鲜明的对比；对所经郡县，则厚树恩德，以收众心。——看来刘备最懂得"以人为本"。据考证，这四字连在一块本来就是刘备的首创。

庞统献计不成，有些忧郁，建功心切，又不能明指刘备迂腐寡断，只有一再建议刘备尽早与刘璋撕破脸皮，不然何时能得益州？那刘璋会主动地让给咱吗？

刘备坚决不干，要翻脸也要等刘璋先变脸，不然就宁可一直等待下去。可是，那刘璋怎么会主动得罪刘备客军？

还是曹操给了刘备机会！

曹操兵出合肥，杀向孙权，孙权当然要通知盟友刘备助战，这就给了刘备一个测验刘璋对自己真实态度的机会，庞统建功立业的时机也终于盼到了。

洗雪赤壁之羞不那么容易

自建安十三年（208）赤壁之战后，江淮一带便注定成了一片血火交加的战场，这是由于地势造成的，居住在这一广大地区的百姓从那时便开始了"久经战火的考验"！

政治态度也就不可避免地成了可怜的"墙头草"，今天"还乡团"，明天"磨盘班"，在这种犬牙交错的战势中讨生活其实就是狗嘴里的骨头，时刻要准备着被嚼玩一番。

由于赤壁大胜，孙权的江东地区在这一带的势力其实早就不限于江东了，虽称江东，但长江在这里基本成了标准的东西走向，孙权主力据于江南，在江北已有了大片统治区，从东到西沿长江如走廊，分别为徐州的广陵一部、扬州的庐江一部及蕲春郡，主要的战事则在扬州的庐江展开，这还是因为地理上的原因。

曹操的陆军战力强悍，孙权的水师老到犀利，那么孙权必然要选择舟船进退自如之地作为据点，依次向北蚕食；而曹操则必定以清除这些据点为首要目标，双方主要表现在对巢湖地区的争夺上。

巢湖北靠合肥，南经濡须口与长江相接，孙权水军战船能得以进入，而且只要孙权控制了巢湖，曹操的合肥便永无宁日，合肥若易手，则扬州全境必将不保，孙权将进逼中原。

反过来也一回事，曹操掌握了巢湖地区，不但合肥成了后方，而且能顺水路进入长江，如此不但孙权的江北地区都会姓曹，江南也就被摆上了餐桌，成了曹操的刀叉能够得着的美食。

这种明显的态势，是任何人都能看出来的，曹操与孙权也就自然各施手段来抢夺这块风水宝地，但两人采取的方法却大相径庭。

孙权在与刘备的"蜜月"刚开始时，刘备便建议孙权：迁都秣陵，占此虎踞龙盘之地，威逼合肥，必成大业，后来长史张纮也极力建议此建都大计。孙权便于建安十六年（211）徙治秣陵，历时一年，筑了个石头城，改秣陵为建业，这便是今日南京被称为六朝古都的第一朝。

既然建业已称为江东都城，那当然绝对不能让这石头城位居前敌，孙权便在大江对面的巢湖水道濡须口构筑了一个水上堡垒，名濡须坞，坞内囤积大量军械粮草，使其既成为建业的江北屏障，又能作为北进合肥的辎重供应点，战事一旦不利，还能成为退军的绝好掩护。

这个水路要塞当然也就是曹操的眼中钉了，若能拿下据为己有，江北即从此无忧，进侵江南又有了坚固后踞，所以曹操这次的军事目标就是濡须坞。

但此前曹操的军事准备工作却很难称为攻势作战，反倒摆出了一副避战防守的架势。

曹操于建安十七年（212）便下令边民内迁，这里的"边民"指的就是江淮前线曹控境内的边民。曹操的想法很简单：彻底的坚壁清野！搞成个数百里无人区，你孙权还有兴趣来骚扰吗？

这招法显然不大地道，也未必高明，扬州主簿蒋济便明确反对："哪能照搬官渡白马作战时的套路？那时候我们处于弱势，不举城尽迁，势必留给敌人，但现在已破袁绍，收九州，北拔柳城，南向江、汉，荆州交臂，威震天下，人民已无他附之志。百姓怀土实不乐徙，让百姓惊惧不安，大为不妥。"

据史载："太祖不从，而江、淮间十余万众，皆惊走吴。"

就是说，此令一经落实，效果明显：江淮间的十余万百姓全去江东投奔孙权了!

　　所幸曹操还是个错了就认账的豪爽汉子!后来蒋济去邺城公干,曹操见面就大笑自嘲:"本来欲使百姓避贼,结果反而是我把他们驱赶给贼了!"反对此政策的蒋济被当场拜为丹杨太守。

　　由此看,曹操的战前准备工作做得远不如孙权,反倒是帮了孙权的大忙,尤其是增加了江东的人口:东汉末年,由于连年战乱,人民流徙死亡不可胜计,中国人口骤减,在天灾兵燹下,全国户口已很难查清。东汉末灵帝、少帝、献帝各朝,均已不见人口记录,仅存记录全国1473433户,人口7672881人。这个数字虽然不甚可靠,甚至有可能是曹操控制区域的人口统计,但三十多年里,人口耗损大得惊人则是事实。

　　全国不足千万,百姓的价值自然也就跟着涨价了,成了难得的稀货宝贝,这时候才是真正意义上的"以人为本"!

　　不过毕竟双方的陆军不是一个重量级,开始的战事还是曹军一路顺风的:建安十八年(213)春正月,曹操进军濡须口,孙权派步军都督公孙阳迎击曹军于合肥南,设立了江西大营(严格说应该是江北),曹军则由张辽为前锋,主动进击公孙阳率领的江东军。

　　曹操的尽迁江滨之民的政策是把双刃剑,在伤自己的同时对江东军的打击也是明显的,公孙阳的江西大营简直像处于孤立的荒野中,想搜集点曹军的情报也不可能。再加上江东军又是以步兵为主,与曹军作战便处于极为不利的地位,基本上没有能力进行野战,战事也就只能成为应付曹军围攻的防守战。

　　但现在应付围攻却并不容易,固守一处的首要条件便是凭以坚城，江东军没有；其二就是要有牢固的营寨，这点江东军还没有。最重要的是要有充足的粮草，但大营不是城坞，不可能囤积支应数月的粮草，所以战争一开始公孙阳便处于了绝境！

张辽欺负江东军不敢出寨迎战，索性将前锋部队分为两拨，连预备队也不留，围住公孙阳日夜强攻，守寨的江东军竭力固守，但形势却逐渐恶化，等到曹操主力赶到，守军终于失去了抵抗的信心，江西大营被破，公孙阳力竭被擒。

曹操趁胜势扑向了濡须坞，原以为能一鼓而下，谁知一经交战，才知道这半水半陆的城坞是最不易攻打的。水路掌握在孙权的水军手里，江东军无辎重供应之忧，陆上一面攻城难占地利，而江东军却能集中兵力于一方。曹军的城头战向来便是弱项，几次强攻不利，空耗兵力，信心大减之后不得不扎寨围困，可是地势又只能半围，无力困住水路，战事成了对曹军不利的胶着状态。

濡须坞外，曹操集中了号称步骑四十万的大军，面对孙权率七万水军固守的要塞，却望坞兴叹，毫无攻取良策，这其实应该归功于吕蒙。

是吕蒙竭力说服孙权夹濡须水口立坞，当时江东诸将从没见过于水上立城的奇事，认为构筑如此绝大工程，属自我疲劳之笨招儿，一个个振振有词："我堂堂雄师，上岸击贼能胜，洗足入船能战，这水坞是干吗用的？"

吕蒙解释得不厌其烦："部队战力不可能永远保持强悍，作战当然也没有百战百胜的道理，如一旦邂逅强敌，敌持步骑精锐强横于我，我军未必来得及撤到水边，又哪里能悠闲入船？"

孙权不但采纳了吕蒙的建议，全力筑成了濡须坞，而且亲自率精锐水师驻守，舟船器仗充足，部队训练有素，军伍整肃强悍。不然又怎能与几乎举国而至的曹军相持月余？且战局毫不见处于劣势，竟把曹操给熬得无可奈何，厌烦无比。

但这样僵持下去对孙权来说也不是好办法呀！谁知道曹操的军粮能坚持多久？这样下去岂不是两败俱伤？

孙权向诸将谈了自己的忧虑，唯有前部督甘宁挺身而出："主公勿忧，今夜我带本部百骑，夜袭曹营，让曹操也见识一下我江东健儿的厉害，打掉曹军的士气，让他们知难而退！"

孙权犹豫后应允，并特赐米酒犒赏出击的壮士，但壮士也都不傻，大吃一顿就去送命的事情都不愿干：这是干吗？觉得小兵的命不值钱哪？不光士兵，连两名行军都督都低头不语，眼见是不愿出战。

甘宁见状，拔剑置膝，先取两银碗米酒自行干毕，然后厉声训斥："你们在主公眼中的地位能与甘宁相比吗？甘宁尚不在乎这大好头颅，偏你们的脑袋就多值铜钱？"

都督眼见甘宁发怒，知道这场险是躲不过去了，干脆豁上吧！临死也要先做回酒鬼，取酒带领士兵各干一大碗，时已二更，众人摔碗上马，衔枚悄抵曹营，搬开鹿角、木马，一声呐喊，扑入了毫无防备的曹营。

曹军困坞日久，防备不免懈怠，及至甘宁轻骑扑入，警觉时却不知来袭敌军多少，一时难以形成有组织的抵抗，只是凭着平时训练有素，遇惊不慌，各自坚守营帐，不过战事突起在自己营内，箭弩不敢乱发，被动挨打是免不了的。

甘宁百骑，于曹营之中几乎任意驰骋，遇零散曹兵，即群骑拥上乱踏胡砍，曹军伤亡虽不多，却是举营皆惊，等到曹操得到确实军报，那甘宁百骑早已扬长而去，凯旋回坞了。

孙权的这一手确实出乎曹操意料：这碧眼小儿还有这一手？看来欲轻松完胜倒不是那么容易。

次日凌晨，曹操遥望濡须坞上，只见江东军旗飘扬，守城士卒衣甲鲜明，刀枪瓦亮，旭日之中，金光闪烁，不由得叹道："生子当如孙仲谋；如刘景升儿子，豚犬耳！"

曹操意灰之时，左右送上孙权亲笔给曹操的来信，信中语言客气，内含讥讽，热情建议说："春水方生，公宜速去。"

话说得极为明白了：江淮一带春雨马上就要连绵了，阁下还不认输撤军，在这儿等死吗？

曹操却不理会孙权的有意调笑激怒，他关注的是孙权信中的"春水"二字，这的确是不得不理会的不利天时，回信之际，又见从封中飘落一张字条，上写："足下不死，孤不得安。"

曹操索性将信遍传诸将，同时下令班师，回军时犹自感叹："孙权不欺孤。"——想来孙权在甘宁劫营爽胜之后，信心大增，本意乃是激怒曹操于坚城下困守待毙，谁知这曹操连敌人的建议都虚心接受，反而促成了曹操全师而归。

曹操留下张辽、于禁及八千兵镇守合肥，自己率主力军回到邺城。可是先前所实施的迁民之策却使张辽部处于了孤军于前敌的位置，由于此举，长江以北，合肥以南，已无城能够生存自立，只得主动弃守，仅剩了皖城一处，飘摇在江东军的强势之前。

更令曹操想不到的是，由于己方出征孙权前的炫耀兵力，唬得孙权致书于益州的刘备求援，竟间接地导致刘备得到了富饶的益州天府！

羔羊与老狼同溪喝水的故事

　　就在刘备用实际行动唱给益州军民"救穷人，脱苦难，自己的队伍来到面前"之时，长长的拖腔中却不断"三大金刚"的插白："宰了他！""三爷早断！"张松、法正，外加上刘备自己的军师中郎将庞统都有点儿急不可耐了。

　　道义与实惠之间，刘备犹豫不决。

　　其实应该是：在长远利益与眼前利益之间，刘备在反复掂量。

　　再准确一点儿：刘备不愿承担心理上的负担！夺人之国怎么也难与"仁义"画上等号。

　　这时候就可以看出来了，这刘备小时上学可能不大用心，"成王败寇"的基础知识掌握得不大扎实。当然，也可能是刘备眼光放得更远：就算顺利打下益州来，名不正、言不顺，将来治理是否麻烦？

　　一千八百年前的刘备之脸皮厚度与后世的人们还是有差距的，侵人之国的借口还不好找？就说刘璋藏有大规模杀伤武器不就心安理得了，笨啊！

　　为难之际，孙权求援书到，庞统知道，机会到了！立即再提建议：这是试验刘璋真革命假革命的试金石！趁机给他提出要求，助兵助饷，兵先要他一万，粮草军械若干，如数付出么——到时再说，如果不给？嘿嘿！揍他有理了吧？

刘备也想看看这位本家铁哥们儿能铁到什么程度，便依庞统建议致函刘璋：

"曹操正在欺负与我唇齿相依的东吴，还派乐进在青泥攻打少兵的关羽，我不去救助，关羽必败，接着就肯定轮到了益州，这忧患大大甚于张鲁，张鲁一个自己都顾不住自己的小贼，不必担心他。"

要求刘璋必须付出的"援助"清单当然附在后面，刘璋虽然大方，也不能有求必应啊，上市场买件"唐装"还兴见价拦腰砍呢，何况你这是为自己打仗，又不是去打张鲁，对折出血够面子了吧？

刘璋像个购物老手般准备半价送鬼出门，人力资源最宝贵，给你四千兵吧，客走主安乐，走了就好！刘璋却偏忘了中国有句俗语：请神容易送神难！估计现在的刘璋应该有了引狼入室的感觉，那还吝啬这点儿人、财干吗？

不过假如刘璋这样做：刘备咋说咱咋办会怎么样？

就像小学课本里的一则寓言所描绘：一只老狼与一只肥嫩的羊羔一起在一条小溪饮水解渴，狼先生想拿小羊羔做点心，先说小羊在下游污染了自己上游的溪水，继而指责羊羔在没出生时说过狼先生的坏话，最后确定是羊羔的爸爸散布对现实不满的舆论，还是扑向了可怜的羊羔。

刘璋这只并不值得可怜的羊羔主动将狼先生刘备请进了小溪益州，现在就是将刘备的要求当作最高指示，一切照办不走样也不会有用处的，想吃羊肉还怕找不出理由？

但刘璋这只羊羔却是当定了，刘备见求到的东西给打了折，心中大怒，良心的负担顿时减轻了许多，不过就因为人家给的东西少而揍人还是有些强盗逻辑，不以恶小而为之的刘备还是有些羞答答的，做心里想的事情真难啊！

有一个人关键时刻送来了遮羞布，就是那卖主求"义"的张松。

张松闻听刘备欲回师荆州的消息大为惋惜，立即修书给刘备，再次建议刘备决不能错过此千载收川良机。谁知此信草稿被张松的哥哥广汉太守张肃给发现了，惧怕连累性命，向刘璋举报了这个国贼家贼。

张松循天理被摘去了脑袋，由此刘璋突然觉悟：这刘备阴险！于是刘璋行文益州各关口：不能放这不讲仁义的大耳朵轻易回荆州！

这下成了，刘璋先翻的脸，刘备顿时轻松，终于可以开打了！

庞统献计三策：上策是选精兵轻骑，昼夜兼道突袭成都，刘璋军力虚弱，又无预备，大军骤至，一举便定；中策为宣称荆州告急，欲还军救危，将部队伪装成远行模样，那白水关守将杨怀、高沛必然高兴送行，就地擒拿，占据关口，尽取其兵，再向成都；下策是退军还白帝城，连接荆州作为后方，慢慢打吧。

刘备采取了庞统所献中策，果然那白水军督杨怀前来殷勤送行，被刘备轻松擒下，砍了脑袋，刘备趁势占据白水关，以黄忠、卓膺为前锋杀向涪城。

涪城守将刘璝、冷苞、张任、邓贤等倾力迎战，奈何部队战力与荆州兵却不是一个档次，连战连败，依城固守也未奏效，涪城终于被破，益州军只得退保绵竹。刘备军士气大振，开始兵出绵竹，刘璋急遣李严督战绵竹诸军，这次就看李严的了！

督军李严到达绵竹之后，果然督军有方，极力督促益州军各部尽快放弃抵抗，迎接刘备入关，刘备兵不血刃占领了绵竹，兵势愈张，现在就剩成都了！不，中间还仅隔一道关城：雒城。

刘备初克涪关之时，精神大为亢奋，大会诸将置酒作乐，酒酣之时得意非凡，对庞统大谈心里感受："今日之会，可谓乐矣。"

庞统心里纳闷：怎么与前几日判若两人耶？看来没有道德的约束真是太幸福了！便趁酒嘲讽开了老板："伐人之国而以为欢，非仁者之兵也。"

刘备已醉，大怒反驳："武王伐纣之时前歌后舞，难道就不是仁者了？你在胡说八道，出去自己玩儿去！"

被老板从宴会上赶出去可是够难看的！刘备一寻思也大觉后悔，便着人又把庞统请回酒场。庞统回到座位，也不道谢，饮食自若。

刘备还要分个里表短长，追问庞统："刚才的事情，咱们谁的过失？"

庞统酒后吐实言："君臣二人都有过失。"

刘备大笑，宴乐如初——既免掉了自己的尴尬，又化解了对庞统的羞辱，这刘备还不厉害？

平坦的大道却是最容易栽跟斗的时候，刘备的乘胜进军遇上了大坎：这雒城竟成了荆州军的拦路虎！

刘备苦战雒城之时，正是曹操无奈于濡须坞之日，但曹操却不比刘备的耐性，黯然回师邺城，去再升自己的官职去了，军事斗争得不到的，政治斗争中坚决找补回来！

曹 操

——魏武雄风

第四章

角力汉中

曹操自己的国家粗具雏形

自赤壁战后，三分天下已据其二的曹操日子过得并不安稳，仅南方便开辟了两条战线：荆州与扬州，荆州方向的刘备军还好说，因全力关注西进益州，襄阳前线基本处于守势；但扬州江淮方向的江东军却对合肥骚扰不断，曹军全力去打，江东军便龟缩于濡须坞内不出，主力转回便又复出蚕食，直令曹操伤透了脑筋！

建安十六年（211）的全力西征，虽然平定了关中，囊括了雍州，但却遗留了个马超隐患，以至马超在关中战败兵退凉州后猖狂未减，于建安十七年（212）八月攻破凉州，斩杀了曹操的刺史韦康。那羌、胡各部素服马超，一齐出兵响应马超割据凉州，马超的凉州军眼看又要逐渐势大，现已蚕食到了兴国。

对付马超的复振余部，曹操一时还顾不上自己出马，由夏侯渊主持对兴国的征讨，曹操自己却要理理政务了。

所谓政务，无非是进一步理清和东汉皇朝这块招牌的关系而已。大汉四百余年，其体制已经习惯在人们骨头里，那正统观念绝对深入人心，只要你不姓刘，凭什么当皇帝？这时的曹操也不敢犯举国众怒，就是他内心估计也不敢设想自己身登九五，让天下改姓了曹，这从他《短歌行》尾句中便可以看出来：自比周公！

天下还能有比周公更忠的忠臣？

不过这时的刘协也的确不值得尊重，自接位以来，对平息全国的混乱，这位皇帝又何曾起过丝毫作用？当然，就刘协的处境，就是有本事恐怕也无力施展，那就只有高坐庙堂当尊泥胎了，曹操的任务就是让这尊泥胎更泥胎化。

还是要解决体制问题，朝廷的官员不论是谁让当的，还是以大汉朝臣自居，这让人不大舒服；曹操身居邺城，还要遥控许都，也的确不大方便，管理系统要另起炉灶！这就是曹操欲建国中之国的根本目的。

先打乱原辖区，从行政区域上降低还没有到手的几州之地位，这样最起码理顺了曹军占领区内人们心中有关地方与中央的关系。建安十八年（213）春正月，曹操宣布：废除目前全国十四州的区域划分，恢复《禹贡》所载天下九州制。曹操手握七州，这就是大家看见的天下大势！

第二步，进一步增大冀州的版图，将河东、河内、魏郡、赵国、中山、常山、钜鹿、安平、甘陵、平原凡十郡改称魏国，曹操在董昭、荀攸等人的劝说下，"勉强"接受了皇帝封赐的魏公称号，加九锡，建宗庙，当然，推辞再三这套程序是免不了的。

对皇帝的私生活方面，曹操论说是不惜代价满足其需求的。七月，曹操将自己的三个女儿曹宪、曹节、曹华同时送给了皇帝做妾。

据史载，曹操一生共有儿子二十五个，早在建安十六年（211），曹操的儿子曹丕便被提拔为五官中郎将，有权独置官属，并挂副丞相实职，其余的小兄弟当然也在各自的公务员岗位上为国尽忠；女儿查无确数，估计要多于儿子，要不曹操为何这么大方？不管怎么说，后代儿女都被曹操派上了战场，朝廷龙榻上下都是魏公的子弟兵。

魏国人民从此站起来了！政府机构当然开始配套，尚书、侍中、六卿开始办公；地域又分为东魏西魏，各设都尉治理；一些随太祖长征四方的老革命都得到了妥善安置：荀攸荣任尚书令，凉茂居仆射大位，毛阶、崔琰、常林、徐奕、何夔皆尚书，王粲、杜袭、卫觊、和洽为侍中。

解释一下"九锡"：九锡与是否准备篡位无关，无非是九种礼器。是古时天子赐给诸侯、大臣的九种器用之物，也就是最高礼遇的表示。锡，在古代通"赐"字，九锡即九赐，再具体点儿说就是皇帝特赐给你以下九种物品：车马、衣服、礼乐、朱户、纳陛、虎贲、斧钺、弓矢、秬鬯。

内部整顿已毕，曹操又开始把目光投向了江淮的孙权。

至于西凉的马超，已经不是什么忧患了，这年余夏侯渊在凉州打得不错，运气也不错，去征讨西凉马超、韩遂两大强敌，在进兵讨伐的途中便减少了最强悍的马超，那马超竟然栽在了凉州本地人杨阜手里。

这杨阜值得一提。杨阜，字义山，凉州天水冀城人，族人众多，且俱尚武好斗，唯杨阜曾被举孝廉，又被凉州刺史韦康聘为参军，由是宗族子弟皆服杨阜，马超兵败关中时杨阜手下仅杨姓家兵即达千余人。

当时杨阜正好出使长安，曾建议曹操：留重兵追歼马超。曹操虽认同此议，但实际却带主力东归，以致马超以残兵攻破凉州，各郡俱降，唯杨阜所在冀城坚持依城死守，马超的铁骑却无奈于城下。

马超大怒之下，集中了所有兵力，死困住冀城，而汉中的张鲁又助兵万人，由大将杨昂带领参加攻城，这下凉州刺史韦康终于受不了了。

学习曹操好榜样

本来一座并不算坚固的危城，攻克并不太难，尤其是守军中的主要领导已经动摇，应该是冀城瓜熟蒂落的时候了。

可是任何事情都有例外的时候，这就是因为冀城内有了个杨阜，实际战事过程战苦了马超。结果虽然冀城内刺史、太守恐惧马超，都有降意，却因杨阜哭谏不降，亲率家兵战于城头，冀城一直死守了八个月未破。

后来刺史、太守见救兵无望，终于开城投降了马超，那马超却是个怪脾气：对死扛的杨阜欣赏有加，却砍了主动归附的刺史、太守的脑袋！

但杨阜却毫不领情，借口丧妻求葬假回到了历城，联合大舅哥姜叙、南安赵衢、安定梁宽等起兵反马，马超这次当然再也不能放过这杨阜了。

这双方其实说不清谁算叛军，马超与杨阜、姜叙等大战于卤城，杨阜与本家族兄弟八人首先突击马超军，马超恨极之下，独战杨家兄弟，一支铁枪神出鬼没，竟然连挑七人落马丧命，唯有杨阜犹自死战不退，身中五枪，浑身犹如血人，却还狂呼悍战！就连马超的西凉军也不由得心惊。

杨阜被重伤救下战场，马超趁势围攻卤城，但马超的后方冀城却出了乱子，那里毕竟是杨阜的老家，被安定梁宽、南安赵衢趁马超军空虚，里应外合袭破了冀城，留在冀城的马超妻子被杀。

冀城丢失后，凉州各郡变戏法般迅速改旗易帜，马超卤城还没到手，回头一看：自己突然变成穷光蛋了！

西凉军人乡土观念最为浓厚，只要老家改姓，士兵心思立马转向，不能保家了，谁还为国？部队士气陡然低落，迅速涣散，开小差的远超战场损耗，威震西部边陲的马超铁骑成了江南追歼战中的败军，马超本人不得不重新申领自己的"身份证"了。

新"身份证"上的职业改了行，成了羞对外人道的"流浪者"身份，马超强行收集残部越秦岭逃往汉中，去寻求他往日懒得正眼瞧一眼的张鲁之庇护，开始了虎落平阳、龙陷沙滩的屈辱日子。

西凉的韩遂虽与马超反目，但在军事上毕竟还是唇齿关系，马超这嘴唇撕裂成龁，韩遂这牙齿必然透凉入龈，心寒之下，将部队迁徙金城，背靠友邻羌、胡，暂避夏侯渊的曹军。

那主持凉州军事的曹军主将夏侯渊在各方面都得曹操七八分真传，尤其是在战场指挥与行兵冒险方面，比曹操甚至有过之而无不及，早在杨阜、姜叙起兵反马超之时，曾告急求援于夏侯渊，诸将领实在不愿与马超作战，便纷纷建议：这等举兵大事，要请示最高领导曹公，咱别擅权了。

夏侯渊却明白诸将的心理，冷冷回答："曹公在邺城，如去请示，往返四千里，要等军令回来，姜叙等脑袋也不知挂在何处了！

这是救急还是谋杀？"

夏侯渊没听大伙的，自主命令张部督步骑五千为前军疾援杨阜、姜叙，结果虽未赶上实战马超，但其援兵立至的威慑却是马超军溃走汉中的重要因素。

现在西凉的主要军阀就剩下一个在显亲的韩遂了，夏侯渊准备给韩遂来个长途奔袭，谁知那韩遂比经了枪的野兔还要仓皇，没等曹军出动便走略阳，夏侯渊只得按常规战法，进逼略阳，及至离略阳韩遂三十余里，羌、胡万余骑兵增援韩遂的消息已经传来，诸将有的建议兵贵神速立即攻之，有的建议应当转攻兴国。

夏侯渊现在的思路有点曹操的影子："韩遂兵精马快，羌、胡兵野战彪悍；兴国城池坚固，强攻难以立拔。那羌、胡兵也有家室，不如奔袭长离，那里是诸羌、胡的老窝。韩遂军中的长离诸羌必归救其家。韩遂若无羌、胡兵助阵，其势则孤，举师救长离则舍坚城被迫与我野战，必将成为我的俘虏！"

夏侯渊乃留督将守辎重，亲自率轻兵奔袭长离，轻骑骤至，羌兵眷属猝不及防，被攻破焚毁居住之屯。

韩遂果然举全师来救长离，诸将见韩遂的救兵众多，便欲结营做堑与之来个坚守战。

夏侯渊不禁摇头："我军千里远征，现在敌人来到了跟前，却忙于作营堑固守，则士卒劳累，军心必然涣散，士气不可复用。贼军虽众，仓促远来疲师，易破也！"

羌、胡人还没学会中原汉人的"落井下石"大法，虽然义气，慷慨相助韩遂万余骑以抵挡曹兵，也确实起了为韩遂壮胆的作用，谁知自己的老窝反而丢给了曹兵，军心不禁慌乱，现在随韩遂来救自己的眷属，一个个当然急于回奔，一时建制大乱，成了一窝乱蜂。

本来那羌、胡兵就无甚严明的军纪，战阵之上不易指挥调动，现在回家心切，更成了游兵散勇，这样一窝乱蜂岂能是容易融合指挥的？

韩、胡联军到了战场之上，实行的是标准的各自为战兵法，又恰前来远征的夏侯渊正急于立功，战风更加彪悍，部队又训练有素，收展自如，竟被夏侯渊长驱直入，势若风摧败柳，雨暴残红！

夏侯渊索性也学曹操之南皮摧袁谭之战，亲自接槌擂击战鼓，曹军士气更加飙狂，就此一战大破韩遂及羌、胡诸军。

余下的战事简单多了，在夏侯渊的接连打击之下，羌、胡散勇一散了之，韩遂败走西平，夏侯渊与曹军诸将士回头攻陷兴国，这回又学了一把魏公风范：鸡犬不留，全城屠之！

西线捷报频传，更增曹操南征欲望，大军即将出动，江淮又将沐浴战火。且住！此战事还是不打为好——有人挺身而出，欲阻挡曹操南下江淮。

文武两道都是行路难

出来阻止曹操再次兴师南下的是个小人物，曹操手下的一个参军，傅幹，字彦材，因为他给曹操提出的实际上是一个可称为战略范畴的建议，所以不管曹操采纳与否，笔者认为都值得拿出来剖析一二。

建议大意如下：治理天下，无非文、武二字。武治先立威，文治先立德，威德相济，才是王道。

过去因天下大乱，上下失去秩序，魏公以武力收服天下，十平其九——这武字当然用对了。及至今天，仅余吴、蜀未服，概因吴有长江之险，蜀有崇山之阻，甲兵不能至彼，自然难以威服。

既然威字用不上，那当然应该以德怀柔。建议：武攻改文攻，息军养士，分土定封，论功行赏。

现在出动十万大军，屯于长江之滨，若贼来个龟缩深藏，则我将士铁骑不能逞其能，明公智慧无所施展；就算枪杆子起了作用，被武力压服的人心里能服吗？

建议明公学习虞舜舞干戚之义，放弃战争，选择和平，以道义制敌，无往而不胜也！

这话说得头头是道，极符合《孙子兵法》中"攻城为下，攻心为上"的宏论，那曹操能采纳吗？

不能！原因很简单，傅幹说的是治理天下，问题是现在还是在打天下的阶段，弃武修文，几乎等于自杀。

别说天下还没到手，就是到手了也不能自毁长城啊？要知道：那长城两面都是大砖镶嵌的，既能对外，也要对内，没有雪亮的刺刀，谁来听你的胡说八道？

再说了，战争的算盘珠历来是由敌我双方拨动的，你管得了自己，还能管得住别人？史书载，"公不从"，其实就是曹操想"从"也是不可能的：江淮前线，孙权已经先动手了！

虽然曹操现在无论在实际上还是在形式上，都与皇帝差不了多少了——三月，皇帝已经明诏：魏公曹操其地位在诸王之上，改授金玺、赤绂、远游冠——但江东的孙权并不因此买账，反而是以实际行动表示了自己的不屑！

孙权的首个作战目标是皖城，这是去年曹操把江北边民内迁后唯一没放弃的合肥以南的据点，由庐江太守朱光驻守。这朱光屯皖城执行的却是曹操在建安十五年（210）的屯垦军令，召集流民，大开稻田，一时成了江东欲蚕食江北的拦洪水坝。

吕蒙心思颇远，建议孙权："皖城地区田肥水美，若一旦丰收，朱光的民众必增，兵力必强，应该早除掉这个大患。"

孙权素来就有虚心听取群众意见的良好品质，立即依从，并且亲自带队来攻皖城。江东诸将按照攻城的老规矩，提议先筑土山，同时添置攻城器具。

还是吕蒙及时指出："制作攻城器械及构筑土山，需要多长时间？所拖时日必久。我们准备妥当了，皖城的防备也修整完毕了，他们的外援救兵必然也到了，那时还能有我们什么事？

"况且我军是趁雨水丰足才得以乘舟而入，若滞留经日，水必退尽，我军只有舍舟登陆退军。还道艰难，我军必危！今观此皖城，还不能及时加固，以我三军初战锐气，四面强攻，拔城不难。然后从水路而归，方是全胜之道。"

孙权又听从了吕蒙的建议。

吕蒙便推荐甘宁为攻城总督，那甘宁却不是在后督军，而是手持铁链，率先攀城，直接成了突击队长；再加上吕蒙以精锐步兵继之以后，吕蒙本人亲自擂鼓催战，江东士卒腾涌非常，皖城立见危机。

庐江太守朱光及参军董和虽然集结了男女数万口守城，但无奈大都是些农垦部队，实在谈不上什么战力。被江东军黎明进攻，破城朝食，竟没耽误江东军在皖城内进早餐！

朱光率参军董和及男女数万口做了俘虏，闻讯急来增援的张辽刚赶到夹石，闻听皖城已破，无奈退回了合肥。

孙权感激吕蒙数次决断于关键时刻，拜吕蒙为庐江太守，分军马给吕蒙使其驻军寻阳，并别赐吕蒙寻阳屯田之民六百户，官属三十人。那曹操的大军就是在这种势态下不得不出动南下的。

曹操此次出兵，声势浩大，水陆并进，人马喧嚣，声震数十里，大有不破江东誓不还之态势，眼看江东就要大祸临头！

而此刻的孙权却并不在江淮前线，荆州方向出现了更吸引他的机会。

但留守的将士们也不负孙权所望，面对曹操的大军，严格执行孙权留下的作战方略：据城死守，决不出战！竟致曹操有力无处使，强攻不得地利，人多只能观战，出现了临行时傅幹所预言的局面：“十万大军，屯于长江之滨，若贼来个龟缩深藏，则我将士铁骑不能逞其能，明公智慧无所施展……”

曹操苦思怎生破坞之时，老天又让曹操折了一个有力臂膀：魏国尚书令荀攸在军中病逝！

先失荀彧，再去荀攸，曹操伤感无比，哀叹：“二荀令之论人，久而益信，吾没世不忘。”

心痛之际，后方又秘传惊报：国丈伏完谋反在即，现已掌握皇后亲笔家书，指使其父亲杀魏公政变！

曹操不能再犹豫了，前方军事无起色，后方岂能再蹈当初兖州覆辙？于是仍由张辽、李典、乐进等七千人马留守合肥，自己带全军退回许都。

正是：

> 虎头蛇尾行兵事，
> 雨疏雷密累远师。
> 功成业就寰球小，
> 武卫文攻放屁词。
> 官廉吏洁玩民口，
> 鬼笑人哭戏汉室。
> 谁说朝里有人好？
> 且看帝王换后时！

没离婚就还是亲家

孙权置江淮前线军情不顾，西行荆州，干吗去啦？去处理荆州方面的"家事"了。

刘备已率兵入蜀做客助拳，孙权又妒又气，一时还无话可说，只得密切观望，静待二刘欢度蜜月于益州，就看这二人何日离婚反目，对于这点，孙权内心是肯定的，一山尚且不容二虎，一个益州，岂能久容两个主人？

不久消息传来：那刘备果然不出所料，已经与刘璋反目成仇，现在正刀兵相见于雒城，看来二刘蜜月还没度完便开始了离婚行动!

孙权大怒:我出兵收蜀,你刘备阻止,说是要维护同宗本家,一转眼你却先下了手,那同宗之义、本家之情呢?怎么摊上这么个不要脸的妹夫?妹夫?对,还是亲家呀!亲妹子的处境要考虑了。

这刘备撇家西上,把一个如花似玉的夫人扔在公安守起了活寡,这倒还是小事,但如将来孙刘两家翻脸呢?有这么个胞妹在刘备那边毕竟是个顾虑;还有,那刘备现唯有一个独子,正留在妹妹身边,若能在接回妹妹的同时,将那刘备独苗给带过来江东,那刘备可就算被老牛穿了鼻子,还不得拖拖缰绳就拐弯儿?

思定便付诸行动,孙权派出舟船,迎接妹子回娘家。

孙夫人自刘备入蜀,自然郁闷这寡居生活,每日里只得以率众女兵男卫打猎消遣,但在排解寂寞的同时却不免骚扰百姓,所带江东军的男女侍卫,身份地位在荆州又甚为特殊,上司除了夫人本人别人不好插手管理,所以惯得一帮士卒骄横非常,强买强卖甚至抢劫的行为时有发生。百姓上告到诸葛亮那里,诸葛亮对此也没有灵丹妙药,只能尽力安抚百姓了事。

现在哥哥孙权来接自己回江东暂住,孙夫人自然高兴非常,那时的女人政治嗅觉绝不比今天,怎会思量亲兄背后的心思?便带着那刘备的独子刘禅上了江东来船,正常省亲,所有的外人都不能说些什么。

江东来舟离岸,刘备所派随从中有机灵者感觉不妙,立即飞报侍卫主将赵云。赵云闻报大惊,立即紧急通报下游的张飞,自己率部乘轻舟扬帆直追江东归船。

幸喜张飞接报异常迅速，出动战船迎头拦住了江东船只，赵云轻舟也同时逼住江东的省亲客船，二将不由分说，以武力相胁，硬是把幼主刘禅给从大江之中劫了下来！——由此看来，那孙夫人在刘备阵营地位甚是微妙，反正没有被张、赵这样的部下视作主母。

一段老少配的美满姻缘就此画了个逗号，句号还画不得，只要没离婚，就应该还是夫妻，只能称为暂时分居吧，美满却是再也谈不上了。倒是张飞、赵云劫江夺阿斗的一幕，经罗贯中老先生的妙笔宣传，从此成了千古佳话，流传直到今天。

妹妹已回，那刘备的独苗却没有带来，孙权不无失望，但与刘备翻脸却从此没有了顾忌，可翻脸夺荆州还不是时候，孙权还要等那益州二刘的战况：刘备胜夺益州，那就应该履行让还荆州的承诺；刘备失利，军力必大减，孙权也正好趁火打劫，武力强夺荆州。荆州，无论如何也该姓孙，绝不能姓刘！

而刘备围攻雒城的战事却遇到了天大的麻烦！

本来自与刘璋翻脸以来，战事异常顺利，再加上前锋主将黄忠勇冠三军，冲锋陷阵，所向披靡，刘备才得以兵围雒城，成都在望，但不曾料在雒城却碰上了一个难缠的对手——刘璋的儿子刘循。

刘璋虽昏弱，其长子刘循却是个不易对付的角色，由绵竹退守雒城后，刘循手下尚有两名大将：刘璝、张任。刘璝善守，被刘循委以坚守雒城的全权督军重任；张任善战，被授予前敌主将，率主力驻防雒城之外的雁桥，以期于野战中挫败荆州客军的锐气，就算能相持于雁桥，那刘备军也必然长耗不起，更何况还有后方成都的支援，雒城之战刘循开始时并不落下风。

谁知雁桥之战大出刘循意外：那张任竟认为益州军已处于"哀兵必胜"的地位，尽出主力与刘备决战于雁桥。刘备军初战败退，张任恃勇掩杀，轻兵冒进过于深入，结果被刘备与庞统预伏的魏延军伏击，招致失利。欲回师雒城又被黄忠率精兵截断了归路，以致张任本人被刘备擒杀，益州军大败亏输。

对刘备来说，现在是形势一派大好，庞统也认为雒城攻克在即，乘胜挥师围了雒城之后，才发觉不是那么回事：那刘循接受了张任兵败的教训，决不再出城作战，由刘璝督战于城头，刘循调度于城内，刘备军的数次强攻竟然损兵折将，毫无战果！庞统有点儿沉不住气了。

尤其是见刘备急调留守荆州的诸葛亮与张飞、赵云、刘封等入蜀助战，庞统更是心里不是滋味。但刘备此举实际甚是明智：雒城急切不能得手，战势眼看将不利于荆州军，东面的巴郡若出兵援助雒城，刘备军无疑将处于首尾难以兼顾的境地；尤其是成都的刘璋若举精兵来援，那荆州客军形势将更为不妙，三面临敌，久困于坚城之下，必败无疑！

荆州军出击巴东，将缓解雒城围城部队的压力，最起码来自东面外围的危险不存在了；至于刘璋成都的援兵？那就不是刘备所能指挥的了，只能寄希望于刘璋按兵不动，坐视雒城被围。

那刘璋还真是按照刘备所希望的部署兵力：守卫自己所在的都城是重中之重，精兵虽有，焉能轻易出动？至于儿子苦守的雒城？发挥自己的潜力吧，指望虎父老子接济的无不都是犬子，要相信儿子的能力，烈火炼真金，困境铸英雄！

开始的雒城攻防战刘循还真不负虎父所望，竟然在守城战中取得了一个绝大战果：把刘备的军中主谋、军师中郎将庞统给干掉了！

庞统可不想熬到诸葛亮等人来到再拿下雒城，立功过于心切，指挥作战时站位过于靠前，竟然被一支流矢射中了要害，当场殒命于雒城之下，"凤雏"尚未长为成鸟，便提前进入了"涅槃"期！

刘备闻噩耗大为悲痛，言则流涕。爱屋及乌，爱才及父，在拜庞统老爸为议郎并迁谏议大夫的同时，亲自督军死死围困雒城，誓要为庞统复仇！至于刘璋，暂时顾不了那么多了。

刘璋还真的不用刘备顾虑，竟于成都手握三万精兵，眼睁睁地看着刘备在雒城将围困进行到底，倒像是在体验坐以待毙到底是什么滋味。

那刘循还真是不含糊，面对刘备大军的围困强攻，坚持不降，抗战到底，这一守竟然将刘备牵制在雒城城下一年有余！

围城中间，已投入刘备军中的法正曾苦心飞书劝降，刘璋不置可否，却又不采取行动支援雒城的儿子，只知成天苦闷愁思、开会不断，最后也没拿出任何决议。

其实在初与刘备翻脸时就有人提出过一个极好的抗战方略，这个人叫郑度，他给刘璋出了个"坚壁清野"的主意："刘备客军无辎重，无法持久作战，应当尽撤巴西、梓潼人民于涪水之西，粮草一概烧光，然后高垒深沟，决不与刘备作战，不过百日，刘备必将自走，那时出动打击掩杀必能擒杀刘备。"

史载，刘备闻听此消息大惊失色，唯有了解刘璋的法正不屑此消息，法正对刘备保证：放心，刘璋向来不听正确的建议。

知刘璋莫若法正，那刘璋确实是个固执的主子：早在请刘备入蜀之时，先拒绝了主簿黄权的苦口婆心之警告，后不理睬从事王累的倒悬州门的死谏，现在当然不能听从郑度的胡说，拒绝的理由绝对伟大："吾闻拒敌以安民，未闻动民以避敌也！"——好人刘璋！

就这样，在"好人刘璋"的耐心等待下，荆州的诸葛亮尊刘备的意见，留关羽镇守荆州，自己起军数万，与张飞、赵云兵分北南两路，沿江西上，一路斩关夺将，收郡服县，浩浩荡荡杀到了雒城！

本家、亲家全成仇家

《三国演义》中张飞的形象极为突出：豹头环眼，针须倒竖，刚勇粗暴，嗜酒无度，虽然早晚施些灵机一动的小计，但不掩其粗鲁本色，莽汉风采。

其实史书中的张飞不但形象文雅，而且智勇双绝，尤其性格豁达大度。

张飞率部进军巴西之前，也曾遇上了一个硬钉子，那便是巴郡太守严颜。

诸葛亮指挥大军初进益州之时，并未分兵，而是先集中兵力攻克了巴东（今重庆奉节东），然后挥师进逼江州（今重庆），身为大军前锋主将的张飞面对巴郡太守严颜玩儿了一手绝活。

严颜其人，在益州素以忠勇著称，而且看人料事极准。早在刘备应邀初进益州之时，严颜看着过境的荆州部队就不禁哀叹："此所谓'独坐穷山，放虎自卫'者也。"

现在这只被刘璋请进自己家的饿虎终于要反嗜"穷山"的主人了，严颜面对闻名遐迩的张飞并没有畏惧，一开始也是采取的持险固守的正确方略：江州山城险峻，易守难攻，只要耗尽你的辎重，你还是要从哪儿来的回到哪儿去！我趁势掩杀，当可必胜而收复巴东。

谁知性急的张飞来到江州并未攻城，而是绕城而过，继续西进，甚至连因道路窄狭不能通过的辎重粮草都甩掉不顾，看来那刘备在雒城的战事不妙，张飞有点儿急眼了！

对于张飞留下看护辎重的少量部队，严颜并没放在眼里，不趁机收了此份大礼的确有违兵法，且能一举切断张飞军的后路，再不出动，就是敌人也会笑话的。

实际战况简单多了：严颜去劫粮，张飞去袭城，双方都得了手，那严颜可亏大发了！急切回军救江州，回程又中了张飞本人的率部埋伏，连拼命都没能如愿，竟被张飞于战场生擒马上。

张飞审讯战俘别具风采！

见面即大怒训斥："兵临城下，匪军为何不及时起义投诚？竟敢阻挡大军入川，螳臂当车，不自量力！尔等这是自绝于人民！"

严颜傲然不惧，大有"戴铁镣，锁铁链，锁不住我雄心壮志冲云天"之玉和英风，严词驳斥，据理力争："你们无理兴兵，侵略我家乡，我川军但有断头将军，从无投降将军！"

这下张飞怒上加怒，想做断头将军？那还不容易！喝令左右，立即砍下这抗拒改造之死硬分子的脑袋！

严颜反而平静安详,神色如常,竟然嘲笑起了暴怒的张飞:"砍头就砍头,只当风吹帽,不过砍本将军的头,你发的哪门子怒?"

对这拿自己脑袋不当回事的严颜,张飞打心眼儿里敬佩了,立即亲自解开绳索,请到上座,囚徒转眼成贵宾!

这严颜却是个吃软不吃硬的主,面对张飞"糖衣炮弹"的进攻,立马败下阵来,立即感激政府宽大,表示要重新做人,争取新生,不仅屈身做了张飞的宾客,并且表示:要戴罪立功,招降纳叛,说服旧部投向人民!——这是真正的"将军决战岂止在战场"!

江州大捷之后,诸葛亮兵分两路西进:赵云在左,连下江阳(今四川泸州)、犍为(今四川彭山东);张飞在右,横扫巴西(今四川阆中)、德阳(今四川遂宁东南),眼见雒城在望!

但刘备围攻雒城却突然得手,诸葛亮的增援部队未能赶上雒城最后的攻坚战:雒城守军见成都刘璋坐视雒城险境不顾,荆州援军据闻不日就要抵达,军心终于涣散,刘循、刘璝再也无法约束看不到胜利希望的手下,雒城已经坚持到头了!

刘循见大势已去,突出城去,逃往成都,刘璝丧命于自己的叛军之手。就在诸葛亮的荆州援军到达之前,雒城终于易手。

刘备三路大军胜利会师于雒城,兵贵神速,又岂肯耽搁?大军浩荡,围了成都,刘璋的命运已经决定了。

其实现在成都满有一战的资格,不光刘璋手握精兵三万,城内军民由于愤慨刘备的背信弃义,俱表示愿与刘璋共生死,与成都共存亡,更何况城内粮草储备丰足,支应一年有余,那刘备的大军又岂能在成都城下再耗上一年?

　　当然，一心投降保命的也是有的。刘璋手下的蜀郡太守许靖就失去了信心，欲趁城池未破，来个先行觉悟，便趁夜逾城降敌，结果因行事不密，被发现逮了回来。但此时的刘璋早已乱了方寸，危亡在即，心里岂能不思退路？所以并没有立即宰了许靖。

　　欲破成都当然不易，诸葛亮正在谋划攻城方略之时，刘备的运气又来了：那投奔张鲁的马超给刘备送来了密信，要脱离张鲁率部投效，马超的此举成了成都破城的关键。

　　原来马超早知张鲁不足与之共事，前来汉中投奔实是没有办法的办法，来到汉中之后，又与张鲁的亲信杨松、杨柏产生了无法调和的矛盾：系师张鲁座下的第一、二把交椅本来是属于这杨姓松、柏二人的，现在突然来了一个勇名闻全国的马超，据说张鲁还准备把女儿嫁给这马超，那我们的地位岂不无形中矮了一级？

　　所以两人便数次在背后提醒张鲁：这马超连亲爹都能不顾，勇猛、无信都不亚于吕布当年，实在是信任不得，只能利用，万莫重用啊！

　　这些信息不知怎的都传到了马超的耳中，又恰刘备派建宁督邮李恢前来秘做马超的统战工作，马超终于下定了决心：再改门庭，今后跟着刘备干！

　　遂从武都逃入氐中，向刘备送来了请降密书。刘备却使人制止马超的立即起义，反而秘密派去了部队，使马超的西凉残部立即像个样子了。

　　然后散出风声，说西凉马超，不忿刘备欺凌益州的行径，已经起兵前来益州见义勇为，要救援刘璋于水火之中。刘璋闻报，当然如同一个快要淹死了的人突然抓住了一根救命的稻草，管不管用，就指望他了！

十几天已过，刘璋期盼的马超之西凉铁骑终于到了，现已扎营成都城北；可是一个石破天惊的确切消息也到了：那马超是奉刘备之命，前来助攻成都！这下成都举城慌乱，刘璋的心理一下崩溃了。

刘备则及时地派来了以铁嘴著称的从事中郎将简雍入城，前来动员说服刘璋认清形势，及早归降，也好争取个宽大待遇不是？

刘璋感觉这是真的走投无路了，便拒绝了部下抵抗到底的呼声，开城投降了。临降发表声明："我父子在益州二十余年，无恩德施与百姓，实感惭愧。现在百姓历经战祸三年，田园荒芜，饥寒度日，实在是我刘璋的缘故啊，再不熄战火，我何能心安？"

在部下莫不流涕的感动深情之中，刘璋被刘备优待迁于公安，尽归其私人财物，并佩振威将军印绶——刘备的确宽待了最后关头觉悟了的刘璋。

益州到手了！刘备顿时发了大财！蜀中殷盛丰乐，刘璋留下财宝无数，刘备连开大宴，犒赏三军，以刘璋的金银分赐将士，并宣布自领益州牧，以下诸葛亮为军师将军，对有功将佐、益州原官吏一律论功行赏、加官晋爵。现在是降者受降者皆大欢喜，唯有刘璋，黯然携家东去。

盛大的节日期间也有不和谐的音符：那孙权像催债鬼一般送来了书信，要求刘备履行当初的诺言，让出荆州，实在不行，先交出荆州南三郡的管理权也行啊。刘备回书：我正准备收服凉州，凉州到手后，一切都好说。

　　孙权怒恨交加，立即采取了武力接收行动，先派南三郡的江东官吏前去上任，当然被留守荆州的关羽给赶了回来，不过这却也在孙权的预料之中，孙权还有后招儿：江东大军同时扑向了三郡！

　　刘备与本家刘璋成了仇家，夺占了这本家的老窝；现在又与亲家孙权结成了仇家，孙刘亲家之间开战了！

单刀赴会的人是姓关还是姓鲁？

　　刘备主力尽数入蜀，关羽留守荆州的担子可不算轻松，兵力大减之下，对北、东两方向只能被动防御。北方的曹军还好说，凭借自己的威名，再加上曹操的注意力已不在襄阳前线，双方还能暂时维持一条默认的战线，谁也不愿轻易挑起大的战事。

　　后方的荆南三郡就不同了，本来靠东的一部分就在江东军手里，又加上江东军的盟友身份，荆州军难以主动以武力驱赶，这片江南水乡实是孙权嘴边上的肥肉，只是不知道他何时张嘴来咬而已。

　　翻脸的主动权在孙权手里，孙权见刘备初定益州，原刘璋旧部未必那么易于驯服，致书刘备索要三郡而被拒后，先礼后兵的程序就算完成了上半截，现在到了迅雷不及掩耳武力并吞荆州的时候。

　　前军主将为吕蒙，督兵二万杀向了三郡，吕蒙极懂得政治攻势，武力仅用做后盾威吓之用，一般是兵临城下之后，即修书劝降各城守官吏，几乎就是当初刘备得三郡的翻版，移书长沙、桂阳之后，二郡皆望风归服，唯有零陵太守郝普据城死守不降。

紧急军报送到了正在安抚西蜀地方的刘备案前，自己的荆州老家，怎能轻易丢弃？再说现在刘备的兵力已非入川之时可比，荆、蜀两州大军已合为一家，总数已逾十万以上，已经具备了与孙权这位大舅哥一争高低的资格！

刘备一面命镇守江陵的关羽整兵备战，南向收复三郡失地；一面自己亲率五万步骑沿江东下勒兵公安，虽然身居江东乔客之位，也只得以刀枪会亲戚了。

局部态势刘备军并不落下风，江东军由于江淮前线曹军的牵制，并不能尽出主力来争荆州，前线仅鲁肃的万余水军及吕蒙的两万步骑混合部队，尤其是位于江东军后方的零陵郡还在刘备委任的太守郝普手里，真要双方动了真章，谁也不敢说是绝对赢家。

至于两家的共同对头曹操，那不利因素双方都存在，估计曹操也不会偏向哪家的。

刘备亲自出马，孙权当然也不甘落后，孙权先命与关羽邻界的鲁肃以万人屯军曾阳以拒关羽，自己率部进驻陆口做后援，又飞骑传令零陵城下的吕蒙，急速援助鲁肃，这最当紧的亲戚之间看来是要动真格的了。

吕蒙接孙权传令，却不敢泄露，他深知郝普为人忠厚，既然不叛刘备，必然竭力守城，若知孙权下令攻城部队增援益阳前线的鲁肃，必然更是以死相拒，而江东军面对坚城，还真是急切难觅破城良策，现在围困已经不再可能，莫非还要真的让这郝普为刘备留下零陵一块肥地不成？

　　吕蒙当夜召集诸将授以攻城方略，次日凌晨，吕蒙全军在零陵城下摆出了一副长期围困的架势。

　　吕蒙军中却有郝普的故人南阳邓玄之，吕蒙对其貌似推心置腹："郝普只知道效法世间的忠义之士，可惜不逢天时呀！现在左将军在汉中已经被夏侯渊重兵所围，自身不保；关羽在南郡持兵自守，光顾保他的忠勇虚名，又受曹军牵扯无法脱身，自身首尾不能相顾，哪有余力救援零陵？

　　"我估计就算关羽侥幸攻到这里，那时零陵不知被破多少天了！零陵城破之后，郝公必然身死，可惜也是于事无补，反而累其百岁老母白受株连，真是令人痛心啊！

　　"其实郝普坚守不降，无非是觉得不久便会有外援，但现在这种形势，这不是他自己在做梦吗？信息不畅害苦好人啊！你进城去给他讲明外面的形势，是福是祸就看他自己的了。"

　　邓玄之见这围困的架势，的确担心故友的不妙结局，马上进城见了郝普，吕蒙的推断必然成了自己的亲见，郝普掂量再三，痛苦地明白了无法长期困守孤城的现实，勉强开城出降。

　　吕蒙当然热烈欢迎，亲自牵手接郝普下船欢聚接风，一番客套已毕，拿出了孙权的紧急书令，拊手大笑。郝普接过孙权的调兵文书细看，才知道刘备已经来到了公安，而关羽更是已经进军到了益阳。被忽悠了！惭愧加上悔恨，只想找个地缝钻进去。

　　吕蒙留孙河接掌了零陵政事，率自己所部赶往了益阳。

　　益阳前线，鲁肃的江东军与关羽的荆州军顶上了牛，只是因关羽还未等到公安的刘备跟上来，鲁肃也在等待吕蒙的增援，双方也算还没有正式开仗，鲁肃准备与关羽单独会晤一次，看在最后的关头能否争取到和平收服荆州的哪怕一丝希望。

独会关羽？诸将不禁咋舌，自然没有人赞同。鲁肃却胸有成竹，自信无刘备的命令，那关羽绝不会翻脸伤己，自顾修书邀关羽相见，各驻兵马百步之外，每人只准带一名随从于两军中间谈判，关羽立即应允。这就是史称的所谓"单刀赴会"。

此会肯定有会议记录，但与会双方记载的却不大相同。《吴书》大概只记录对自己有利的情节；后人补著的《蜀书》根本就没提此事；《资治通鉴》又扯进了《江表传》中的一点佐证，以至于一场嘴官司打了一千八百年，无数史家也没有替他们辩清个里表。

就是到现在也是争吵不断，吴"粉"依据《吴书》，蜀"粉"宁愿相信《三国演义》，可惜《魏书》连个中间人也没当，致使这"单刀赴会"成了一件永远无法结案的官司。

笔者没胆量蹚这浑水，不准备替他们孙、刘两家当这个"家务事"法官，仅在此做个笔录吧，能断言的只有一条：所谓"单刀赴会"既不是单刀，也不是单人，既不姓关，也不姓鲁，既然都带了一名随从赴会，那就只能称为：鲁、关二人双刀会——战场谈判而已。

关键时刻总有搅局劝架的

公平地说，关羽在这场谈判中难度稍大点儿。因为毕竟刘备欠着孙权的人情，尤其是鲁肃，对刘备集团有着相救于危困的天大情面，打嘴官司关羽又不是长项，所以，辩论中处点儿下风应该是可以理解的。

至于鲁肃的当面索债与关羽如何依理拒还，到底谁说得更合乎情理，那话题就大了，笔者前文已经有专述，实际就在于刘备之前背后承诺了什么，肯定没打欠条，吃亏就在于刘备在孙权索要三郡时给了孙权一个书面答复：打下凉州来后可以给你荆州，这下从侧面等于证实了当初确实许过孙权什么，赖账是不可能了。

从刘备一听自己的夫人已经被孙权收回，立即就好意思带兵包围荆州来看，还兴许真让笔者给蒙准了：那刘备说不定还真是拿将来的荆州换的媳妇，现在交易执行过程中出了变故，你孙权把妹妹已经带了回去，凭什么再让我继续履行让出荆州管理权的承诺？

还有一条也挺难赖账：那南郡可是众所周知江东周瑜打下来的地盘，那可真是借给你刘备的，没说当嫁妆陪送给你，你能还得起吗？丢了南郡，别说南三郡，荆州还能有你刘备什么事？

怎么应付这桩不大好赖的讨债？就要看关羽的了，幸好那时还没有"杨白劳"们即"大爷"的怪风气，鲁肃还是不用磕头求还账的，作难的还是临场谈判的关羽。

咱就以《三国志·吴书·鲁肃传》的"一面之词"作为蓝本，开始还是结合点《资治通鉴》中关羽的辩解：

鲁肃首先责备关羽不让出三郡，关羽愤然回答："乌林之战，光是你们自己打的？左将军身先士卒奋力杀敌，难道不应该有一块土地作为酬劳？而足下有什么资格收回这块地？"——这是关羽的"论功行赏"的理论。

　　鲁肃的策略是揭刘备的老底，附带着也让关羽回忆自己的大恩："话不能这样说，当年在长坂相遇刘豫州之时，他的人马还挡不住曹军一校人马的攻击，势弱穷极，几乎逃亡荒远；我主孙权怜悯刘豫州身无立锥，没有顾虑江东付出了多少人力物力，慷慨赠土才使刘豫州有了一块立足之地，刚解决了他的危难，他却假情虚意背弃了道德（阻孙权入川，自己先下手），并吞了益州还贪心不足地想要兼并荆、襄，这种事是个人就做不出来呀！何况豫州这样的一方之主？

　　"这土地本来就是我鲁肃建议借给你们的，就是可怜你们军败远来，穷途末路的缘故。现在既然已经得了益州，却没有奉还南郡之意，我主退求南三郡，又不从命……"话未说完，有人插话（肯定是关羽所带随从）："国家的土地，谁有德行（应该是能力吧？）谁占据，哪能永远属于一家？"

　　鲁肃遭抢白，脸色大变，厉声回驳，关羽趁机握刀站起，呵斥自己的随从："国家大事，也是你能插言的？"眼色一递，随从退下，谈判不了了之。

　　谈判破裂，两家看来只有比赛谁的拳头硬了，谁知刘备突然遣使求和，自家人，哪能用暴力解决问题？

　　孙权其实也不愿意两家开打，为什么？还是曹操给两家拉的架：曹操大军已经开始西进汉中，这下孙、刘两家的态度大变。

　　以曹操之强势，灭汉中张鲁定然不在话下，可是接着必然轮到的就会是益州，刘备要先行顾家去了；曹操主力西进，江淮必然空虚，若此时乘机拿下合肥，孙权不但都城建业稳固，北略中原也将梦想成真，不比在这儿血拼这点儿地盘强？

实际上两家目前内心都不愿意开打，所以才终至坐了下来并达成了协议：以湘江为界，长沙、江夏、桂阳三郡划归东吴，而南郡、武陵、零陵仍属刘备。荆州的官司暂时休庭。

孙权心里有数：这项交易自己实际没占多大便宜，战略要地南郡还控制在关羽手中，自己已经拿到手的零陵反而要退还给刘备，不过孙权实在太向往富饶的江淮大地了，合肥！拿到手足可抵半个荆州，不尽快摆脱刘备在荆州的纠缠，又怎能集中兵力于江淮方向？一旦曹操从汉中回师，那时一切都成泡影，拖时日将后悔莫及！

刘备得以转兵蜀北，警备汉中威胁，也算识时务地做了让步，可是却留下了一个绝大的隐患：与那孙权的裂痕再也不可能弥合了，这迟来的苦果，终究有一天会尝到的！

襄阳前线，关羽的荆州部队与曹军形成了麻秆打狼——两头害怕的局面；江淮方向，孙权开始酝酿攻取合肥的战役；而回到许都的曹操却对两条战线都不能增兵助势，曹操已经瞅准了两个新的猎物！

需要集中兵力的猎物在西方汉中，十二月，曹操开始进军孟津，摆开了吞掉汉中的架势，这次不是恐吓了，是真的要给张鲁的"鬼卒"施点妖法！

不过还要等一下，要先把身边的猎物消化掉，此猎物虽没有什么好味道，但到手后的感觉也相当良好，那就是皇宫内的那把皇后椅子，曹操已经除掉了原来的主人，到了送给女儿做婚后陪嫁的时候。

巧为女儿除情敌

早在初平元年（190）之前，陇西的宋建就趁中原大乱自称河首平汉王，拉杆子暴动于枹罕，并自行改元，设置百官，朝廷各类机构一应俱全，倒也像模像样。

但是自马超、韩遂兵败式微之后，西凉成了曹军一方独大，宋建的平汉王就坐不下去了，曹操自己头上还没有一个王字，怎能允许西方存在一个平汉王？还是我先平了你吧！

建安十九年（214），曹操派夏侯渊自兴国出兵平了平汉王，十月，宋建被连王位带脑袋一块摘去，只可怜枹罕城全体臣民一起陪王爷殉了葬，夏侯渊屠城的瘾简直比曹操当年还大。从这时起，凉州才算真正被曹操全境平定了。

宋建这王爷被轻易砍脑袋当然是由于自己拳头还不够硬朗的原因，比不得汉献帝刘协，不用动拳头也有美女送上门来。前文说了：光曹操一人就送进刘协怀里三名妙女，还绝对都是曹操的亲闺女，最小的还是幼女——曹操这事做得不免令后人摇头：魏公府招不到女婿了怎的？就算想加强点儿保险系数，也不用以三博一吧？

皇帝当然不怕美女多多益善，哪怕你是来龙榻上监视的，可是有一个人实在受不了，哪位？当然应该是皇帝的大老婆：伏皇后。

伏皇后进宫已经二十四年了（190年皇帝西迁长安时入宫），

308

那时的皇帝刘协年方十岁，好不容易熬到皇帝成人了，自己也人老珠黄了，这时偏又被曹操"一顶花轿"送到皇帝身边三名"花季少女"（实际只有两名非幼女的姐姐于二月入宫），这以后还能有皇后这半老徐娘好过的日子吗？何况后面还有一个"待幸闺中"的更小的贵人？

祸根源于曹操，伏皇后决定坚决除掉这直接威胁自己皇后地位的曹操，于是秘密修书给自己的父亲故屯骑校尉伏完，信中假传皇帝"圣意"，说皇帝怨恨曹操枉杀董贵人及国丈董承，委托伏完找机会除掉国贼曹操，据史书载："辞甚丑恶。"

前文说过，这许都其实不过是曹操软禁皇帝的一所大监狱，那皇宫无疑便是一座扩大了的牢房而已，这等与监外通信的秘密，焉能逃过曹操的众多"狱卒"之法眼？

事情突然又合理，伏皇后的密信走了光，连累父亲掉了头，全家兄弟、族人百余口一起送了命，伏皇后自己也预料到等着自己的是什么了。

曹操既然送女儿们入宫，又哪会容忍中宫之位旁落？早就想找茬替自己女儿们扫清"进步"障碍了，现在的皇后其实是自己撞进网来。

至于《三国演义》中所描述皇帝也参与了密谋，笔者认为那是不可能的，倒也不是因为正史未载，主要是分析这刘协已经过一次董承事件，早已丧胆认命，哪里还能再起诛杀曹操的妄想？

退一万步说，就算皇帝有此心，也不会如此无知：岂能将这种性命攸关的机密大事委托给自己的皇后处理？那伏完有多大能耐皇帝能不清楚？不会做这以卵击石的傻事的。

不过这也从侧面证实了曹操并无废帝自立之心，想干掉皇帝自己做，干吗还非要赔上自己三个女儿？看来曹操只想做"太上皇"，笔者不是指曹操以后露出的话风：希望寄托在儿子身上，自己能做周文王即心满意足。

这账笔者是这样替曹操算的：现代俗话，"一个女婿半个儿"，曹操现在将三个女婿集皇帝于一身，那皇帝还不就等于曹操的一个半儿子了吗？这样看曹操已经成了一个半太上皇了，还用得着篡位当皇帝？

事实上曹操远比太上皇威风厉害，太上皇也不见得随便诛杀自己的儿媳妇皇后，曹操宰起皇后来连出面都懒得，现在不是亲自入宫杀董贵人的时候了，现在的魏公曹操只需要动动嘴皮就一切搞定！

据《曹瞒传》载中：曹操派华歆带兵入宫逮捕皇后，伏皇后自己做了什么自己清楚，惊恐之下便藏进了夹壁墙中，被华歆提着头发揪出，皇后披头散发光着脚拉皇帝的手，哭求皇帝相救："我真的不能活了吗？"

皇帝回答得极其无奈："我自己还不知道能活到哪一天呢！"——意思也有另一种味道：认命吧！夫妻本是同林鸟，大难来时各自飞！

当时御史大夫郗虑也在座，皇帝对郗虑哀叹："郗公，天下有这样的理吗？"

史书未载郗虑是如何回答这可怜皇帝的，估计未必有胆量替皇帝辩这个理，不过这理到了曹操那里可能就不这样算账了，你想宰我，我当然先宰你，别说什么皇后，皇帝又怎的？自卫无罪，造反有理！

是否还有一种明账？我送给了你三个媳妇，一共才杀了你两个老婆，你还净赚一个媳妇呢！三个小的换你两个老的，偷笑去吧，小子！

伏皇后被幽闭丧命，就连所生的两个皇子也被砍了头，现在内忧扫除，中宫已虚，皇后的座位给曹操的女儿腾出来了。建安二十年（215）正月，曹操把自己大、中、小三个贵人女儿中的中女曹节扶为皇后。现在不光天下九州曹操成了实际的老大，连六宫之主也姓了曹，曹操当上了皇帝的岳父。

照顾朝政家事的同时，曹操并没有忘记外患尚在，尤其是刘备掠得益州，令曹操大为震惊，这位曾被自己捧为英雄的织席小儿有了根据地，蜀道险峻难征讨，刘备如同虎入深山再难猎取，更担心不知何时出山伤人！

江淮前线也令人忧心，那孙权依仗长江天险、濡须坞坚垒，一直对扬州骚扰不断，逐步蚕食，幸赖张辽率李典、乐进镇守合肥，屏障中原半壁，只是那合肥前线配置的兵力实在过于单薄，但立即增强却还不是时机：一则军粮难供大军长期消耗，江淮的屯田还未能立时见效；二则曹军的主力早就瞄准了目标——汉中张鲁！

张天师的幸福生活

自古升官，路有千条，形形色色，难得尽述。

　　隋朝之前，一般是靠推荐与选拔相结合，汉代就设有"贤良方正直言极谏科"，专门搜罗有意做官的人才；靠"造反——招安"之路做官也算是一条捷径；另外还有上不得台面的黄门、红门、后庭、前雄之类；苦读个秀才——举人——进士？这是大隋之后的一条极窄之独木桥，你要付出一生的代价，成功的比例也就百分之一往下吧。

　　但靠修仙升官的大概只有天师张门一家，汉和帝时的张陵就开创了这旷古先例，曾被晋位太傅之职，并封冀县侯。

　　张陵是位看透了官场底牌的高人，不屑此一品高位，避官而走深山，继续他未竟的修仙大业，先居江西龙虎，后临西蜀鹤鸣。据其信徒说炼丹大成，并一人独歼百万鬼兵。据说终得大道，白日飞升。

　　由于张陵是修道成仙，所以人们在他的名字中间塞进一个道字，后人都称其张道陵。又因皇帝曾拜其为太傅——太傅，天子的老师也——大家便尊其为天师，后世也就跟着把张天师叫响了牌子！

　　另有一说是天上的玉皇大帝亲封的。东汉桓帝永寿元年（155）九月初九重阳佳节，张陵等三人在群山绝高之处，依时服下龙虎大丹，果然灵验非凡，不多时一天便飘然下凡，手持玉册传玉皇大帝旨意：封张陵为"正一天师"，自此修仙成功，白日飞升仙界，从此留在了凡间"天师"的名头！

　　成仙不易，绝不能大家都去，再说仙人队伍肯定也是有编额的，决不会像凡间的官员，可以无限设置副职，看人添置机构，要是那样，大家都成了仙，谁留尘世当官？当官的又哪里去找被管的百姓？那不是主仆不分了吗！

张天师成了仙，可是那些徒子徒孙却难以有这福分，但是大伙儿谁也不想错过仙缘，所以志同道合的人们就自然聚到了一起，共同把自己列入了神仙候补的队伍，称为道教，张天师这一嫡系便称为天师道教。

按照张天师的"临仙遗言"，由他的儿子张衡继承老爸的天师之位，不过儿子倒不敢占用老爸的字号，改了一个字，称为嗣师，但张天师的深谋远虑之处在于还定了个规矩：学习皇帝们的世袭制度，天师由张氏一脉代代相传，与天地同修。

二代张天师——嗣师张衡虽没能把老爸留下的修仙事业发扬光大，但却也精通了老爸的主要业务：医生。也就是给人洒符水治病，一般凡是没死掉的都治好了，不死不活的当然是病人的心不诚所致。收费也是按照老爸留下的惯例：避免通货膨胀银钱贬值，一律自愿捐助五斗米——所以圈外人也称其为五斗米教。

后来黄巾起义也是打的道教的招牌，那张角就自称为太平道人，但是经此一乱，二代张天师的学费、医疗费却是再收不易了。桓、灵之乱过后，灾年时谷米涨价到了一斛五十余万钱，平民百姓谁能交得起？只感叹那创业的张天师确有后视之能，认粮不认钱，还怕你物价飞涨？

张衡这二代天师有点儿窝囊，不仅由于修仙事业发展大环境不利，而且自己在教内也大权旁落了，到了这嗣师临成仙的那几年，教内的事务基本都得听一个叫张脩的道友指挥了，那张脩看来政治水平远高于只顾成仙的张衡，暗暗早就羡慕道教旁支张角，准备干脆另辟捷径，扯旗反了吧，王侯将相宁有种乎？更何况嫡系天师道教在此！

莫非要放弃道祖张天师修仙升官的正途，而要走造反做官的邪路？

那嗣师张衡没有造反做官的俗瘾，并且不屑朝廷给的"黄门侍郎"的虚官，还是学习老爸好榜样，继续自己的修仙大业。据说后来果然步了老爸的后尘，在汉灵帝光和二年（179）也成仙去也。

二代天师做仙不做官，三代天师张鲁可是官、仙都爱做。汉献帝初平元年（190）七月，张衡伙同前辈道友张脩率五斗米道众，在巴西郡起事，这下道教一下成了"米贼"。

天子其时自己正本命不顾，又怎管得了人数众多的五斗米贼？只好委托本家益州牧刘焉进行统编工作，要地盘给地盘，要官位给官位，实在不行……

当时的益州牧刘焉硬手段不多，软招数还是会使的，一顶"别部司马"官帽搞定了张脩。由于与二代天师娘子卢氏（应该是遗孀）那层说不清楚的关系摆在那儿，张鲁就先委屈做了刘焉手下的"督义司马"，并奉刘焉之命进军汉中，扩张益州地盘。

张鲁虽按规矩接了老爸的班，却也不敢占用爷爷天师、老爸嗣师的字号，也学习老爸改了一个字，称为系师，但是人们还是知道这就是正宗的三代天师，对其尊敬有加，就差弄张画像挂在头前面了。

系师的兵都称"鬼卒"，打仗都觉神仙附体，再加上张脩、张鲁作战都有两下子，当时的汉宁太守苏固不是系师张鲁及其张脩加"鬼卒"的对手，被张鲁轻松地占据了汉中这方四面临山的风水盆地。

没叔父辈的张脩什么事儿，张鲁早就对张脩架空自己老爸的做法不满，现在轮到了自己这辈天师，那就不客气了，一个突袭，干掉了张脩，从此独霸了汉中。

至于后来刘璋借此由杀掉了张鲁的亲娘、兄弟，张、刘两家反目成仇之事，前文已交代，不再复述，只简单介绍一下这位系师张鲁是如何治理汉中的。

张鲁现在被朝廷承认的正式职务是汉宁太守，但也就是仅在上表朝廷时写上一回用用，在张鲁的辖区内，系师这个称呼最大，也最好听，自他以下，不设朝廷规定的任何地方官吏，一切行政职务，都称"祭酒""治头大祭酒"等。

人民当然只准许一个信仰：伟光普照的天师道；道规即刑法，但相当宽松。据史载：凡犯法者，三次后再论罪行刑；小错误，只要去修路百步，则错罪全免。统治巴、汉三十年，没有干部队伍，辖区内无官，祭酒便相当于后世的委员，人民皆被彻底实行宗教教育，无不真心拥护。

人民就那么容易被忽悠？非也！

小民百姓们就信的是看得见的利益，这张鲁毕竟也是一代天师，虽然被曹操、刘备这级别的大佬看不起，其实主持教务还是有两下子的，首先关注的就是民生。

在张鲁管辖的范围内，普遍建起了"公共食堂"，称为"义舍"，里面摆上"义米""义肉"。来往行人，就像进入了免费的自助餐厅，随便吃，打包不行，这要靠个人觉悟了，不过也确实没人敢偷。一是不缺吃的，用不着做偷事；二是张天师是何等人？那是将来必成神仙的半仙之体呀，谁敢相欺于暗室？

这很容易理解，那个年代，你就是藏在密封的厕所里、盖在被窝里蒙住头，也未必敢提名字骂天师一句，那是一种发自心底的恐惧，能左右你的精神！当然，更多的人是发自心底地爱戴，不会偷骂的。

张鲁对人民的思想控制是基本成功的。

但是善于控制别人思想的领袖人物，一般都不会控制自己的思想，甚至大多时候他们的思想也容易被别人控制，这个世界就是这么公平！

会制定政策与教规不等于政治手腕灵活，张鲁的政治能力简直就是一个懦夫加白痴的混合体。

张鲁一直对汉宁太守后面的两个字有意见，要是换成一个王字多好听？征求左右意见，仙人候补们却少有支持的，尤其是主要谋士阎圃：怎么，想吸引曹操来较量？

张鲁虽然尊重阎圃等人的意见，没有当真自封汉宁王，但真正掌握指挥天师行动仙诀的是另外两名杨姓谋士，一位名松，一位名柏。姓杨名松、柏的二位近臣最投合张鲁的胃口，张鲁对其言听计从，简直等于将自己这木偶的提线交到两人手里。

可惜这松、柏二杨却名不副实，气节上别说松柏了，连墙头草也不如，墙头草还不至于有意伤害主人呢，而二杨却是私通任何给钱的敌寇，除钱以外，不爱其他，当然也包括天师张鲁。

这就是面临曹操大军进击的汉中现状，其实就是张鲁自己也明白自己有多少斤两，本来闻风就要宣布投降的，可是张鲁的弟弟张卫有些不甘心，汉中没有别的强势，还有地利呀，那群山峻岭就是那么容易过来的？便自告奋勇去阻击曹军。

张卫的看法是对的，曹操率部苦行军，与张卫、杨昂的汉中军相遇时，已经被山路折磨得几乎自溃，心里唯有一个念头：回去！再也不想来这兔子不拉屎的鬼地方了！

曹军不怕远征难

汉中这块地方，在今天隶属陕西省，但由于秦岭阻隔，西伯利亚的寒流被屏障不能南下肆虐，这里的气候其实近似于江汉流域，到现在还有陕西的"小江南"之称谓。

汉中平原在东汉时是隶属益州管辖的汉宁郡，郡治南郑，南面与益州巴西郡相邻，正西是武都郡，这时名义上也控制在张鲁手里，只不过因山峻道险，张鲁的实际管理难以到位而已，南面的巴西郡便是与当时刘璋的益州对抗的前线了。

曹操欲平汉中，进军道路唯有一条，即从现在主力集结的孟津沿黄河西上，出潼关后溯渭水经长安抵达陈仓（今宝鸡南），然后开始出散关向西南进入秦岭山区，路经益州武都郡几乎全境，然后转向东南的汉中郡西部边境平阳关。

这一路行程数千里，尤其是从陈仓西南而上之后，一路群山峻岭，几乎无道路可言，大部分路经之地直到今天仍然是原始山林，渺无人迹。

大熊猫至今仍然生存的地方！大家可以大致有感觉了吧？

三月自孟津出动，开始还好，雍、凉二州已平，大军辎重可以由黄河、渭水西运，部队处于自己的地盘行军，一路有地方供应军食粮草，就是这样也是足足赶路一月有余，方才抵达陈仓。

南转翻越秦岭可就不那么容易了，出散关不远就是益州地界，对于曹军来说就算是进入敌占区了，盘踞这大片不毛之地的是当地氐族人首领窦茂，部下士兵也有一万余众，当时虽然自行称王，却是张鲁的名义部下，实际上也是张鲁的同情者，对来侵的曹军持坚决敌视态度。

窦茂率部堵塞了本来就难称为道路的险道，然后选了个最险要之处凭险固守，曹操不得不开山辟路建栈道，勉强行军不说，还要强攻窦茂万余氐人死守的"一夫当关，万夫莫开"之关口：河池（今徽县），现在是万夫当关，曹操却被迫非开不可。

曹操的先遣队由大将张郃、朱灵率领，对于窦茂派出骚扰的散兵游勇还不甚费力，主要的敌人还是这该死的山路，所有的粮草辎重又没有了水运舟船，只能肩扛人背，大山之中，骑兵几乎成了累赘，别说指望战马驮载军资了，实际上是几个人在照顾一匹战马，丢掉又绝对不行，走路不是目的，将来打仗还要指望它们呢。

边打小仗边修路边行军，苦撑月余，打到了窦茂据守的河池，部队别说攻坚了，就是上去旅游也实在没有体力了，这时候已经进入了夏季五月。

对于曹操来说，这月得到的唯一的好消息就是西凉的韩遂死了。西平、金城的韩遂部将麹演、蒋石等共同行动，斩了韩遂首级送到曹操军前，曹操当然免不了要表彰嘉奖一番，实际上据《后汉书》说，曹操是被主动起义的人们给忽悠了：那韩遂年逾七十，是病死后被割下的脑袋，被部将高价卖给了曹操。

这点小事曹操当然会睁一眼闭一眼，只要是韩遂的脑袋，是生前割下的还是死后割下的，其实并无关紧要，要的是现在活人的政治态度，奖赏还是值得的。

其实曹操下狠心出兵汉中也是迫不得已的，这一路艰难曹操心里能没有预料？还是凉州从事及武都主动来降的张鲁部下给打的包票："张鲁易攻，阳平城下南北山相远，不可守也。"至于路途险难，曹操从心理上还能承受得住。

曹操率主力赶到了河池关城下，面对窦茂的死守顽抗，曹操没有退路，只有强攻，别无他途！

曹军也不愧特殊材料做成的人，在曹操亲自督战下，曹军突击队前仆后继，简直如同拿战友的尸体堆台阶，一口气竟然破关入城，估计是山沟里的窦茂也是个土老帽儿，没经过这种拼命战法，被一时打晕了。

窦茂晕一时不当紧，河池的全体军民包括他自己也就倒了一生大运！关破后曹操尽屠全城！好久没有这么做了，是曹操欲给自己士兵死者一个安慰？估计还是给活着的部下一个交代的因素大些，抑或二者都有。

这也是真正的长征，长途远征，河池被攻克，这长征才算走完了山路三成中的一成，前面还有两成山路在等着祸福不明的曹操，对于前锋部队的士卒来说，命运却是注定的：不是死亡，就是经历非人的困苦！

东进，东进，目标平阳！

曹军在秦岭中整整转悠了两个月，这是血染的征途，两个月中每日都有生命因病饿离开这个世界，大军辎重又岂能携带数月之久的数量？将士们只能遇神吃神，遇鬼吃鬼，不过这些都遇不到，唯有遍山的树皮、野草，偶尔也开次荤，山里不缺的是野兽。

初秋七月，曹操带着疲惫到极点、粮草将尽的大军终于来到了平阳关下，曹操举目远望，差点儿晕倒在地：哪里有什么张鲁降卒们描绘的美好前景？——"张鲁易攻，阳平城下南北山相远，不可守也"——前方群山连绵处，山巅之上，横山高城十余里，城上旌旗招展，风景如画，可惜明显戒备森严，那是张鲁的主力"鬼卒"！

大军无食，战马无料，前进无望，后退无路，上天无梯，入地无门，曹操大军处于绝境！

绝望中大后方又来凶信：那最让曹操担心的孙权已经确定准备动手了，现已集结大军十万，不日便要扑向只有七千曹兵据守的合肥！

绝代风采逍遥津

曹操给合肥守军搭配的班子甚是微妙！

主将张辽，虽吕布降将，但经实践检验是名靠得住的将才，战场指挥冷静非凡，曾于长社独镇一营兵变；作战向来敢为人所不敢为之事，身先士卒，果毅勇猛，早已被曹操用作独挡一方之大将。

李典、乐进两位副将，李典行事稳重，能通览全局，用兵向来谨慎；乐进胆大性烈，作战彪悍，且又忠贞不贰。

但此三人却向来互不服气，尤其对张辽，李、乐二人几乎是一条战壕里的战友，素来以自己是曹操起家时的老班底自居，不大瞧得起张辽这位军职高于自己的将军。

曹操留此三位守合肥，也是动了一番心思的：李典善守，张辽、乐进长于战场厮杀，应该说是相得益彰；但张辽的指挥棒对两位副将灵不灵就不好说了，也许这正是曹操需的效果；尤其，张辽、乐进两位悍将一起上了战场，是好事还是坏事却难说，都喜欢战前厮杀，谁来主持战场大局？

曹操在兵发汉中之前，对孙权的不安分是有预计的，曾专门派人送来亲笔书信给三人分工：如孙权来犯，张辽、李典出城迎敌，乐进负责留守。至于为什么如此分工？三人各有各的理解，都感觉到了主公对自己的信任，唯有张辽多领悟了一点：魏公明确指示，不能依城固守！

孙权这次集大军围攻合肥，势在必得！也充分估计到了曹军一定会持坚城死守，也有付出惨重伤亡强行攻坚的心理准备，对合肥城内守军的兵力，孙权是清楚的：不就七千人吗？知道我带来了多少人吗？十万！

孙权选择的出兵时机极好，正是曹操主力已深入汉中腹地，无法回援的时候；合肥城内的张辽诸将对此更是清楚，谁也指望不得，保住合肥、保住性命只能靠自己。

但对于如何保住合肥，三人看法却不大相同：乐进以胆大性烈著称，这次胆子却大不起来，明摆着，力量过于悬殊呀，应该持城死守，消磨江东军的锐气，等其军疲，出击定可获胜。

李典一开始认为曹操千里外指挥分兵出城未必正确，本来守军就少得可怜，出城一旦失利，合肥必然难保，理应集中兵力于城上，坚守待援，等曹军主力从汉中东返，这仗就等于胜了。

张辽却看到了问题的另一面：城内七千守军人心惶惶，兵无斗志，将无战心，这是当前的要害！一支对胜利没有信心的部队，无论攻守，都必败无疑！

好，事情简单了，第一要务：提高士气。

提高士气唯一有效的办法就是打场胜仗，而胜仗却不是能在城头上获得的，那么就只有一条路了：出城迎敌。这就是曹操千里来书命出击的精髓所在。

出城作战？这是地道的以弱击强，怎能有胜算？李典、乐进担忧的不是没有道理。

张辽毕竟是曹操明确的守军主将，只得持"尚方宝剑"——曹操的书信——独断专行了！

"魏公远征在外，若坐等救兵，合肥必然不保。曹公来信即是教我等趁敌立足未稳，迎头痛击，折其盛势，以安军心，然后方可能言守。"

李、乐皆无语，看样子内心还是不以为然。

张辽不由得动怒："成败之机，在此一战。诸君若是怯战疑虑，张辽将独自出城决战！"

李典首先被张辽之豪气感染，慨然回应："这是国家大事，不管将军以前将略如何，我李典都不能因私人成见而妨害今日公务，为了大义，我愿意跟随将军出战。"

主将豪气干云，士兵怯意顿消，招募敢死队员异常顺利，当夜有八百人志愿报名参加，张辽宰牛置酒犒赏勇士，一支类似乌丸击蹋顿单于的突击队组成了。

天刚亮，孙权便指挥围城大军开始了预料到的攻坚战，谁想张辽这次并不按牌理出牌，竟然率八百铁骑扑出城来！这下出乎江东军预料，顿时一片慌乱。

张辽的八百勇士如同一只斑斓猛虎，张辽、李典就是那两只虎爪前扑，目标就是孙权，孙权的两名护卫大将舍命阻挡，竟被张辽一人连杀数十护卫，立斩两员大将于马下！

张辽耀武扬威，高呼："张辽驾到！"直扑孙权中军，江东诸将无人能阻，孙权曾盘算万千，却不曾预料这种无理的战势出现，一时手足无措，不知如何应付才好。

其实，孙权的战场厮杀能力虽不能与父兄孙坚、孙策比肩，但也绝非弱者文士，三年后曾独自乘马射虎于江东凌亭，猛虎暴起，战马被虎所伤，孙权以双戟步斗，投向猛虎却废，常从张世赶上以戈击虎，竟然捕获了这位兽中之王！没有非凡胆力，又怎敢与猛虎搏杀？

就是那句俗话做的怪："软的怕硬的，硬的怕愣的，愣的怕不要命的！"现在张辽早把生死置之度外，所以导致孙权今天晕菜！

孙权的亲兵忙乱中将孙权拥上一土堆，以长戟排成密阵，张辽及诸勇士一时无法接近，只得在土堆下奔驰骂战，直呼孙权名字，激孙权下来决战，孙权哪敢应答？

被张辽欺辱良久，孙权才发觉张辽原来就那么几个兵！方才定下心神，指挥左右众军包抄了上来，依仗人多势众，把张辽等八百骑重重围在了阵中。

张辽冷笑一声，放马突击其一点，那江东军的数重包围竟无法抵挡，被张辽等数十亲随径直冲出。

包围圈中的曹兵不禁大呼："将军莫非要丢下我等？"

其实张辽不过是给孙权一个眼色看看，并不是真要突围而去，瞬间又返身杀入重围，与八百勇士重新会合，一起向左右冲杀，江东军竟然如同虚设，被张辽视作无物，进出自如。

江东军被杀破了胆，张辽马到，无不披靡，任其于阵中来往冲杀，却没有一人敢上前交上一个回合！竟如同猛虎入了羊群，被赶得七零八落，战场一片混乱。

一场以寡欺众的厮杀，整整持续了一个上午，江东军士气大落，斗志全无，被张辽要杀就杀，要住就住，鸣金回城之刻，江东军只能目送其大胜而归，不但不敢追击，反而都有种松了口气的感觉：可算远离这位煞神了！

合肥城中，曹军士气大振；合肥城外，吴军人人沮丧。张辽在城内按部就班布置守备，孙权耗在城外不敢攻城，一时曹军有战心，吴军有归意，勉强坚持了十多天，孙权终于决定撤围回军，既然胜无望，不如走了吧。

岂知想走也不易，只因张辽却想留客，留哪个？孙权也！

也是孙权无意中在配合张辽：撤军之时，大军陆续从逍遥津木桥南渡，而孙权本人竟然与几名将领留在了最后，大概是为了向部队显示：我孙权并不惧怕那张辽！

谁知这一切都被合肥城头的张辽看在眼里，见出现此战机，焉会放过？一阵战鼓助威，张辽率步骑齐出，一路扑向孙权，一路却是直扑那逍遥津之渡桥。

扑向孙权本人的张辽所率步兵开始极不顺利，那孙权手下吕蒙、甘宁、蒋钦、陈武、凌统、宋谦、徐盛、潘璋等诸将拼死护卫，这下两边都成了不要命的，终于势均力敌了！这几位也都属江东名将，早干吗去啦？看来人都是怪脾气：不到绝境不出死力啊！

事急抱佛脚也是起点儿作用的，大家齐心协力对付张辽一个，本来不应该有什么问题，可是毕竟张辽留给大家的印象过于恐怖了，又处于将多兵少的尴尬处境，以至于混战乱冲中，大将陈武被张辽摘去了脑袋！这下大伙儿再不敢单骑与张辽照面了。

江东将士虽拼命死战，无奈已经各自胆寒，竟被张辽部死死围住，脱身不得，宋谦、徐盛的部卒首先溃散各自逃命，幸亏勇将潘璋关键时刻纵马追向逃兵，立斩所部逃兵二人，才算稳住了全军没有继续溃逃，不过态势愈见险恶！

迂回向渡桥的曹军骑兵得手得更为容易，逍遥津渡桥被闪电般扑来的曹军给迅速占领了，三下五去二，桥面拆掉丈余，完成了任务的曹军迅即撤离，加入了围捕孙权的战斗，留在逍遥津渡桥北的吴军士兵没有多少，这下孙权成了瓮中之鳖！

渡桥南面倒是有吴军将领贺齐率领的三千步兵，可现在桥已被毁，大家只能隔渡观战，等待那最不愿意看到的结局。

孙权的危急时刻马上就要临头了！

这时候才算站出来了一名真正的勇将：江东勇将凌统率亲兵不计伤亡舍命突击，终于保护孙权突出重围，却不知桥已被毁，舍下孙权自行南渡，自己复又回马死拼张辽，片刻左右亲兵死伤皆尽，凌统自己也全身被创数处，直到估计孙权已脱险，才带伤弃甲投水泅去，竟保住了一条残命。

可是凌统却没料到到了渡桥北的孙权其实是被扔在了绝地：孙权所乘骏马驰上桥面，才发现此路不通，孙权近乎绝望了！

所幸亲近监谷利跟在马后，脑子还保持清醒，上前教孙权放开马缰，双手抱住马鞍，谷利在马屁股上狠狠一鞭，战马惊疼前蹿，到得津渡之上，直上半空跃起！

蓝天碧水白马，其景如画，两岸霎时寂静，激流如止！

历史在这一刻被一匹白马驮着拐了急弯！也许这就是冥冥中的必然。孙权竟然安然飞渡南岸，逃出生天。

合肥大战就此落下帷幕，孙权黯然之时不禁庆幸，当然也免不了后悔检讨一番，并重赏救驾的凌统等诸将。只是那张辽经此一战，江淮大地尽传其威，江东吴地闻名胆寒，看来只要有张辽在，合肥即安如泰山，孙权又岂敢再捋虎须？

命运也就这么公平：曹军弱旅逞威于江淮，主力大军却犹豫不决于汉中，曹操本人没配置手机、电台之类的玩意儿，无法立时得知合肥前线的捷报，所以江淮大捷丝毫不能有助于曹操决策。

曹操这种罕见的优柔寡断是由于之前的平阳关之战，曹操已经有些见山心怵了！一想起曾经面对的平阳关险山坚城，不由得心灰意冷，雄心成熊心。

莫名其妙的汉中之战

汉中阳平关下，曹操遥望那沿山脊筑就的城墙，起伏绵延，犹如横空巨龙，张牙舞爪；城墙之外，十余处屯军木寨参差有序，组成了阳平关的前哨屏障。曹操不由得哀叹："听他人的揣度行事，少有如自己心意的时候啊！"

既然苦撑数月来到这里，总不能一见敌人有防备就扭头而回吧？总得打一下试试呀。

曹操基本不抱什么希望地下令上山攻寨，为什么不直接攻城？早呢！不清尽敌军外围屯军，连平阳关城墙的边也靠不上，攻克平阳关？现在连想象都谈不上。

事实也没出曹操之预料：曹军疲惫的攻山部队实在已是强弩之末，拼尽体力爬到山顶，也就只有挨打的份儿了，敌军依仗有背后的坚城支持，又持绝对地利，一阵弓弩礌石，曹军死伤成片，血肉狼藉，事情明朗了：进攻等于送死！

可是，回军就能如愿吗？大军粮草已绝，千里回师于荒山野岭，也与自杀没有什么区别！

曹操只能两害相权选其轻了，回程也就是仅与天斗、与地斗，再与自己的肚皮斗；继续耗在这儿，那就要再加上一样：与人斗！去留都难其乐无穷，还是及早回军去秦岭里挖野菜吧，若拖到了秋尽，野菜、树叶也难寻觅，全军定成饿殍！

于是曹操退军令下，宿营山上的士兵却无法通知得到，曹操派大将军夏侯惇、将军许褚连夜上山传令，并掩护山上兵还，敌军如知道曹军回师，哪能轻易放过这些疲饿残兵？只能趁夜偷溜，期待天师的"鬼卒"莫要觉察，即算万幸。

对于自己的无奈决定，曹操是这样解释的："汉中这破地方，不过是个妖妄之国，能有什么作为？我们火速回军就食要紧！"——笔者不禁要问魏公了：早知今天，费劲来这儿旅游干吗？

还变相给荆州顶牛的刘备、孙权劝了架，如等上一年半载，尤其是等孙刘两家打他个地覆天翻，那时岂不自收"卞庄刺虎"之利？

也就是因为张鲁出一万"鬼卒"相助马超而已，正主马超都跑到益州去了，拿从犯张鲁撒什么气？

这两害相权所得的结果，行军主簿刘晔就不同意，既然回军也近乎死路一条，那何妨豁上进攻？一面飞骑禀报给曹操自己的意见，一面整军所部，随夏侯惇、许褚部一起上了山。

山路生疏，夜雾弥漫，夏侯惇与许褚的部队竟摸迷了路，见灯光处即莽撞靠近，竟然误入了守关的张卫营寨，谁知道张卫的"鬼卒"竟然更怕夜鬼临门，哨兵们一见曹军摸了上来，一片惊呼溃散，营中熟睡的"鬼卒"们更是不知所措，全营大乱，一起逃向关上。

这是真正的胡打乱撞得生路，无意插柳成阴凉，夏侯惇与许褚占据了张卫的营寨还不知道咋回事，犹自纳闷：怎么不接令都跑了呢？

率部跟进的刘晔心里清楚了，向两位传令官解释："我军现在已经攻占了敌军的要地大营，敌已溃逃，赶快趁势入关吧！"

夏侯惇哪会相信有这样的好事？亲自巡营查看，方才领悟自己中了超级大彩，天上真掉元宝了！

一面飞骑追报已经动身回武都的曹操，一面跟着张卫的溃军上了平阳关，关上的"鬼卒"们更熊，连曹军的人影还没瞧见，在张卫以身作则迅速夜遁的感召下，一哄而散，曹军既占了险关，又进了饭店，关上粮食、肉干有的是！

这场令人啼笑皆非的"平阳关大战"，史书有多种版本。《三国志·魏书·武帝纪》为了显示太祖英明，说成有意退军示弱，继而出奇兵夜袭攻关，一举破关——此论难经推敲：示弱退军是为了诱对方出击，可是平阳关守军并未出击，也就是并没有上当；至于说导致守军疏忽，也难以成立，好像张卫守军并未疏忽，因为《三国志·魏书·刘晔传》中记载了与《三国志·魏书·武帝纪》矛盾的情景，是刘晔劝曹操放弃退军，全力进攻，并且由于刘晔布置了大量的强弩部队作为前锋，方才破关。

裴松之引注《世语》中说是有数千麋鹿夜间惊扰了张卫的部队，引发溃退——这更是个笑话：攻关数十天，还能有几千麋鹿待在战场附近等死？有那么多麋鹿，曹军还愁吃的？所以这条"麋鹿部队"多是出于人们想象而成立。

关键是裴松之还引用了一条重要的注释：是曹操重臣董昭上的表章。这却是不能随便杜撰胡说的，笔者上面的离奇战事就是采信了董昭表章中对平阳关战事的介绍，就是与史不符也不关笔者的事了，是那董昭在表章中故意贬低了太祖的英明——这可能吗？

不论张卫守军溃退起因于什么，但溃退逃亡是确实的，这下南郑的张鲁傻眼了，怎么办？还是按天师领导最初的决断：投降吧。

还是当初主力劝阻张鲁"缓称王"的阎圃提出异议："现在势穷投降，哪里是时候？被迫放下武器，功劳必轻；不如先远走巴中，联合巴、賨夷帅朴胡、杜濩、任约等，与其相拒，然后请降，功劳必多。"——这阎圃在投降技术上不亚于贾诩，也是名投降大师！

张鲁一贯听从下级的任何意见，当即率部奔南山入巴中避战。左右欲烧掉宝物、粮食仓库，张鲁这次不能听下级的意见了，既然逃亡是暂时的，投降是长远目标，哪能做得罪将来的主人的事情？

他训斥左右："我本来就准备归顺中央政府，只是时机还没到，现在只是暂避锐锋，对中央军并没有恶意。宝货仓库，先行捐献给国家吧。"于是尽责封藏，方才退去。

这是个向曹操示好的信号，曹操率军进入南郑之后当然明白，马上派人前往嘉奖慰问，看来这张鲁投向人民也就是时间问题了。

福又双至曹操，汉中全境降服，江淮那边张辽已经大胜孙权——不过曹操倒不可能立即获此捷报。但曹操从出兵汉中那天开始就没有对后方忧虑过，要不，能倾主力西进吗？前面就是刘备新骗得的益州，曹军既已得陇，该望蜀否？

史书记载曹操说了那句名言："人苦无足，既得陇，复望蜀邪！"

当年反对曹操做此决定的有后来赫赫有名的司马懿，其时正任曹操的丞相主簿；再一个就是行军主簿刘晔；现在反对曹操此贻误战机举动的几乎是所有史家，多名大师。

那么，曹操是真的做错了吗？

谁当家谁知柴米贵

曹操是何等人物？既然得陇，焉能不望得蜀？但是，想的是一回事，能否得到又是另一回事。

主簿司马懿现在还远没有锻炼出后来的战略眼光，给曹操的建议全凭臆断想象，分析别人不利时却疏忽了别人的优势所在，尤其对自己部队的硬伤，更是视而不见。

劝曹操出兵益州实际上是只看一点，不及其余："刘备以诈力战胜刘璋，巴蜀人心并未归附，而现在刘备本人远征江陵，此战机不应该放过。我军今克汉中，益州震动，趁胜势进兵益州，大军指出，蜀兵必然瓦解。圣人也不可违背天意，更不应该放弃时机。"

应该说司马懿所述之蜀军这些弱点都是事实，可是他却疏忽了现在益州的主人已经不是懦弱的刘璋，而已经换成了被曹操称为"英雄""吾所传也"的刘备，就算刘备本人暂时不在益州，但留守的诸葛亮又岂是容易欺负的庸才？

还有那尚守益州的黄权、法正、张飞、马超、吴懿、黄忠、魏延、李严等，哪一个是张卫所能比的？不用说别的，就是现在把守葭萌关的守将霍峻就够曹军头疼的。霍峻就是一位擅长伏路把关的将领，曾以八百余人击败了张鲁数万"鬼卒"的来犯大军，名传四方，曹操不会没有听说。

再看曹军自己：曹操是三月出兵，四月军到陈仓，五月方占领武都河池，又两月才抵达平阳关，苦战十余天，月底才侥幸破关，辗转数千里，八月才算驱走了南郑的张鲁。注意：现在是八月，张鲁并未投降，合肥前线的战事还危险万分，张辽大胜孙权战事曹操不可能知道，而曹军士兵已经肯定疲弱到了极点，绝不是如《魏书》中曹操所说："军自武都山行千里，升降险阻，军人劳苦；公于是大飨，莫不忘其劳。"

大吃一顿就能恢复战力？

何况逃亡巴中的张鲁并未实际归降，与益州的战事一起，张鲁的态度可就不好估计了，那张天师在汉中也是三十多年的老教主了，民心未丧，焉知会不会趁火打劫，以图重收他的汉中？

善于冒险的曹操不会冒这形同自杀的大险，所以才近乎痛斥般回答司马懿的建议："人苦无足，既得陇右，复欲得蜀邪！"

至于刘晔所说："刘备乃当世人杰，虽有谋略大度但给他的机会太晚了；现在得到西蜀日子还不长，蜀人还没完全服气他。如今我军破汉中，蜀人震恐之下其军心民意定然崩溃。以曹公之神明，趁其举州势倾而泰山压顶，当攻无不克。若拖延缓动，诸葛亮明于治国而为相，关羽、张飞勇冠三军而为将，蜀民既定，据险守要，则不可能再去犯他了。今日不取，必为后忧。"

这刘晔看来也是属于不当家不知柴米贵的那类智士：蜀军的各种优势他也都清楚得很，单凭"以公之神明，因其倾而压之，无不克也"，却是拍马不嫌手疼，吹牛不顾牛的个头大小，尤其是：一旦不克呢？曹军的安危却成了曹操一个人的事了。

据史载，刘晔还用曹操以往的战例来说服——或者是吹捧鼓励曹操，可惜所选的战例都提醒了曹操不能冒险：

"明公以步卒五千，将诛董卓（此战曹操全军覆没，自己险些丧命）；

"北破袁绍（败中险胜！估计现在曹操也后怕！）；

"南征刘表（无可比性，那刘备能学刘琮主动投降？）；

"九州百郡，十并其八，威震天下，势慑海外（与具体战事无关，纯拍马词）。

"今举汉中，蜀人望风，破胆失守，推此而前，蜀可传檄而定。"——最后的推理简直是在忽悠曹操，既然"蜀可传檄而定"，那就不用出兵，传个檄好了，且看蜀可定否？

估计曹操心里雪亮：别丢那个人了！这檄终于没传。

据史载：曹操不从。仅隔了七天，有西蜀降者说："蜀中一日数十惊，守将虽斩之而不能安也。"曹操问刘晔："现在还能出击吗？"刘晔回答："今已小定，未可击也。"——区区七天敌人就已"小定"，可见刘备、诸葛厉害！大概是刘晔经这七天琢磨明白了倒有可能：这益州现在打不得！

再有就是地形问题，唐人有句：蜀道难，难于上青天！从汉中入蜀，其道路绝对险于出散关至平阳之山路数倍，远于数倍，刚吃够了山路苦头的曹操哪能会重蹈覆辙？

更重要的是曹军根本没有这个时间：现在是张鲁已逃，八月刘备已经回到了益州，孙权也在合肥动了手，根本不是劝战的两位所说的情景：刘备尚在江陵！

曹军的情报也太滞后啦？要么就是史书妄载。

驻军汉中休整的曹军现在起的是威慑作用，效果颇佳。九月，张鲁准备联合依赖的朴胡、杜濩、任约，各自提前靠拢政府，举众来附。曹操于是分割了反正不是自己的益州三郡，朴胡为巴东太守，杜濩为巴西太守，任约为巴郡太守，并皆封列侯。

没有征求现在益州的主人刘备的意见，要想稳任实职？那就各自尽力去打刘备呀，一切要等消灭了刘备才能实现。

张鲁现在真是没有任何指望了，连投降也被别人抢了先手，就盼曹操能明白"革命不分早晚，觉悟不论先后"的大道理，能优待政策照常不变——张天师被迫向曹操投降了。

十一月，张鲁率部及全家出降。魏公曹操格外看重这位当代天师，竟拜张鲁为镇南将军，待以客礼，封阆中侯，邑万户。封鲁五子及阎圃等皆为列侯。

张鲁在这之前是啥级别？汉宁太守而已，不过五品地方小吏，现在的镇南将军可了不得，地位仅次于三公！投降反升大官，令人仰慕啊！比辛苦修仙近便多了。

益州暂时不能打，曹军主力不能长期耗在汉中，合肥前线才是眉睫之患，曹操要胜利回师江淮了，但靠近汉中的三巴却不能便宜刘备，曹操留夏侯渊总领汉中军政，临行嘱咐：一旦刘备来犯三巴，则由张部督诸军出三巴，尽迁其民于汉中，如此弱巴郡之力，增汉中之势，刘备则无能为也。

这次出兵的收获还是巨大的：经曹操部队动员，汉中百姓八万余户随曹操东下，"自愿"移居河洛。2世纪啥最宝贵？人力呀！中国这时候的百姓太稀少了，物以稀为贵嘛。

那夏侯渊这汉中总管怎么办？从三巴再移民就是了，这就是曹操临行嘱咐张部去三巴抢人的主要因素。

其实这点刘备新收的西蜀将领黄权也早看到了，就在张鲁逃亡巴中之时，江陵前线的刘备也赶回了益州备战防务，黄权上言刘备："若失汉中，则三巴不振，此为割蜀之股臂也。"

刘备深然，便以黄权为护军率诸将出击巴中；也就是在曹军主力东归的同时，刘备军也出兵东向，杀向了巴西郡。

这里就看出了刘备的过人之处，初伏西蜀，却对原益州将领无比信任，大胆用之为对外征讨的统兵护军，此举不论出兵胜负如何，都将对稳定益州起到无法估量的作用。

急于东归的曹操对刘备不是不了解，只是由于江淮那边有公事，朝堂之上有私事，公私两事都是大事，只能顾东不顾西了。再就是对夏侯渊、张郃能力的无比信任，有此两员虎将，应付刘备应该没有问题！

张飞 PK 张郃

朴胡、杜濩、任约三人的所谓三巴太守做得很狼狈，其实是都挤在益州巴西郡的一角做三个郡的太守，而且这个巴西郡还另外有一个太守，这就是被刘备任命的巴西太守张飞。

三人的官尤其是杜濩的官与张飞的官做重了，这不是什么好事，谁都知道这张飞单人独骑一声暴喝惊退虎豹骑的雄威一幕。不过，三人目前面对的倒不是可怖的张飞，而是比张飞更烦人的自己的直接上司——督军张郃。

自从刘备出兵巴西的消息传来，张郃便依照曹操军令，来到三巴监督迁民去汉中的大事，这对于朴胡、杜濩、任约三人来说，却是地道的拆庙驱佛行为：老百姓都迁走了，咱们去给谁当官？

虽然不高兴，但还不得不从命，已经投降曹军了，人在屋檐下，不得不低头！这还不算，还要奉命亲临前敌，去抵抗刘备大军，幸喜确报蜀军前锋不是张飞，而是护军黄权，虽也是蜀中名将，但总好过与那狠人张飞对阵过招。

谁料那黄权也不是什么省油的灯，率蜀军初为新主效命，竟然格外卖力，两军见面，那蜀军竟然一改往日弱旅形象，长矛短刀带强弩，一拥而上，自己的这新编曹军实在没有还手之力——主要是胆力。

都只怪自己的部队没了士气，大家谁不这样想啊：驻地的老百姓都被赶往汉中，这巴西的仗还打个屁哇！

黄权率部战三太守，竟如摧枯拉朽一般，没有战心的朴胡、杜濩、任约部哄然而散，刘备的蜀军趁势席卷巴西，后方汉中的张郃坐不住了，终于身临前敌，指挥步骑数万，一路耀武扬威杀到了宕渠。

张郃自从弃袁归曹之后，一直被曹操所看重，被拜偏将军，封都亭侯，并被授予兵权，与张辽同为曹军之锋锐。

十余年来，张郃率部东杀西讨，南征北战，屡建奇功，历次征战，鲜遇对手；此次西征，又是曹军前锋主将，一路逢山开路、遇水搭桥，曾于河池关击斩氐王窦茂。这次督军巴西，目标是尽迁三巴百姓赴汉中，张郃当然不能辜负魏公厚望。

鉴于张郃在曹军中的名气非同小可，刘备给他派来了一个堪称匹敌的对手——张飞。

这两位张将军，都堪称世之名将，不过名将与名将碰了面，总会有一个身败名裂的，一般不会相互商量好了："哥们儿，都稳住点儿神，成名不易，损了可惜，咱就僵持着保住大名就算了。"

两位张将军开始还真僵持住了，张飞率精卒万余人开到宕渠前线以后，由于地势关系，两人的力气都有点儿使不开。蜀地多山，骑兵几乎派不上用场，战阵无法按常规排列，真能实际接触厮杀的将士也就靠前的几十个，张郃的兵多也只能在后面助威。

　　形势一下变得极为简单：谁占据了高处，谁就能占点儿上风。随着接触战的来回拉锯，双方的地利也就不断交换，胜负的天平也就自然来回摇摆，谁也一时无法奈何对方，好像都稳住神了。

　　两员名将就这样顶上了牛，从宕渠顶到了蒙头，又从蒙头顶到了荡石，马拉松的战事一直腻歪了五十多天，但总的形势是张飞毕竟兵少，一直在缓慢地步步退守，但张郃的步步进逼也不易，伤亡明显要大于张飞军许多。

　　张飞退到了险关瓦口，却一步也不肯再退了，张郃的战场经验也极为老到，眼见地势对己甚为不利，也就占据了瓦口对山，轻易不敢攻关，两人也就算像有了默契一般，僵持在了瓦口。

　　现在两个人都不愿主动攻击对方，放弃地势不是名将的为将之道，但如果就这样僵持下去，两军其实都是利弊各半：后方的军资供应两军距离差不多远；从瓦口算起，整个巴西郡大半已经控制在张郃手里，只不过有张飞军的牵制，张郃迁民的计划却也不能实施；而张飞若不能驱逐张郃出境，自己这个巴西太守就等于既没保住境，也未安了民，实在有愧职守。

　　这几天张郃觉得不大对劲：瓦口关上的张飞突然下关挑战，却不来攻山，只在张郃占据的山下谩骂求战。张郃开始没有放弃地利去山下硬拼，而是静观这张飞在耍些什么把戏。几天过去，发现张飞本人竟稳坐在瓦口关上饮酒取乐，山下骂战的显然都是些老兵弱卒，这张飞欺人太甚！

　　经过仔细侦察，显然并无什么埋伏，张郃决定亲自下山出击，老是不厮杀，自己的士卒也会厌倦疲惫的。

　　谁知这张飞竟然拿作战当儿戏，根本没有迎战的意思，骂战的士兵闻声即走，退到关上不再出来了。自己难道要跟这无赖张飞学，也来瓦口关下骂战不成？

张郃退回自己占据的马缘山上，心中那个气呀！可是没等把气消掉，后方一个紧急军报传来，几乎使张郃心里变得拔凉：张飞不知何时，已经绕过马缘山，占据了张郃后方的要道山口，地势虽不险要，但却无疑切断了张郃大军的辎重供应之路，张郃全军处境立时尴尬！

最令张郃尴尬的是，自己厮杀半生，竟没有想到眼中看到的一切都是张飞预置的假象：张飞饮酒作乐也好、部卒骂战也好、僵持不退也好，都是为了一个目的——实现暗掐粮道的怠军之计！

张郃羞愧之余，也不无庆幸：幸好军报来得不算太迟，自己全军粮还未尽，还算不上处于险境。

为什么不是险境？还没到那一步，全军打回去就是，若能堵住了张飞的回军之路，弄不好还能反占先机。不能犹豫了，全力回杀，那张飞军是抵挡不住的！

张郃指挥全军步骑，回头猛扑向了张飞占据的山口。

一路山道狭窄，崎岖蜿蜒，张郃全军被迫拖成了一字长蛇的队列，每排不过双人，前后遥遥数里，首尾难见，张郃此时处于队列的中部。

张郃隐隐感到不安，如此阵势，一旦遇袭，岂不是要束手挨打？此念头刚起，就像应验了自己的预测一般，一声号角凄厉，回荡于林梢山坳，直令人毛发耸立。张郃心里雪亮：完了！上了那张飞的大当！

　　四面呐喊传来，战鼓也不知骤响于何处，伴随着谷间回声，更是不绝于耳，夹杂着山风呼啸，只觉得动人魂魄！曹军仓皇之间，无数蜀兵已不知从何处钻出，曹军长列瞬间被分割为无数零碎小段，眼见得张郃的军令已只能颁布给身边的十数人了。

　　张郃判断战场态势极为精熟，自己的部队已经失控，下面也就只有待宰的资格了，大将军临战再怎么冷静，也就只能是冷静地思索自己怎样有效地脱身，抵抗是没有丝毫希望的，稍微迟疑，自己便是俘虏或残尸一具！

　　地理不熟，只能靠运气了，张郃果断地丢弃了战马，与身边的十余亲随顺坡滑下山沟，顾不得荆棘杂草扎手刺面，灵敏如猿，攀缘山壁藤葛，坚决脱离战场。

　　幸赖苍天照顾名将，张郃竟得全身而归南郑，不过全军却是无奈地覆灭了。

　　张郃未脱险境之时，曾苦涩地回头遥望这令人恐怖又伤心的战场，举目之间，雾霭朦胧，山青松苍……不过张郃好像看到了张飞在得意地嘲笑自己，或许张飞正恶煞般屠杀自己的溃兵……

　　张飞在干吗？张郃是做梦也不会想到的！

　　张飞根本就没有关注必胜的战局，正悠闲地手持一画有绝美仕女图的折扇——那是张飞以自己娘子做模特儿画在扇面上的，在兴致盎然地浏览险峻山景，口中自语："这山势溪涧不错，转日偷上半天清闲，在石壁之上题上一幅俺老张的名字……"

　　《方舆纪要》与明代文史学家曹学佺的《蜀中名胜记》以及清人赵一清所写的《稿本三国志注补》都记载："八山山下有勒石云：'汉将张飞率精卒万人，大破贼首张郃八，立马勒石。'盖张飞所亲书也。"

瓦口关一战，张飞名声更甚，三巴曹军，闻张飞军到无不披靡，不久巴境已尽属刘备，曹军看来短期不敢越境再犯，刘备凯旋回到成都。

同样凯旋邺城的曹操却顾不上这点边境上的小事了，不就是几万人吗？曹操现在面临着一件关乎子孙万代的大事：马上要晋爵为王了。

第五章
枭雄的宿命

王冠的诱惑为何这么大

曹操于建安二十一年（216）二月方才回到了邺城，现在的曹操已经六十二岁了，要是在现代，早过了离退休年龄——当然，曹操这个级别的肯定不受此限制，是铁官终身制的，这个年龄阶段的领导们大多心思琢磨的是什么？儿孙后代呀！

古时人们的平均寿命低得可怜，自古就有"人到七十古来稀"之说，还有这么个丧气的说法："六十不保年，七十不保月，八十不保天，人过九十，会会该死。"不保，就是说在这个阶段死亡是极为正常的现象，可以用上一个"寿"字了。

曹操对这点从不糊涂：不认为自己能万寿无疆，当然也不会鼓励百姓要对自己山呼"万岁"来欺骗娱乐自己，他在自己的诗文中明白告诉大家："神龟虽寿，犹有竟时。螣蛇乘雾，终为土灰。"并且发誓："老骥伏枥，志在千里；烈士暮年，壮心不已。"

但是魏公曹操有时也免不了说是一回事，做是另一回事，在实际行动上曹操其实早在五年前的建安十六年（211）就开始安排自己的后事了。

那时曹操让皇帝任命自己的儿子曹丕为五官中郎将，并领副丞相职衔，可单独设置自己的属官，有点确定自己的接班人的意味了。对其余的儿子曹操也开始了重点照顾：分让出自己的封地三县，共一万五千户，封给了三个儿子，曹植为平原侯，曹据为范阳侯，曹豹为饶阳侯，食邑各五千户。

但对接班人的最后敲定，曹操却一直在犹豫不决，因为三子曹植才冠当时，聪明绝伦，十余岁时便能够背诵诗、论、辞、赋十余万言，其文采、爱好都与曹操本人相近，曹操对其特宠。

曹操在铜雀台落成的次年曾召集自己的儿子们登台，使诸子作赋以现场考试各自的文采，唯有曹植援笔一挥而就，且文辞华美。曹操甚爱其智，甚至曾于建安十九年（214）征讨孙权时委曹植监国重任，但上面又有一个年长于他的哥哥曹丕，所以曹操对把自己的衣钵交给哪位，还在观望中。

为了后代子孙，曹操对自己的魏公爵位又开始不能满足了，他决定晋位自己为魏王。因为魏王属爵位，与司空、丞相什么的行政职务不同，魏王是可以世袭的，后辈就是不巧生出个先天弱智来，那也是可以称王称霸的。

不对，称霸是凭本事，称王没问题。当然，还要有一个前提，那就是朝廷体制不能变，只要保住这条原则，太子党们便能永远幸福万年长乐。

还有一条：事实上的太上皇魏公曹操感觉形式上与皇帝还有差距，那就再要求进步吧，王冠与皇冠虽然错了一个字，但毕竟只差一项白帽子了，至于其他礼仪上的琐事，都可以与皇帝一样的，除了人身自由——这点现任的皇帝没有。

三月，魏公曹操效仿天子亲自入农田耕作——也就是后世由皇帝每年在地坛那地方象征性地掘下土而已，表示重视农业。

　　五月，曹操"无奈"地被天子进公爵为魏王。魏王曹操再三推辞谦虚拒接，"囚犯"皇帝当然要三诏硬赐给，表演程序一丝不苟。

　　天子又特命：魏王的女儿以后也要称公主。至于世子，因为还没被曹操选举出来，暂时不议，事实是，后来继承人确定后，也是称呼的太子，就差一步与皇帝无二了。

　　这关键的一步曹操敢迈吗？不敢，至少现在不敢。外部还有孙、刘两家大敌未靖，内部自认为是大汉忠臣的也不在少数，尤其是天下万民，还都只认识一个"汉"字，要让他们再认识那个"魏"字，还需要一定时间的扫盲运动；将姓了四百多年的"刘"，改为那个"曹"字，难啊！

　　其实曹操也可能认为没有必要：只要把自身魏国做大做强，还怕汉国不自行消亡？何必内外树敌呢？最起码目前这杆汉旗还是有用处的，有这杆旗在，孙、刘两家就不敢抢先称皇帝。

　　尤其是，一旦日后对两名不服管教的逆贼招抚，那这个"汉"字可就派上了大用场，最起码给他们预留了个台阶下。

　　收天下就靠"两杆子"：枪杆子与笔杆子；胜利依赖于革命的两手：软硬兼施。为了宣传上的需要，这大汉皇统最后一个坚持还是必要的，实在解释不过去了，加上四个字不就是了：魏国特色；要么就称为：末期阶段的大汉王朝。

　　登上了王位、戴上了王冠的曹操遇到了一个不小的难题：按古制，被封王的臣子受封后要先去皇家的太庙叩谢诸代先皇，可是从没有带剑着履进太庙的道理呀？但现在的曹操还就是不愿再给老刘家下跪磕头了，哪怕是已经死了多年的皇帝，更别说解除武装、光着脚丫去做戏了，这个程序坚决要破坏了它！

曹操还当真带剑不解履上殿去转了一圈，也就算拜祭过太庙了，对这种无理的举止，魏王有自己的理论："我早就被现任皇帝诏赐带剑着履见驾了，要是解剑、履去拜先皇，那不是重死的轻活的吗？敬父祖而简慢君主的事情，孤王可不敢去做，那就只有带剑着履上庙堂了。"

官大神鬼畏惧三分，从来不变；真理永远属于强权，自古皆然！

目前天下大势已定：中原已尽属曹操，孙、刘两家偏据中国南方、西南两隅，只要软硬兼施分而治之，降服不过是时间问题。

北方匈奴已经被彻底威服：代郡乌丸行单于普富卢与其侯王来朝献贡；匈奴南单于呼厨泉来朝后干脆留居邺城不走了，委托其右贤王回国代理单于工作，自己留下长期享受大汉文化及美食、美女。

真是"江山如此多娇，引无数英雄竞折腰"！

实际威风早已远超太上皇的魏王曹操登上了自己人生的顶峰，可是人生的规律恰就是最怕"顶峰"二字，那里绝不是什么无限风光，而是坠落的起点！

道理极为简单：到了最高处还能去哪儿？两条道：要么开始走下坡路，要么唯有升天！问题是谁又具备张天师那白日飞升的本事？哪位能成仙？成仙无望，那就只有做鬼了。

还有一种唯有真正的伟人才能创造的结局：战胜自我，敢于面对人生之路的起伏，再去攀登另一座顶峰，至于能走到终点还是中途，伟人或圣人们不会在意——朝闻道，夕死可矣！

这点曹操能做到吗？

人到高处不胜寒

曹操登上王位后首先是对老班底开的刀。

崔琰，字季珪。其人幼习武略，博览群书，声姿高畅，眉目疏朗，须长四尺，甚有威重，时任魏国尚书，后迁中尉，尤因其性格刚直，秉公忘私，在朝堂士民中甚有威望。

论说崔琰与曹操还是特近的亲家，曹操三子曹植便是崔琰的亲侄女婿，但对曹操密函崔琰咨询接班人问题上，崔琰并没有因私亲支持曹植，而是根据政治能力与长幼关系坚定地站到了曹丕一边，被曹操升迁中尉就是因为此事。

崔琰的耿直其实曹操以前也挺佩服的。早在初定冀州时，曹操翻看冀州的户口册得意地赞叹："不愧大州啊，竟能集丁三十万众！"崔琰当场反驳："现在天下大乱，冀州庶民暴骨原野，没听说过仁义之师不关心百姓，而先注意能得多少甲兵的，这样的话，本州的百姓怎能寄希望于明公？"

当时满座宾客皆惊失色，唯有曹操改容离座谢崔琰。

现在不同了，曹操已经是魏王了，优良作风开始改进了，公仆开始改变角色为主人了，这崔琰竟因为意思含糊的一句话倒了大霉！

钜鹿杨训是崔琰推荐给曹操的，曹操晋爵魏王，杨训发表文拍马称颂功德，有人笑话崔琰所举失当。崔琰看了杨训的表章后修书给杨训："省表，事佳耳。时乎，时乎！会当有变时。"

这意思其实很简单：文章看过，还算不错，交稿时机引起的争议，等时过境迁就没什么了。

有人举报给曹操说，这崔琰是在诽谤魏王您呢！曹操怎么解释的崔琰这句话呢："谚语中有句：'生女耳'，'耳'字不是好话；'会当有变时'，意指不逊——这不是预言变天吗？"

罪名：腹诽心谤！——你心里诽谤我曹操！这叫什么事儿啊？还不如后世秦桧发明的"莫须有"呢！最后先罚后杀，莫名其妙地要了崔琰的性命！尤其是杀人的理由更是荒唐：嫌崔琰服刑劳改时"对宾客虬须直视，若有所瞋"。

看来崔琰是因为没长斜眼、没刮胡子丢命的。

想杀你的时候，你就是打报告想上天转转，也绝对是欲南逃北窜，死是早就肯定的。

崔琰还连累了一个大人物倒霉：为曹操初草"建国大纲"的毛阶。

毛阶之功不可谓不高，地位不可谓不显，已经身居尚书仆射高位，也就是相当于中央的组织部长，担当为朝廷选材的重任，可就是因为崔琰被捕后有些默默不乐，被早就瞄着他的政敌瞅准了空子，趁势举报，说毛阶见到黥面的罪犯，其妻子被没为官府奴婢，毛阶说"天旱不雨就是因为这种现象"。

这还了得？曹操又是大怒！——现在曹操易怒时多了——毛阶立刻被捕入狱。毛阶不承认说过此话，要求与举报人对质，曹操借口保护当事人予与拒绝，干脆还说是为了保护毛阶，致使毛阶有冤也只能认命了。

其实，就是毛阶真的说过此话又能如何？无非是私下埋怨刑法过严而已，也算不上什么大罪呀！说到底还是曹操本人欲除掉他，估计还免不了是二位欲竞争上岗的候补接班人曹丕、曹植对其厌恶的作用。

曹操宠爱曹植并不掩饰，曹丕当然着急，曾求教于毛阶，怎样能讨得老爸的欢心呢？毛阶却一本正经地叫他只要尽到做儿子的本分，曹丕当然不悦；而曹植的死党丁仪其实就是这次毛阶案件的举报人，曹植对取得毛阶的支持显然也不抱希望，这下两位接班候选都会视毛阶为"外人"了，亲人的闲言对曹操却能起着巨大的影响。

幸亏曹操信任的侍中桓阶、和洽极力劝解相救，曹操总算饶了毛阶一命，但还是把他开除了公职，回原籍务农吧！

都说人老必糊涂，是曹操开始糊涂了吗？实际情况好像也不是如此，尤其是到了战场上，曹操还是那个曹操，还是那么深思熟虑、卓绝果毅，尤其是：还是那么有运气！

就战场能力来说，坐在皇帝头上屈居魏王的曹操还是能深谋远虑的，这点不久就会通过实践检验出来。曹操准备对江东孙权先动手了，这次还是举的大汉的旗帜，是征讨不服从大汉中央管理的叛贼孙权，奉皇命以讨不臣，永远名正言顺。

江淮大地，重燃战火，濡须口外，刀兵云集，孙权刚面对曹军七千弱旅而惨败，又怎从容应付曹操亲率之数十万雄兵？

软硬两手孙权也精通

建安二十一年（216）十月，魏王曹操集结大军开始出动，历时近月到魏王的家乡谯县，继续进军走的还是老路线，顺涡水东南而下，建安二十二年（217）正月进入巢湖。

曹操大军这次有备而来，随军大量舟船战舰，目标：濡须坞。

这次曹操对江东势在必得，几乎动用了曹军中多数名将，镇守合肥的张辽自不必说，就连曹仁、夏侯惇也都遣往前敌，曹操本人以六十三岁高龄也披甲上阵，亲自擂鼓指挥大军进退。尤其是在数量占优的水军的配合下，大军稳步推进，二月便攻占了江西的郝溪城（位处长江南岸不远），濡须口就在眼前了。

这次孙权亲自坐镇濡须口，也几乎动员了所有江东军主力来到了濡须口前线，但终于抵挡不住魏军的水陆齐进——现在曹军已正式称为魏军了——被魏军从水陆两路围抵濡须坞城下。

水路现在全指望勇将董袭所指挥的五楼船屏障了，孙权清楚：此巨舰如拦阻曹操水军失利，从此曹操水军将畅通进入长江，不但天险丧失，辛苦修建的濡须坞也将孤悬敌后，不但无法屏障建业，还将避免不掉被魏军攻占的结局。

为保万安，孙权又调集了徐盛等陆水军诸将乘艨艟俱赴濡须口，所持唯有风向有利。此时的汛风为东南风季，真如发生大型水战，魏军讨不到便宜，更何况曹操水军主力大都是些艨艟、轻舟走舸，斗舰极少，看来确保江东还是要依赖水军。

攻打濡须坞，对曹操可以说是轻车熟路，虽从未得手过一次，但失败的教训却积累不少，说是驾轻就熟也不算过分。现在曹操就极其明智地控制住战事的节奏，决不冒进强攻，陆地采取坚垒围困，水路则集结主力突其一点，目的就一个：打通进入长江之水道，那时濡须坞即成孤岛，必然不攻自破。

魏军的不利处曹操也极为清楚，那就是不以人意志为转移的风向。不过现在的魏王曹操远非赤壁大战时的曹丞相，不会再重蹈深陷火海的覆辙了，再来黄盖诈降之类的骗术曹某也不会上当了，风向不利，便结寨拒战，反正老天不会总照顾你孙权，风向变时，即进军之日。

现在的曹操、孙权都把胜利的希望寄托在了老天身上，孙权盼的是东南风越大越好，持续的时间越久越好；曹操则相反，不过有一点曹操可以肯定：风水不会永远不变，大自然对一切人都是公平的，不急，耐心等待下去就是。

老天开始与人开玩笑了，谁也没有料到，这次是给孙权开了个绝大的玩笑：竟然没用曹操出动一兵一卒，几乎尽歼了孙权的主力水军！

一个魏、吴两家谁也没有准备作战的夜晚，老天爷突然暴怒，可是向来是非不分的老天这次突然将怒气发作在了弱势的江东水军身上了！半夜，东南风突然加剧，不过不是孙权所期待的越大越好，而是大得过分了，靠天取胜如同赌博，是靠不住的，因为那分寸无法被指望他的人们把握。

狂风骤起，天昏地暗，濡须水路，巨浪滔天！尤其是董袭指挥的五楼巨舰，几乎等同树大招风，暴风肆虐之下，楼船如同江面上漂荡着的一个小玩具，所有锚缆随风而断，楼船眼看就要倾覆！

楼船上的江东水军兵卒纷纷跳入走舸，董袭左右亲信眼看形势危机，一齐乞求董袭赶快下船逃生，董袭不愧是个好船长，誓与战舰共存亡："我受将军委托重任，在此备战拒贼，如何能弃船逃生？再有敢言弃船者，立斩不赦！”

　　岂知忠义感动不了天意，董袭的五楼船还是被暴风倾覆，船散人亡，董袭随船毙命，做到了船毁人亡，同归于尽！就此濡须坞的水路屏障被老天爷一举拆除。

　　江东的厄运还不仅于此。暴风起时，徐盛等诸将的艨艟恰都靠近西岸，舟船被飓风卷到了岸边，而西岸却正是魏军的营地！诸将恐惧非常，缩在船中未有敢出舱者，大家都明白：这是被老天给送上魏军门里去当俘虏了，听天由命吧。

　　唯有徐盛独自率本部将兵，干脆上岸突袭魏军，众人竟无一跟随出战的。岂知营寨内魏军也在营帐内避风，徐盛兵到，竟然认为是江东军借风劫寨，一起弃寨退走，反而被徐盛袭占军营，并有所杀伤斩获。

　　风息之刻，徐盛率部乘船回坞，孙权大为惊叹，大败之余，仅有徐盛一人得来的这场小胜，的确宝贵。

　　无奈宝贵也对大局无补，曹操水军已经无阻出入长江，濡须坞已经无法孤守，稍再迟疑，如被曹操抢先围困，则有被封堵擒杀危险，孙权只得退回长江中的舟船，江东军在北岸的城池、军屯尽弃，这仗再继续打下去前景不妙了！

　　孙权感觉到了战局的无望，不过不要紧，打不过便投降咱笔者也会，对汉称臣也没有什么大不了的，但必须是有条件的投降，要保持绝对的自治，保持军队。

　　只是不知道曹操干不干？遣使试探请降，竟然大遂孙权之愿，曹操恰急于赶回邺城，并无一举摧垮江东的战心，孙权请降使者一到，正解了曹操进退两难的尴尬，这下给足了曹操面子，历次征讨江淮，这次收获最大，竟然打得孙权求降了！

建安二十二年（217）春，孙权令都尉徐详为使向曹操请降，曹操立即应允，都是当紧亲家，双重亲戚，闹什么家窝子呀？从此修好吧！据史载，两家"报使修好，誓重结婚"。

孙权放心地委托了平虏将军周泰留督濡须，自己开始不再亲临前敌，有点儿拿曹操大军当战友的味道了。

这周泰原来只是孙权帐下一亲兵校尉，与同在濡须坞镇守的朱然、徐盛等将领资格不分上下，只因曾在战场救过孙权的性命，就被立马委在了众人之上，大家心里当然不能服气，热嘲冷讽之语不断灌向周泰的耳朵。

孙权在离开江淮前线之前，专门去了趟濡须坞，大会诸将，宴会酣乐。席间，孙权亲自斟酒走到周泰案前，命周泰解衣袒胸，孙权手自指其满胸创痕，问起每处伤疤来历。周泰则叙述昔日战斗经过，一处创伤一杯酒，创痕未讲其半，周泰已大醉不支，孙权则陪诸将欢宴极夜。

天明离坞，孙权遣使者将自己的御盖授予周泰，徐盛等这下不服也得服了。

对于孙权几乎可以肯定地会背信弃义，曹操心里更是清楚得很，重挑战事，也就是时间问题。所以曹操在主力回师之前照样按对待敌国安排的前线防务：留夏侯惇、曹仁、张辽等屯居巢湖，严密防范，并且要做好再次出击江东的准备。

既然孙权撑不住了，魏军为什么不继续打下去呢？那当然是魏王有了更大的事情要处理了，与此相比，早迟收服江东反而成了小事。啥事？关系到魏国千秋万代的大事！是曹姓政权将来变不变颜色的大事！

　　曹操要最后决定谁是接班人，魏王要急于决定谁当太子了。

兄弟斗法更难于作战

　　都怨曹操这一生戎马倥偬，征战频繁，使得笔者竟没得出空来介绍一下魏王的家事，现在到了决定未来家长的时刻，不说两句不成了，那就尽量简介一下吧。

　　汉代女人社会地位极低，能被史载的女性大多属妻以夫贵、母以子贵之类，像蔡文姬这种因才女而入史的实属罕见，那些能成为魏国王后以下妃妾的女子，如没有为魏王生下儿子，是没有资格被记载上一笔的，现能见于史书的曹操后宫之十余位女性，便是曹操二十五个儿子各自的母亲。

　　现在曹操的正夫人卞氏，乃当年曹操辞官隐居谯县时所纳之妾，虽艺伎出身，但可称温良贤惠，对她宠爱有加的曹操便又加上了敬重，在与原配丁氏情感决裂后便将其扶正。

　　卞氏为魏王曹操生下了四个儿子，丕、彰、植、熊，第四子曹熊早殇，曹操的继承人肯定要从这嫡出的三子中选一。

　　次子曹彰，自幼尚武，勇力过人，看来在基因上继承了曹操的武字，如果用做统兵一方的大将，那当属人尽其才。但如果参加接班人竞争，却是资力不足，主要怨他摊上了两位文采出众的同胞弟兄。

　　曹操真正的长子曹昂，已殒命于征讨张绣的战役中，现在的长子为五官中郎将曹丕，这曹丕却是文武都拿得起来，善骑射，好击剑；尤其文采，其实不亚名盛当时的建安七子，八岁能属文，世称有逸才，稍长便博贯古今经传，精通诸子百家之书。

但老爸偏又给他多制造了一个文才上更胜他一筹的弟弟。

三子曹植，字子建，其人才智敏捷及文学造诣估计就不用笔者多介绍了，仅举一例，大概大家印象可能就更为深刻。后世南朝刘宋诗人谢灵运，平生自视才高，难得轻易赞许别人，却这样评价曹植与自己及天下文人："天下文才不过一石，曹植独占八斗，我谢某尚得一斗，剩下一斗，由天下文人共分。"——此即"才高八斗"的来由。

所以曹操对曹植最为期待，曾数次当众表示欲将继承人定为这曹三公子，但由于左右幕僚贬褒不一，始终未能最后拍板。

人无完人，这曹三公子也有点儿小毛病，按史载就是"任性而行，不自雕励，饮酒不节"，把大业交给这位任性好酒的儿子的确也难让曹操放心。

取舍难定，那就只有多征求左右的意见，这下好了，一下由弟兄俩的暗暗使劲演化成了朝臣两派的明争暗斗，而两兄弟背后又各有高人：曹植的背后有丁仪、丁廙、杨修等人；曹丕的背后有号称四友的司马懿、陈群、吴质、朱铄。

这种近乎宫廷肉搏的较量绝不亚于金戈铁马的厮拼，其曲折多变、残酷无情更胜于明刀实枪的战场，那么两兄弟谁占优势呢？

丁仪，曾差一点儿被曹操招为东床，这可不是像刘协一样因为有皇帝头衔，其在曹操心目中的地位可见一斑。中间只是由于曹丕的暗劲反对，丁仪才未能折桂摘花，那丁仪兄弟当然对曹丕要怀恨在心，竭力助曹植成功自在情理之中。

杨修，原太尉杨彪之子，杨彪被罢，并未妨碍曹操欣赏杨修之才学，平素以机智善文著称，与曹植自然是气息相投，也是曹植极为信任的铁杆智囊之一。

可是曹丕那边呢？司马懿、陈群的才能及谋略是公认的当世一流，不用多说。那朱铄史载不详，也不必提。仅一个吴质就够二丁及杨修喝一壶的，此人心计深沉，老谋深算，而曹植的铁杆智囊却都属于表面光鲜的风骚文人之流，所以这场不见硝烟的战斗从一开始就注定了曹植外围的劣势。

曹植的优势唯有一条：在曹操心目中的地位远高于曹丕。而真正说了算的也就曹操一人，所以竞争开始时双方也基本上算是势均力敌，有得一拼！

曹丕对这种形势很是担心，文才上他也自知不是兄弟的对手，所以经常要招吴质进宫商量，为遮人耳目，便用车拉些废书箱，里面装上个活人吴质，进出宫门。不巧被杨修看出了猫腻，曹丕闻知极为害怕，吴质却说不妨，明天还是原样拉废箱子进宫。杨修果然举报，但检查时却连个人影不见，这下曹操不但对杨修有了看法，连曹植也不免被连累遭疑。

曹操出征，曹植以表章送行致贺，读文称述功德，有章有节，文辞华美，不但曹操欣赏，连满朝文武也无不瞩目。曹丕可没有这当场行文拍马的本事，心里大急，吴质上前耳语："离开时，痛哭流涕就行。"

曹丕也有做演员的天分，当真哭得梨花带雨，肝肠寸断，依依不舍之情感动得曹操及左右唏嘘泪下。于是，曹操内心便留下了曹植不如曹丕实诚的印象。

但会哭起不了决定性作用，曹操还是不肯把接班人破天荒地写进章程，还要继续考验二位候选人，这差额选举的闹剧还是要一幕幕接着表演下去。

紧要关头曹植却演砸了：曹植竟然在魏国的都城邺城驾车奔驰于驰道中。驰道，是魏王曹操的专用道路，这下曹植有了以魏王自居的嫌疑！所以曹操闻听举报大怒，结果是管理车驾的人被冤枉并合理地处死了。曹植本人呢？没事儿，但曹植的接班事业却不免愈加艰难了。

关键时刻有一个关键人物掺和了进来：贾诩。

贾诩在曹丕的虚心请教下给曹丕上了一场表演基础课：你就做得像个孝顺儿子就行！

儿子演儿子当然合乎角色，曹丕的演技更加到位，简直可称炉火纯青！曹丕在曹操眼里的形象大为改观：这绝对是一个达标的、德才兼备的孝顺孩子！

最后关头到了！曹操专门屏退左右咨询贾诩对衣钵落谁家的意见，贾诩更是个宗师级别的表演艺术家，凝神思考，就是不说话。曹操有点儿烦了："听你说话这么难吗？"

贾诩赶紧道歉："正思考件大事，没顾上回话，原谅啊！"

曹操自然要问："思考什么大事呀？"

贾诩郑重其事："在想袁绍、刘表他们父子的结局呢！"

曹操闻听大笑，马上明白贾诩的意思，当即决定：太子就是长子曹丕了。

曹操现在除了头上的帽子，一切都与皇帝一个规格了，奉皇帝恳求：仪仗设天子旌旗，出入称警跸，王冕上垂十二旒，乘金根车，驾六马，设五时副车。对，与现任皇帝还是有差别的：皇帝不用工作，也没有那劳人心力的自由。

国内形势已经好到了顶点，再好一点儿那只有取缔汉朝了；只是国际环境出了点小问题：去年魏公曹操不屑得陇望蜀，今年西蜀刘备却要得蜀望陇，开始了越境挑衅。

曹、刘的新一轮较量拉开帷幕

汉中的战事起因于法正。

大家都知道曹操曾明令"唯才是举"，其实真正"唯才是举"的刘备也算一个，只是刘备不像曹操那样犯傻气公开这种选才政策罢了，刘备是只做不说，重用法正就是刘备实践曹操的"唯才是举"干部政策的明证。

法正其人，政治德操就不用多说了，其故主刘焉沦落到延命公安就是拜此公所赐，当然，这对于刘备来说是立了盖世功勋。问题是法正的私人品行也不怎么样，据史载，法正"一餐之德，睚眦之怨，无不报复，擅杀毁伤己者数人"。只是因为他对于刘备入主益州立功太大，诸葛亮才口下留情没有建议刘备惩办他。

其实，就是建议了也没有用，刘备因其功、爱其才，对法正极为信任，拜其为"蜀郡太守、扬武将军，外统都畿，内为谋主"，这时的诸葛亮不过是军师将军，署左将军府事，其地位低于法正。

当然，这也可能是刘备为了尽快安抚益州的必要手段。但此时期的对外作战，刘备的确是依赖法正主谋，诸葛亮只不过是担当的汉初萧何的角色，主管后勤供应而已。

法正之才，眼光未必如诸葛般放眼天下，但就益州局部战略、具体战场指挥还是有两下子的。对于汉中与巴蜀的关系，法正就这样替刘备分析："曹操一举降张鲁、定汉中，却不趁此势以图巴、蜀，而留夏侯渊、张郃屯守汉中，自己北还，绝不是曹操其智力不足，而是因其有心无力，后方必有急事。

"以现在夏侯渊、张郃的才略，不是能守住此要地的将帅，将军举众征讨，则必可克汉中。占据汉中之后，聚民积粮，观察动向，上可以主动出击，匡复汉室，中可以蚕食雍、凉，开拓境土，下可以固守要害，屏障巴蜀。此乃持久之计，将军万不可错过此天赐予我之良机。"

刘备听从了法正的正确建议，集结大军于巴西，开始了收取汉中的战事。

刘备采取的战略是先收汉中的西邻武都郡，武都全境处秦岭山区，地广山多人稀，主要居住着十余万当地氐人。地虽贫瘠，但占据武都郡全境之后，汉中与关中的联系将被彻底切断，没有关中的支持，区区一郡汉中之地是无法长期坚持固守的。

汉中之战不是什么普通的小战事，刘备必须倾一州军力、物力于此战，后勤供应更是不易，备战所需时日非短。刘备有些心急，便出动了张飞、马超、吴兰等部先行进军武都，令其屯军武都郡治下辩，由此东进便能占领河池关，从而切断陈仓至汉中的要道。

而刘备本人则率刘封、黄忠、魏延等将领于巴西郡组织后备大军，准备直趋平阳关，进击夏侯渊与张郃的汉中守军。

　　吴兰、雷铜所部是刘备于入蜀时在雒城收降的原益州部队，这次受新主人刘备的信任独当一面出击武都，当然是感恩怀德，誓求必胜，所以接令便立即出动，一个长途奔袭抢占了下辩，这下把远在邺城的曹操惊动了！

　　曹操紧急书令时主军陈仓的征西将军曹洪、参洪军事的骑都尉曹休出动征讨，书中明令："曹休虽然是参军，其实是主帅。"——曹操经过数十年的战场观察，对手下将领的能力可以说是了如指掌，曹洪现在也可以称为历经百战的老将了，但对于曹操这种近乎羞辱的命令却心有领悟，对率领虎豹骑部队的曹休之战场实力，曹洪也是挺服气的。

　　暂不提曹洪依曹操令将军事指挥全部委托于曹休，刘备却觉察到了下辩的危险——孤军前出过远，曹洪军主力一旦南下切断辎重供应之路，即必陷困境！紧急书令张飞进军固山，先摆出一副欲断魏军后路的态势，不知能否将曹洪吓退。

　　时马超部已经从右翼出动到了沮县，此地能否阻挡汉中魏军对下辩的威胁，主要看张飞能否再施当阳长坂坡时的威风，令曹洪军畏险而退。

　　实际上那曹洪军至中途还就是犹豫了。

　　张飞进至固山以后，当然明白刘备的意思，立即大张旗鼓对外宣传：即将出动切断南下魏军的归路！这下曹洪及所带众将不禁狐疑不前了，别在这野山路上再重蹈张郃的覆辙，那张飞用兵智勇兼备，神鬼莫测，可是什么事都做得出来！

　　这时曹休说话了："张飞如真的去断我归路，应当伏兵潜行啊。

现在先张声势，说明必然不去。应当趁其大军尚未云集武都，我军抛掉一切顾虑，疾行奔袭下辩，吴兰军破则张飞自然退军。"

魏王安排的掌兵正主本来就是曹休，曹洪当然从之，于是魏军反而催军疾行，昼夜兼程，直袭下辩。

张飞的大张旗鼓没有把曹休唬住，反倒把吴兰给忽悠了：吴兰部闻听张飞大军已经出动去断魏军归路，顿时放下心来，哪有这么大胆的魏兵？胆敢不要后路前来进袭，部队不吃饭啦？

防备松懈是自然的事，谁知偏碰到了那不信邪的曹休，所率主力又是天下闻名的虎豹精骑，惯打无后方的突袭作战，吴兰竟在不知所措中发现：魏军骑兵已经扑进了疏防的下辩城！

慌乱中集结部队已经迟了，部将雷铜、任夔等拼死与战，结果被发飙的魏军铁骑胡砍乱踏于马下，脑袋被砍走；吴兰死战得脱，率残部逃进了大山，谁知也实在太不走运了，于阴平竟又被氐人首领强端偷袭，脑袋被砍下送给了魏军邀功，吴兰部竟落得个全军覆没，尸骨无存。

一切如同曹休预料，固山的张飞、沮县的马超等部，闻知吴兰军的凶信果然不敢再孤军前出，一起率部退回了巴西，刘备的初伐汉中就此一败涂地，战事暂时进入了中场休息时段。

可是那刘备半生所经战事无数，败仗也是无数，怎会将这点小小的失利放在心上？索性亲率主力全部出动，直抵汉中平阳关下，下辩的损失坚决要从汉中找回来！

至于左翼背后的魏军威胁，刘备也不是蛮干之徒，还是派出了一支偏师西进，由其部将陈式率领，任务是断绝马鸣阁道，阻截陈仓、武都魏军对汉中夏侯渊部的增援。

　　面对刘备来争汉中，曹操并不太担心。一是曹操极为信任夏侯渊、张郃的战场把握能力，二是陈仓的驻军实力非凡，料想那刘备也不敢置背后武都的曹洪、曹休大军而不顾死攻汉中，为保万全，曹操又飞骑传令驻军陈仓的偏将军曹真出动策应汉中战事，在曹操心里还有一道保险：夏侯渊的帐下还有一名可依赖的将才——徐晃。

　　曹操本人眼下实在顾不得西方：荆州襄阳前线的关羽现在成了他心中的大患！这里离许都实在太近，一路无险可守，而替刘备镇守荆州的关羽，这几年实力迅速膨胀，已经不是驻扎在樊城的曹仁所能单独对付得了的。

　　尤其是那关羽不光是军力势强，更可怕的是暗招频出，荆州军的无数间谍已经深入到了许都内外，看不见的敌人才是最可怕的！

较量在看不见的战线

　　关羽奉命镇守刘属荆州，一开始由于部队主力被抽调西进益州增援，所留兵力少得可怜，以至于连当初甘宁带一千兵迎击于益阳，关羽竟持重不敢驱逐；当初与鲁肃的战场谈判由于自己实力不济，说话也难以强硬到底；直到孙刘双方订立和约，南方战争危险暂时消除，关羽才算缓过一口气来。

　　自建安十六年（211）曹操把屯军樊城镇守襄阳的曹仁抽调西拒马超，南郡北境的曹军也安稳了下来，双方基本都采取的战略守势，所以刘属荆州出现了难得的和平局面。

这给关羽的部队重建提供了大好环境，尤其是关羽具有两条别人无法比拟的优势：一是关羽自单骑斩颜良，千里寻刘备以来，名声冠绝华夏，吃粮当兵谁不愿意跟着这样义勇双绝的英雄？二是关羽本身就以体恤士卒著称，傲然不屑理睬的是那些士林大夫，对自己的左右部下关羽却是视同己出。大伙自己品味一下：你自己若免不了穿那身军装，能会去跟着谁干？

所以，六七年的工夫，关羽凭借南郡、武陵、零陵三郡的充足财力、人力，逐步扩军十余万，这下不光身旁的孙权感觉到了威胁，就连北方东汉名义的都城许都也有人遥望南天盼解放了。

按曹操看来，这是关羽派大量的细作北上所致，这是在与许都那些死扛着大汉招牌不放的部分文武百官勾搭。不过曹操并不过于担忧，因为代替曹操留在许都主持军政的是他绝对信任的人：丞相长史王必。

长史王必德才俱佳，对曹操可称忠贞不贰，但不幸的他却有位极知己的朋友——京兆尹金祎，恰这位知己好友在政治观点上却与王必不同，王必是曹操的铁杆，金祎却骨子里认为自己是大汉忠臣，对于王必，金祎不过是虚意委蛇，认为王必不过是曹操留在许都看管皇帝的一个狱头而已。

金祎对曹操欺负皇帝的行径很是看不惯，没站出来抗议只是因为时机不到，现在曹操根本难得到许都来了，恋在邺城铜雀台里训练那些夫人、昭仪、婕妤、容华、美人，当然还有大量的贵人、歌舞伎，而南方荆州的关羽势力已隐隐威震许都，机会出现了！

金祎便秘密联络太医令吉本、耿纪、韦晃，吉本的儿子吉邈、吉穆等人，准备由吉邈组织部队从外部突袭王必的长史军营，金祎为内应，一举干掉王必占领许都，劫持皇帝，再奉天子命配合荆州的关羽共同进军邺城，如此将一举重振大汉皇统！

建安二十三年（218）正月，金祎与汉太医令吉本、少府耿纪、司直韦晃等人决然行动了！

最先是由吉邈率杂人及家童千余人夜间突然在王必的军营大门放起了大火，营内有金祎早就安排的人作为内应，致使王必仓促之下，无法防范，大营被破，王必肩部中箭，又不知进攻者是哪家神圣，人到难处思良友，王必被人搀扶前去投奔好友——金祎！

历经千险万难，长史王必终于挨到了金祎府门，唤门之时，门未开里面有人相问："王长史死了吗？那家伙死了我们的大事就算大功告成了！"——这是金祎的家人不知是王必在敲门，以为是吉邈等人前来报捷呢！

这还有啥说的？王必心中酸苦之下，不顾箭伤剧疼，夺路他奔，总算暂保了一条残命。

乌合之众胜利的希望只有一个：王必丧命，曹军群龙无首，金祎便能以京兆尹的身份出来收拾残局，军权在手，以后一切都好说了。岂知天明之后，发觉王必犹在，吉邈的杂牌军竟一哄而散，武装起义成了闹剧一场。

其实王必也没活了几天，心伤加箭伤，十余日后，王必因伤毙命，但此时起义的人等都已被捕，王必这十余日的残命其实救了许都，也可以说是金祎那莽撞的、不见人先多事问话的家人，葬送了一场本来可能精彩万分的好戏！

金祎、吉本、耿纪、韦晃等罪犯被送到了邺城的曹操面前，曹操痛恨这些叛逆自不必说，还有王必那一条命呢！结局那当然是注定的，全部被斩。但众人却没有一个认错求饶的，一个个慷慨赴死，就义前还大骂曹操乃篡汉奸贼，这下曹操不能不警觉了！

曹操琢磨了个绝主意：把许都的文武百官全部招到了邺城。

漳河水边，铜雀台旁，魏王令百官分站两列，自愿加入两边，救火者站左边，不救火者站右边。大家谁不以为救火者必然无罪呀，几乎尽数站到了左边。

太祖曾有句：我就是喜欢你们站右边的！传令：站右边的不救火乃是不助叛乱；站左边的救火队不是去救火，实乃去趁火打劫相助贼人。

简单处理：全宰了吧！

太祖清理阶级队伍之时，边关的将士正浴血奋战在平阳关上。夏侯渊、张郃、徐晃面对刘备大军的围攻，正竭尽心力苦战于荒远。

那刘备何等人？厮杀半生，战场经验极为丰富，又兼智囊法正运筹帷幄；诸葛孔明于成都足兵足食地保证前线供应；张飞、赵云、马超、黄忠、魏延哪一个不是勇冠三军？所以，一开始从实力上便已经决定了这场战争的结局。

但事情并不像想到的那样简单，夏侯渊、张郃、徐晃都不是容易对付的，尤其持平阳关的绝对地利，蜀军后勤供应遥远路险，那刘备还就是占不了什么上风。

刘备开始指望偏将陈式等十余营毁绝马鸣阁道，如此则汉中的魏军将处于绝境，谁知夏侯渊也早料刘备此"关门打狗"之计，提前派徐晃西出伏击陈式部，可怜陈式尚未走到马鸣，即遭遇徐晃伏击，山间路狭，部队仓促之间战不能战、避无可避，竟如同张郃于瓦口遇到了张飞，士卒多自投山谷，可惜没有张郃的运气，大多摔死，陈式全军覆灭。

此战事虽小，关系甚大，就连远在邺城的曹操看过军报也不由后怕，大喜之下，专令嘉奖徐晃："此阁道，汉中之险要咽喉也。刘备欲断绝外内，以取汉中。将军一举，克夺贼计，善之善者也。"（《三国志·魏书·徐晃传》）

而平阳关的刘备却就此一筹莫展，被处于前进不能、后退不甘的尴尬境地，相持近年，战况无丝毫起色。无奈之下，只得令成都的诸葛亮增派援兵，举州支援汉中战事。

诸葛亮在成都能估计到汉中战事的艰难，更明白汉中对于益州意味着什么！支援汉中前线，并不能指望邻近的三巴，那里是新收服之地，兵源财力有限，物资兵员主要靠蜀郡供应，而蜀郡太守法正却正随军北征，诸葛亮急于物色一个蜀郡太守的合适人选。

诸葛亮内心的候选是原益州从事杨洪，便以汉中战事咨询杨洪，杨洪回答："汉中乃益州咽喉，存亡之关键，若无汉中，必无西蜀！此益州家门之祸，举全州之力发兵供粮，除此何疑！"

诸葛亮大喜望外，面试得到的答案超出了自己的预期，便立即上表刘备，命杨洪领蜀郡太守，结果杨洪不负孔明期望，如期足额地保证了汉中前线的蜀军所需。

此事还产生了另外的效应：原益州官员士民竭尽咸服诸葛亮，能抛弃新老地域观念，尽才用人，器量非凡。

就在刘备能无后顾之忧专注于汉中战事之时，邺城的曹操却无法亲临汉中前线：朝中的叛逆刚除，漠北的代郡、上谷乌丸无臣氏又公开反叛了！

战事、政务皆喜忧参半

曹操年轻时曾装着中风奚落过叔父、骗过了老爸。难道是出于当时阿瞒早有预感？曹操倒还真落了个脑中风的病根，不定期地发作，病发时头疼欲裂，唯有当时的名医华佗能予以针灸缓解，不过却不能根除。

曹操认为这是那华佗持医术自重，欲长期要挟自己，便借华佗诈说妻病请假不归拖延召唤，拘押了华佗。后来干脆不顾当时谋主荀彧的劝告刑毙了这一旷世名医。

当时曹操杀人的理由牵强得很："我不杀这小子，他也不会为我根除此病，没什么可忧烦的，权当世间没生出此鼠辈来就是了！"——就这也该死罪？

素称目光长远的曹操偏没预备自己将来需要华佗的时候，及至后来曹操自己的爱子曹冲得病临危，曹操才叹气后悔："我不该杀了华佗，是我把自己的儿子害死了！"

不时头疼的魏王，情绪自然难稳，随便杀个人舒解心中烦躁竟成了家常便饭。为什么后人有句"伴君如伴虎"？就是因为这个"君"具有超越法律的无上权力，天下的人能否残喘求命，还要根据这个人的喜怒哀乐而定，身边的人又哪来的安全感？

换了谁都一样，祸源在于这个可恶的专制制度！

换句话说：皇帝制度祸害了中华两千余年啊！不受任何监督和制约！其可怕又哪里是可怜的老虎能比的？圣人云：苛政猛于虎。岂知专政猛于苛政！

那么，太祖晚年当真老糊涂了不成？也不尽如此，清醒时所做的决定还是相当英明的。例如，对于国家由汉到魏变颜色的预言；对于官员趋于腐败的警告，尤其是对于中国百姓的担忧，日后无不兑现……

曹操于西方、北方战事纷起之时，发布中国百姓的养老制度：百姓女性年满七十以上，无丈夫儿子供养者；儿童年龄十二以下，无父母兄长抚养者；天下盲人、手、足残疾者；无妻子父兄产业者，由国家供养终身。百姓贫穷不能自我赡养者，由国家按家庭人口提供给贷款。老耄九十以上，日常生活不能自理者，由国家出护理一人照顾其起居。——尤其是孤寡残疾人，活在曹操时代挺幸运的！

说明一下：曹操没有收公民的养老金，这是曹操政府无偿提供的福利。

内政清楚糊涂各半，对外战争几乎也是如此——至少从战果上显示是这样。

对平息北方代郡、上谷乌丸无臣氏的反叛，曹操令自己尚武的儿子鄢陵侯曹彰督军出征，自己则集结兵力、粮草准备亲征汉中。那曹彰果不负老爸所望，一场远征战事打得比曹操当年还要漂亮！

实际上代郡乌桓的战事并不是那么简单，表面上只不过是上谷、代郡区区两郡的匈奴反叛，实际上还有一个更加危险的潜在敌人在等待观望中，这就是当时受命管理幽州北部的鲜卑大人轲比能，其时其已将自己的数万铁骑开往了代郡边境，是援助自己的匈奴兄弟？倒还没有明说，但反正绝不是来主动参加平叛的。

好一个曹彰！上得战场，大有其父魏武风范，身先前敌，后随铁骑万余，军动若风驰电掣，兵行犹利剑出鞘！

苍茫大漠当军帐，

塞北风霜作甘霖。

怒扯云霞拭日月，

狂推雾霭淹乾坤。

旌旗指处亡胡虏，

弩箭响时泣鬼神。

铁蹄弹奏得胜曲，

将军谱就凯歌吟！

鲜卑大人轲比能目睹曹彰战场风范：盔甲上嵌数箭，犹自杀气更浓，铁骑横扫乌丸，直如同风扫残云，一战得胜，士气愈胜，直追无臣氏至桑干之北，竟不容无臣氏歇息片刻，铁骑直捣中军，外围又有散骑追剿出逃残敌，仅砍下的人头就达数千，俘获生力无数，漠北几乎像被飓风横扫而过，立时一片寂静！

鲜卑轲比能当然明智上表，表示臣服，从此永远忠于大汉曹操。

北方至此平靖，西方的战局却日渐恶化。

武都至平阳，一路险山，处处易守难攻，曹洪、曹休、曹真部费尽心力却难使秦岭山道畅通无阻，汉中夏侯渊部还是处于孤立无援的困守态势。

如此长耗下去，汉中前景堪忧，曹操终于再难稳坐邺城了。

建安二十三年（218）七月，魏王曹操在理顺了内患北忧之后，终于亲自出马对付刘备了；九月大军来到长安，曹操决定，部队这次不再绕行陈仓，直接由长安南下子午谷，寻觅谷中险路，尽快增援汉中。

哪知就在大军即将出动的关头，襄阳前线军报传来：那荆州关羽即将开始北犯，曹仁于樊城已处于险境！

这还难以干扰曹操兵出汉中的决心，要命的是还有急报：曹仁的后方出了大事，南阳宛城守将侯音公开易帜造反，响应关羽，这下不仅许都立处险境，连樊城前线的曹仁也顿时处于两面受敌的危难境地。

这下疾援汉中的曹操犹豫了：宛城有变，将是远大于汉中前线的紧迫之事！一旦有失，樊城曹仁必然立处绝境，许都也将震动！已经把大军集结到了长安的曹操此时不知该先把主力投向何方了。

大军一旦东归平叛乱，拒关羽，那汉中战事必然堪忧；但如果不顾荆襄危局，径直出动汉中，一旦荆豫有失，开拓些边远疆土又有何用？

部队西进还是东归？曹操两难之际，还是恢复了赌徒本性：将赌注压在了樊城的曹仁身上！传令曹仁，暂且不要理睬南部的关羽威胁，全力平复宛城叛乱！

曹军主力则在长安引弓待发，视东西两方的战势，再决定把利箭射向何方。

应该说，这也是曹操的最佳方案，因为平阳、荆州两方的局势还都处于扑朔迷离的状态中，到底应该孤注一掷于哪边，是谁也说不准的事。

平阳前线，刘备的蜀军虽处于攻势，但战事已胶着近一年，夏侯渊、张郃不但能坚守平阳不弃，其实还留有后备兵力，以用于一旦到来的蜀军退军之时。也就是说，战况还没到最危急的状态。

荆州前线，关羽大军欲北出，但大军绝不是能轻易出动的，襄阳、樊城已处于敌前七年，一直安如泰山，那关羽身负一代名将之名，若无必胜把握，怎肯草率出兵犯境？

这次曹操又赌赢了！

宛城守将侯音就是关羽策反成功的魏军将领。其时见南方关羽军势大振，而北方许都空虚，曹操率主力已西进长安，割据南阳正逢其时，由此配合关羽北进许都，岂不为刘备立下了盖世功勋？

起事开始挺顺利，因为南阳郡数年来供应襄阳前线军需，已被搜刮得官烦民怨，老百姓再对比往日刘备军驻扎此地之时，一股念旧心理当然油然而生，所以侯音振臂之时，几乎八方响应，南阳不随同起事的官吏、将领几乎被一网打尽，皆尽被捕。唯有时任南阳太守的东里衮见势不妙，仅与功曹应余十余骑得以窜出亡命，宛城被侯音顺利占领。

不仅如此，侯音并未放过东里太守，在席卷南阳的同时派出了专职搜捕骑兵来追逃太守东里衮与功曹应余，两人逃得虽快，但追兵更快，终于没能逃过宛城新占领军的搜捕，东里衮被一根麻绳拴了回来，应余丧命于乱箭。

这时被侯音信任的功曹宗子卿闻知曹仁征讨在即，内心暗自突然明白：这侯音成事的可能性不大，关羽在战线的南边，急切救不得宛城，还是观风转舵吧！

便向侯音进苦口之良药："足下顺民心，举大事，远近莫不望风响应；然而拘押这些地方将领却大是不妥，对我们能有什么益处呢？还不如予与遣散，更能获得军心民意！"

侯音也是被成功给乐晕头了，竟然采纳了这宗功曹的建议，把已经逮住的南阳诸将以及太守东里衮给一并无条件释放了。谁知就在当天夜里，那忠诚的宗子卿即逾城而逃；这还不算，索性联络刚被释放的东里衮，集结了各县未叛的兵丁、余民，反而把宛城给围了个水泄不通。

关羽的部队毕竟隔着襄阳、樊城，还是那曹仁的部队来得迅速，刚起义的部队最怕被剿，侯音部军无战心，民无守意，宛城被曹仁轻松攻破，侯音被曹仁部将、原马超的部下勇将庞德砍走了脑袋。

曹仁怨恨宛城军民支持叛军，竟破天荒地也学了一回魏武风范：破城后尽屠全城！

而南郡的关羽连出动救援都没来得及，宛城的反曹火焰便被扑灭了。但家里失火易灭，外来海水难堵，汉中的战事竟然一转直下，如同汹涌的海潮，一个巨浪淹没了汉中的魏军，竟使曹操最为欣赏的一代将才夏侯渊命丧黄泉！

刘备巧战定军山

僵持于平阳关近一年的刘备突然兵锋转向，令夏侯渊、张郃坐守不住关城了。

在法正的策划下，刘备主力于建安二十四年（219）正月突然自平阳南下抢渡了沔水，占据了平阳关南侧的定军山，并顺山势扎下大营，意图极为明确：险山对险山，咱们就长期地耗吧！

这下总督汉中的夏侯渊受不了了：定军山乃汉中南部屏障，背靠西蜀三巴，蜀军供应有了保障，而何时再来骚扰平阳，那就看刘备的心情如何了！可以说，随时都能下山游猎一番，之前夏侯渊甚至刘备都因此山并不能直接进军汉中腹地，都疏忽了这地方是个屯军长耗的绝佳山头。

那么现在难道刘备真的欲占山长耗吗？不是，刘备其实也长耗不起，且不说曹操肯定会增援汉中，就是后方一州也会因长期征战的消耗而兵断财枯。初定益州，穷兵黩武可不是什么久安之道。

但刘备经法正提醒突然明白：就是摆个长耗的架势夏侯渊也会受不了，战争消耗是双方的事，曹军以一郡之地，更无法长期困守。

性急的夏侯渊还就是难以沉住气了，手头不是还有准备紧要关头使用的预备部队吗？干脆全军出动，与那大耳朵来个决一生死，最起码也要把蜀军从定军山上驱逐下去，不然汉中何时能得以平静?

刚因瓦口战败被从平狄将军贬为荡寇将军的张郃更是不能说什么,只得听从夏侯渊的将令,分军一半出动到定军山右前广石,与扎营于定军山前的夏侯渊呈掎角之势,整个布阵甚为合理,可是那刘备能主动下山来战吗?

按夏侯渊预期,刘备断不会轻易舍此地利决战于山下,所以一切都是按照强攻山头准备的器械战具,哪知当天晚上,刘备竟意外地亲自率万余精兵军下了山,直接就扑向了广石的张郃军营!

这是早就预谋好的。刘备把部队分为十个千人大队,从四面八方同时开始了对张郃大营的围攻,而广石张郃大营的兵力并不弱于刘备,只是因为夜间临战,不明敌情,只能固守寨墙,不敢四面出击夜战。

蜀军是精兵,魏军也是悍卒,两家就摸着黑战了个势均力敌。张郃亲率亲兵冲出营寨求战刘备,一经交手,刘备军不敌战场骁勇的张郃,率部步步退往山前,那里是夏侯渊的主力大营,难道是去找死吗?

张郃不敢远追,只盼夏侯渊能及时出动给予刘备迎头一击,就在此时,魏军辎重屯地走马谷突然半天通红,储粮草的都围被蜀军给点着了——那才是刘备本人干的活路。

张郃紧急回营,准备集结兵力出援走马谷,到底没有夏侯渊行动迅速,夏侯渊的主力已经由其本人亲率出动增援了。

岂知刘备放火仅是虚招儿,真实的目的就是瞄准的夏侯渊部援军,早就在半道等着这位夏侯将军,两军相遇——不是相遇，是魏兵中伏——夏侯渊并不慌乱，亲自提刀冲向前方阻截的蜀军！

夏侯渊全军已动，势如猛虎下山，哪里能收得住兵势？惯性已经形成，夏侯渊背后的定军山上突然金鼓大作，呐喊连天，伴随着欢声雷动，一支铁骑趁山势扑下了山来。魏兵根本不及住脚回身抵挡，便被从背后冲了个人仰马翻！

率领这支铁骑的便是刘备的前督黄忠，那黄忠一把大刀开路，却并不恋战，全军竟如同一支长矛，从背后直插魏军头颅——处于魏军前锋位置的夏侯渊！

夏侯渊还未能和前面阻截的刘备交上手，身边的亲兵却被从后方拥来的自己的部队给冲了个七零八落，随着定军山上蜀军雨点似的战鼓，八方呼应的号角，黄忠的铁骑冲到了夏侯渊的背后！

夏侯渊有些豁上了，圈回战马迎战敌将——本来此时应该催马一走了之才是最正确的选择！

这就是夏侯渊的个人性格所致，早在曹操把汉中委托给他时，就耐心嘱咐："为将之道，应当也有怯弱的时候，切不可一贯恃勇。将军自然应当以勇为本，但更重要的是行兵以智谋巧计，只知道一味施勇，也就是一匹夫之敌。"

但曹操的嘱托没有用，江山易改，本性难移，见厮杀就血涌疯狂是夏侯渊的天生本性，又岂肯伏鞍逃命？

仓皇之中，举刀迎敌，可黄忠此刻却正是人借马力，马借人威，交手只一合，夏侯渊便被黄忠一个平抹摘去了脑袋！

主帅殒命，魏军大乱，刘备趁势指挥蜀军围剿乱成了一窝蜂的魏军，曹操委任的益州刺史赵颙也在乱战中丧命，估计这益州刺史赵颙还从未到过任，虽然如此，益州牧刘备也算除了自己的官场大敌。

闻听噩耗，张郃知道大势已去，遂引本部兵马还军平阳。

魏军乍失主帅，军心大乱，将领们无不张皇失措，不知如何应付这突来的危难！

关键时刻，夏侯渊帐下军司马郭淮站了出来："张郃张将军，乃国家名将，刘备素来惮忌；现在局势危急，非张将军不能稳定大局。"

于是魏军公推张郃为全军主帅，诸将皆愿受张郃节度。张郃也不便推辞，就此接了印绶，紧急布置平阳防务，整顿溃兵，大家这才算暂时有了主心骨。

魏军凶信急报到了长安的曹操那儿，曹操不由得又惊又痛，详细询问军情，不禁暗怨夏侯渊莽撞，连累三军，内心深处其实也深悔自己用人不当。不过这后悔药还是要等日后品味，眼下至关紧要的莫过于守住平阳，保住魏军残部诸将；至于找刘备复仇讨血债，马上就会让这大耳朵血债血偿的！

曹操急令：由张郃节度汉中各部魏军，并遣使赐张郃假节。自己也再不能待在长安遥控指挥了，从现在起，曹操才算真正地开始布置大军出子午斜谷增援汉中的军务——要说是曹操自己贻误战机，致使夏侯渊殒命也不为过。

平阳关前线，魏军面临的最大威胁是刘备趁势重渡沔水来攻，那时必然会处于寡不敌众的危局，还是郭淮建议："直接阻渡即是示弱于刘备，不妨远离沔水结阵，等蜀军半渡，我军出动痛击，蜀军必然大败！"

谁知敌人的行动向来不会听从自己的指挥调动，那刘备用兵谁也捉摸不透：竟然还是依山固守，绝无主动出击的意思！

这刘备到底想干吗？难道指挥大军来汉中前线要无赖不成？

还就是让众人琢磨透了，那刘备还就是准备在汉中平阳将无赖进行到底！

那么，魏王曹操大军来到，你刘备这无赖还耍得下去吗？

刘备等的就是曹操，早就对部下扬言："曹操就是亲自来到平阳，也必然无能为力，汉川已经姓刘了！"

将无赖进行到底

建安二十四年（219）的正月，曹操六十五岁了，就在曹仁攻屠宛城、阵斩侯音的同时，总督汉中的夏侯渊也被刘备砍走了脑袋。这下曹操不用在长安犹豫不决了，终于决断：大军兵出斜谷，进军汉中。

三月，曹操亲自率军穿越了子午斜谷险道，其实无非是山路难走些罢了，汉中还控制在魏军手里，并没有什么遇敌伏击之险。这与日后诸葛亮不敢从此路出击长安还是大为不同的。

憋了一肚子火的曹操来到了平阳关，所有魏军都感觉到了：这下够刘备受的了！几乎举国兵力来到了这汉中小地方，收拾大耳朵刘备还不是瓮中捉鳖、手到擒来的事？

可惜现在的刘备并不在瓮中，而是固守在汉中西、南部的各个险山上，那时候没有什么远程大炮之类的兵器，想攻下个山头还就是不容易，人家就是从山顶滚下块石头蛋来，这攻山的就不知要断胳膊瘸腿多少人了。

　　曹操大军渡过了沔水，刘备无动于衷；曹操大军兵临山下了，刘备还是像没发觉魏军驾到；曹操于山下摆开了阵势索战，刘备干脆蹲在山头上当起了阅兵的首长；出兵攻山？曹操还没有糊涂到拿士兵的血肉垫石块的地步，当然，真欲登山，遭遇的又何止是石块？

　　实际上刘备是沿定军山依山势西向，构筑了一道坚固的防线。曹操的魏军如果想穿越这道防线，不付出相当的代价是做不到的。问题在于，付出代价穿越过防线又能如何？军多辎重无法过山，战士们吃什么？兵少其实等于拿孩子去喂狼。

　　早就较量过了：山地作战，大平原出来的魏军PK蜀军，相等兵力占劣势，那些如同山猴子般的小个子蜀兵不是大个魏兵能单个对付得了的。

　　面对刘备这种不战不和又不走的"无赖"战法，曹操怒火满腔！——可是还得自己消下去，两个字：无奈！

　　现在成了这种尴尬的局面：大军云集成了劳累自己，兵多反而多了自己的累赘！人需要吃粮，马需要嚼料，粮草哪里来？汉中经曹操移民河洛，已经略见萧索，地方无储备，那就唯有指望遥远的关中组织长途运输，可是斜谷路狭，车马难行，路唯一条：初进汉中的秦岭山路！

　　且不说那路也就勉强算作路，刘备的多支部队就驻扎在那边的险山头上，焉能热情护送曹操的运输大队顺利过山？想混口吃的，不经恶战是到不了嘴边的。

这样就需要一支庞大的护粮部队了，问题在于：这些部队也需要吃饭哪！所以就形成了这种不大好算清的账：护粮部队少了能多余下军粮到汉中，但危险极大，弄不好就等于给刘备来送军粮；护粮部队多了兴许不够运输大军自己嚼咕的，等于来回拉练折腾着玩！多少部队护粮最合适？这是连魏王曹操也说不好的数字。

阿瞒出道时就预感到的"刘备，人杰也，将生忧寡人"的预言今天兑现了！

曹操苦耗月余，战势无丝毫进展，碰到了"打不还手，骂不还口"就是给你死缠的"无赖"，曹操也没辙。欲待退军，徒落天下笑柄。留部分部队固守汉中？那还不如不来增援呢。舍弃汉中？曹操更不甘，来这儿干吗了？费劲打下汉中来，就是为了送给这大耳朵？

初夏凉夜，曹操于军帐辗转反侧，思来想去，还是进退两难！起身温酒消夜，下酒菜乃是只清炖母鸡，曹操伸手撕下一块，不经意间却是鸡肋两条，嚼在口中，味尚鲜美，只是无肉无皮，下酒好肴，顶饥甭想。曹操突有所动：这与眼下强争的汉中何其相似？

顺口游心，不觉默念："鸡肋、鸡肋！"

哪知正好值夜营官前来请示夜间军营口令，跪等多时，不见魏王示下，原来曹操心思信马由缰，根本就没有注意帐下跪了何人，禀报何事，犹自嘟囔："鸡肋！鸡肋！"

营官好不容易才算听到了魏王口谕：鸡肋？当然退下传达魏王新颁口令：鸡肋。

这鸡肋口令传达到了行军主簿杨修耳中，杨修立即吩咐属下收拾行装：咱们魏王要远行了！

左右惊问："主簿能预测魏王未颁军令？"

杨修解释："鸡肋这东西，弃之如果可惜的话，不过惋惜一时，再嚼上面也没啥东西，我王以此物比喻汉中，可知魏王准备丢弃汉中回家了。"

《三国演义》中说曹操借此由杀了他早就嫉妒的智者杨修，其实并无此事，小说家演义而已。杨修是活蹦乱跳地随军回家，杀杨修是几个月后的事，与"鸡肋"无关。估计曹操也未必能立即知道杨修凭"鸡肋"断定退军之事，至于以后有没有人打小报告，那就不好说了，按国人的德行推断：大有可能！热衷于此道的"君子"们至今遍布您的左右！

曹操虽然内心暗欲退军，但还是不能最后决断，主要是担心一种情况：弃汉中，武都郡也必不保，那刘备北取武都收服氐人之后，肯定会胁氐人进逼关中，这样关中将永无宁日！

曹操将自己的担心透露给了雍州刺史张既，张既献了条釜底抽薪之计："将氐人尽数劝出武都不就是了？动员时就说政府给他们在关中准备好了免费饭食，避贼国家管饭，先到关中者厚赏，有人趋利带头，后面还怕没人效仿吗？"

曹操接受了张既的意见，并委托张既速去武都操办此事，张既利落地完成了任务：徙迁氐人五万余落移居到了关中的扶风、天水。

汉中这块"鸡肋"终于被曹操狠心舍弃了：建安二十四年（219）五月，曹操率所有汉中的魏军撤离到了长安，刘备乐呵呵地接受了这不设防的宝地汉中,对于刘备来说,这可不是什么"鸡肋",简直是只极肥美的鸡大腿,刘备也因把这只"鸡大腿"吞到了肚里而自我荣升汉中王!

现在刘备与曹操的级别一般高了,大家都是王爷,不同的是咱比你曹操多用了一个"汉"字。你可以理解成一个汉中的王,我可以理解为大汉中国的王!

刘备称王,拜许靖为太傅;法正为尚书令、护军将军;麋竺为安汉将军,这几位地位都高于军师将军、署左将军府事的诸葛亮;并设置了前后左右四将军,依次为:前将军关羽、后将军黄忠、左将军马超、右将军张飞;这四位与翊军将军赵云被后世并称为五虎大将,其实赵云的地位要低得多。

但能得到五虎称号却是赵云的功劳,原因是唯有赵云在这次对魏作战中立了大功,这也是曹操这次增援汉中所能打上的仅有一仗,而赵云则因此战被蜀军诸将、士兵冠以"虎威将军"——是赵云最先得到的"虎"字,虽然不是官方任命的。

黄忠的后将军得来的也不易,就连诸葛亮开始也担心远在荆州的关羽是否会服气与黄忠并列,还是刘备坚持了对黄忠的任命:干掉了曹军名将夏侯渊,此功大无以复加!

谁担当汉中太守重任?论资格与战功,尤其是与刘备的关系,大家认为非右将军张飞莫属,张飞本人也准备好了接受这一标志着大将能力的职务。

刘备行事绝对非凡:出乎一切人的预料,越级提拔牙门将军魏延为督汉中镇远将军,领汉中太守!全军皆惊之时,刘备大会群臣,让魏延自己用谋略向大家做了解释。

刘备当众问魏延:"如今你已经挑上了重担,有什么要说的吗?"

魏延慨然而对:"若曹操举天下之兵来犯,我能为大王拒之境外;若委派一偏将带十万兵来,我能为大王吞掉它。"——从日后的事实看,魏延并没有吹牛皮,刘备也没选错人。

刘备看人可称一绝:三顾茅庐请诸葛自不必说,就是对张飞与魏延的选择上,便可见其一斑。

二人都属勇将,大概张飞还更胜魏延一筹,智谋显然魏延更要居于下风。但魏延只比张飞强一点:张飞一贯不恤士卒,酒后更常鞭挞左右;而魏延则相反,勇猛过人之外,以善养士卒著称,这的确是守土的先决条件。

刘备的厉害之处大家现在体会到了吧!

但人无完人,刘备的知人善用却没有体现在身边最为忠勇的赵云身上,刘备也就是一直把这位苍天送给他的大才当作了一个忠实的勇将使用而已,也就是如同曹操看待典韦、许褚一般,岂知是埋没了一位天下奇才,也令刘备自己遗憾地"创业未半而中道崩殂"!

就拿这次汉中战役来说,曹操放弃汉中固然有他自己的难处,但具体促使曹操忍痛割爱的却是两点:刘备令关羽在荆州动手了,曹仁的樊城处于危机态势;再就是另一点,与赵云的一场遭遇战把魏军打破了胆!

当然,这只能体现出赵云的勇力与胆量,战势大略与治国之道赵云其实早就显示了才能,只是未能引起刘备的注意,可能就连诸葛亮也疏忽了赵云的内秀。

万古英风赵子龙

赵云，字子龙，常山真定人。

《蜀书》中对于赵云的记载极为简略，这也难怪，西蜀以正统大汉自居，虽设史官，但并未单独修蜀史，致使后来陈寿补修《蜀书》把所有的蜀军将领都给简略，实是奉大魏为正统的陈寿的无奈，难以收集这敌国将领的详细资料，能简介其主要功略，也属不易。

但从这简介中，笔者替刘备发现了赵云这位集忠、勇、仁、义、德、才、谦、直、明、略于一身的绝世帅才！

赵云初随公孙瓒，公孙瓒曾嘲讽赵云为何不去依附袁绍，赵云的回答不卑不亢："天下大乱，是非难明，我仅愿从能解民倒悬的英雄！"——出山之始，赵云即阐明了自己的志向：从军为国，从政为民。

选择了以仁义为处世准则的刘备为主人之后，便在客居袁绍军中时为刘备秘密召集了一支数百人的嫡系部队，命名为"刘左将军部曲"，袁绍至终也没能知道并掌握这支力量，这就是刘备重振家业的铁班底。

赵云一直为刘备主率骑兵，在东汉年代，这几乎就可称"特种部队"，哪家的骑兵都可以视作"大规模杀伤性武器"，并且长期兼任刘备的贴身侍卫主官，事实上是刘备一直把自己的生命交给了赵云。

　　当阳长坂大战，赵云舍命保护了刘备妻子甘夫人，及幼主刘禅免难，因此被迁为牙门将军。据《云别传》载：刘备收服荆南，以赵云为偏将军，领桂阳太守，取代复叛了的原太守赵范。

　　其实赵云对赵范的复叛有相当准确的预见：赵范有一寡嫂樊氏，乃国色天香之美人，赵范欲将美嫂配给赵云。——解释一句：在东汉年代，寡妇改嫁极为正常，连日后刘备的皇后也是寡妇再嫁给刘备的——赵云不干，以同姓犹一家为由辞了这门亲事。

　　实际上赵云也并非不爱美女之人，而是看出了赵范日后反叛的苗头：舍美人是其德，察赵范是其明，为刘备是其义。

　　进入益州之前，赵云被刘备任命为留营司马。实际上是刘备知道新夫人孙权之妹骄横，所带吴兵纵横不法不好管理，因为赵云严于治军，才委托其任掌内事——代管老婆？这的确难为赵云了，刘备自己"妻管严"委托部下出面，赵云不得不"失职"几分。

　　但毕竟赵云对政治大局还是不含糊的，在孙夫人带刘禅回归江东省亲之关键时刻，赵云立即能觉察到对将来政局、军事的不利，遂追舟拦江，联合张飞强夺回了刘禅，显示了赵云目光的远阔。其实也是极据风险的：干涉领导的家事，谁能挺身而出？

　　入蜀之初，刘备曾准备把成都的房产田地赏赐给立功的诸将，唯有赵云站出来明确反对，并以大汉名将霍去病的"匈奴未灭，何以家为"为据，据理力争，将这些房产、桑田退还给了益州人民。

　　这已经不是一个普通勇将所能为之的了，按赵云的原话就是："须天下都定，各反桑梓，归耕本土，乃其宜耳（这样将士作战才会更有动力）。益州人民，初罹兵革，田宅皆可归还，今安居复业，然后可役调，得其欢心。"——这是从政治高度、治国大局给刘备上课！

可惜刘备只是"即从之"，并未领悟到这位部下除了正直敢谏以外，建议的是长远的治国方略，这心思，又哪里是一般将才所能具有的？——偏将军这时干的是御史甚至丞相的活路！

此时的赵云与刘备的关系不可谓不密，所立军功不可谓不大，论才智出众拔类，论眼光不亚孔明，比勇力谁不服气？比职务却是仅算个中等偏上级别：翊军将军——一个杂牌将军称号而已。

但赵云却从无委屈的表示，还是任劳任怨，敬业职守，赵云恭谦名副其实。

尤其后来刘备急于为关羽复仇，兵伐东吴之时，赵云不顾"圣怒"，极力直谏应东和北伐的道理，这分明是如同诸葛亮一般，放眼的是天下这个大棋盘，赵云之帅才于此事显露至尽！

刘备偏执于私义，自不必说。诸葛亮为何此时还没能觉察赵云此超越"为将之道"的风采？如果此后委以军国大事，又何至于自己"事必躬亲"，最后活活累死于五丈原！

大概是由于赵云年龄的原因，偏大了，但如果从那时便让赵云运筹于帷幄，说不定诸葛不至于半道丧良将，毕竟脑力劳动对老年人损伤较小，反正强于上战场亲自厮杀。

再设想：假如是赵云留在荆州主持大局将会如何？指挥作战估计赵云并不亚于关羽，这有后来的战例为证。但执行政策方面则绝对优于关羽不知多少倍了，政务治理大概也要强于关羽，那时，诸葛亮的《隆中对》岂不是能够得到照本宣科地执行了吗？

追忆了赵云以往，又提前扯到了赵云后来，还没顾上介绍赵云刚战过的一场硬仗，此战发生在曹操困耗汉中的中期。

泡蘑菇战事，最要紧的就是军粮供应，曹操从陈仓调来了谷米数千万囊，路经黄忠、赵云驻军的北山之下，作为驻军主将的黄忠决定出寨劫这一票！于是便带副将张著率全军包括赵云的部属一块离了营围去劫道了。

时赵云留守营围，沔阳长张翼也在营内，赵云见约定的时辰已到，黄忠不见回营，便留张翼守营，自己带数十骑接应黄忠。

黄忠的劫道行动并不顺利，曹操闻知运粮大军遭遇劫匪，便出动大军前往接应，赵云的数十骑恰与曹操的前锋遭遇了顶头碰。曹操见赵云兵少，即挥军大出，赵云却不能退步，让开了路后面的黄忠部便肯定被包了饺子，只有舍命死战了。

赵云跃马挺枪直击魏军前锋，双方刚交上手，曹操指挥的大队已经赶到，赵云丝毫不惧，数十骑结成了个铁桶小阵，赵云单骑前出如矛尖，直刺曹操中军，曹操就势指挥大军将赵云这数十骑围了个不知多少层。

谁知曹操的群狼不敌赵云这一只虎，被赵云几十骑径直冲入曹操中军，魏军救主心切，也不由得向中军集结，阵势竟然大乱！竟被赵云左冲右突，杀得曹操大军步步后退，混乱之中，曹操的后军也被卷进了战场。

对于曹操来说，这也是场遭遇战，混战多时，曹操竟不能对部队实施有效地指挥，眼看着中军大乱，前锋已败，后军也是无奈才主动加入了战团。

岂知赵云并不把魏军放在眼里，数十轻骑竟如入无人之境，面对杀不胜杀的魏军，几乎任意驰骋，枪杆抖时，必有人落马，铁蹄踏处，尽一路惨呼！扑上来的魏军几乎挡道即死，突围的赵云竟如闲庭信步，曹操只能眼睁睁地看着赵云扬长而去。

突出重围的赵云回头远望，发觉张著部被隔在了魏军背后，曹操却是偷牛的走掉逮住了拔桩的，大军蜂拥而上，把张著部给围了个水泄不通！

好一个常山赵子龙！转马挺枪又杀入了魏军重围，竟如同驱赶群羊般将围攻张著部的魏军纷纷赶散，张著军随赵云突围而去，魏军却既不敢阻挡，又不敢贴近追杀！为什么？那赵云救出张著之后，亲自单骑断后，魏军已被杀破了胆，只是远远呐喊，却无人敢逼近厮杀。

曹操军令森严，士兵们不敢近战却也不敢随意退军，只得远远地尾随赵云追到了张翼留守的蜀军营围。

蜀军尽数退入营围之后，张翼欲闭门拒守，而赵云入营后却令营门大开，偃旗息鼓。

本来就是勉强追击的魏军来到营前，见状大疑：如无伏兵怎会如此模样？诸将踌躇不前，相互商议半天，始终没人敢来试探虚实，直磨蹭到天色渐暗，才下定决心：回去吧，对魏王也算有所交代了。

哪知就在魏军迟疑许久的时间里，赵云已经组织好了弓弩兵，就等着魏军的收兵之时呢！曹操大军已经启动回师，后面突然战鼓震天，赵云率部复又杀出营来，抵近魏军的都是些弓弩部队，一阵乱箭，曹操后队死伤一片，谁不争着往前逃跑避箭求生？

魏军惊骇之下，自相践踏，堕入汉水中死者不计其数，曹操来汉中的这场仅有战事就此一败涂地。

次日，刘备来到赵云营围视察昨日战场，不由得感叹："子龙一身都是胆也。"

赐宴犒赏三军，专为赵云庆功，作乐通宵达旦，蜀军士气岂不大振？自此蜀军中盛传开了赵云的雅号：虎威将军！

曹操的这次壮士断腕般撤军，当然不仅是由于赵云此战的绝勇睿智，与樊城前线的曹仁部有更大的关系，曹仁军报：江陵的关羽已经举州动员，就要出兵襄阳了！

关羽被封帝封神前毛病不少

建安二十四年（219）的江东地位甚是微妙，曹、刘两家于汉中打得不可开交，稳据江东的孙权落得坐山观虎斗：你们最好长期打下去，谁赢了，俺都不乐意。

等到后来胜负见了分晓，蜀胜魏败。孙权有些烦了：你们都混上顶王冠了，就孤家该老实地做曹操的降臣？需要有所动作：合肥！那是孤魂牵梦萦的地方，拿不到手，吃饭不香啊！

按照吃柿子要拣软的捏的行事原则，也的确该趁曹军新败，再往井里推他一把，孙权开始集结兵力准备对曹操的江淮开刀！

消息传出，魏军惶恐，但曹操的扬州刺史温恢却并不在意，断言：危险来自襄阳方向的关羽！江淮方向的孙权不会置身边的老虎关羽而不顾，轻易出兵江淮的。

还就是让温恢把孙权给琢磨透了，孙权在集兵之时，的确犹豫不决了：该先对付谁呢？

论说刘备势增、曹操势弱对孙权是件绝好的事：江东的分量骤然变重！曹、刘势均力敌，孙权必然成了香饽饽，没人会傻得将这支第三方力量推向对方，孙权的外交、军事尽可以游刃自如，两个超级大国并存时，对江东不是什么坏事，这叫活在夹缝中的幸福生活，相对的国际安全环境。

本来孙权在形式上已降曹操的同时，对刘备留在荆州的这位"万人敌"关羽也是曾示好的：派人求婚于荆州，欲聘关羽的女儿为儿媳——孤的妹子不是嫁给你们了吗？做亲有个来回不算过分吧？

岂知孙权竟遭关羽的羞辱：使者被驱逐，带回来的还是辱骂之词！这时的关羽有点儿过分了，做亲不成颜面在吗，刘备娶了孙权的妹妹，也没见得贬低老刘家多少身价。何况江东孙家门槛也并不寒酸，且不说孙权独霸江东的老板身份，就是上辈孙坚、兄长孙策，哪一个弱于关羽多少？论家庭出身，关家就更不能与孙家相比了。

孙权的脸面再也架不住了。对恶邻关羽，孙权现在是深恶痛绝！

但如今关羽军威渐盛，孙权被辱却不敢动兵，虽没彻底撕破脸，但两家事实上已视同水火。假如倾主力于江淮击魏，孙权对处于上游的关羽怎么也难以放心。

最后还是决定：继续磨刀，至于到时砍在谁的头上，那就看机会是谁留给了，谁将后脑勺送给孤，谁就该挨刀！

孙权的磨刀声没有被关羽听到，死后被封神的关羽这时还是个凡人，具有凡人的突出优点与缺点。

关羽战场极勇武，世所公认；但官场却生疏，几同弱智。

　　初镇荆州之时，西凉马超投蜀，关羽闻听又添一世之名将，反而不安，专致信孔明：询问那马超到底"人才可类比哪位"。

　　诸葛亮明白这是关羽担心自己之前的光芒被遮盖，回书："马孟起兼资文武，雄烈过人，一世之杰——但不过黥布、彭越之徒，当与益德不相上下，哪能及美髯公之绝伦逸群？"

　　这顶哄小孩子的高帽竟然使关羽"省书大悦"！本来这种私信应该绝对不能公开，那样做既损了自己，又卖了孔明，但关羽却将信传阅众宾客，这岂不是告诉别人自己浮浅？

　　关羽体恤士卒，却对部下文武高干骨头里藐视，后来南郡太守糜芳、将军傅士仁，都是因关羽素常轻傲自己而降吴反叛。

　　对于平蜀立了大功的黄忠，关羽也是不出孔明预料：因其年老，拒绝与其为伍，竟然差点儿拒接前将军印绶。幸亏刘备早有准备，所派颁印使者为能言善辩的前部司马费诗，费诗惊讶："君侯与汉中王乃是一体呀，同休等戚，祸福共之，还能计较官号之高下、爵禄之多少？费某就这样向汉中王复命，君侯不会后悔？"

　　关羽醒悟，才算认可了黄忠老将作为自己的同僚，——但黄忠若知道此事会做何感想？看来关羽为官，在对待战友、同僚方面是不及格的。

　　但关羽为将却堪称忠勇雄烈，这不仅表现在战场力敌万人、指挥若定上面，一次刮骨疗毒便足傲古今！

　　关羽曾被流矢射中左臂，创伤虽愈，但每至阴雨，骨常疼痛，医者说是因为矢镞有毒，毒入于骨，应当破臂刮骨去毒，关羽便立刻伸臂令医者破臂刮骨。当时关羽正请诸将饮酒，臂血流满了盘器，而关羽烤肉下酒，谈笑自若！这等毅力，这等风范，诸将谁能不服？

那么东汉时期的"军神"关羽，在指挥大型战役方面又如何呢？

马上开始的樊城战役，将会告诉你答案。

关羽准备开始对樊城的征伐应该始于建安二十三年（218）的十月，以配合宛城侯音的倒戈反魏，并且能直接牵制曹操于长安的大军出动汉中，间接地支援汉中的战事。

但是当时关羽最大的顾虑就是身后的江东军，现在已经不是与荆州关系还算能过得去的鲁肃掌江东军了，鲁肃已于建安二十二年（217）病逝于陆口的汉昌太守任上，而接替鲁肃的却是关羽向为忌惮的吕蒙。关羽不安稳好后方，是不敢兵出樊城的。

应该说当时关羽向樊城的佯动是成功的，曹操大军还就是屯兵于长安未敢轻动，只可惜宛城侯音功败垂成，失利过快，使关羽错过了夹攻曹仁的战机。

曹操主力入汉中作战，关羽这次不是佯动了，能把魏军调出汉中就是胜利，这点关羽做到了，达到了目的的关羽并不善罢，后方已经留足了兵力防备陆口的吕蒙，关羽还是率大军沿汉水向樊城出动了。

至于战事开始的时间，史载不一，大多都是采信刘备晋位汉中王之后关羽才出动的，笔者分析不可能：刘备是建安二十四年（219）七月方才称王，对关羽的前将军任命等传达到荆州，最快也要到八月了，而这时关羽已经趁汉水泛滥，开始了对曹操所遣援军于禁七军的围剿，不围樊城，哪会用得着曹操从遥远的长安派来援军？

所以，樊城战事肯定早于七月，根据曹操增派徐晃部驰援樊城前线的时间是在五月，那么关羽初围樊城的时间还要提前至曹操尚在汉中时，这样也就明白了关羽起初的战役目的——调出汉中的曹军。也清楚了为什么曹操狠心割肉，甩掉了汉中这根"鸡肋"。

达到了战役目的的关羽继续樊城战事是否正确？

不好说，战事结局无法预见，战争过程变幻莫测，不能以此断言决策的正确失误与否。

关羽坚持继续并扩大战事，那是因为具体情况起了变化：洪水于八月帮了关羽的大忙，关羽此刻重新定位了战役目标：拿下樊城，威逼许都！

魏王那一段艰难的岁月

一向用兵以"动若脱兔"著称的曹操，这次回师中原有些反常。

五月引军出汉中之时，曹操只遣回了平寇将军徐晃屯军宛城，以遥助樊城的曹仁；七月还长安之后，部队主力却没有离开长安的意思，仅是派出了以于禁为主帅的七支部队增援岌岌可危的樊城，担任于禁前锋的是马超的原西凉将领庞德。

庞德是在马超投蜀时因病留在汉中的，张鲁降曹，庞德迫于形势只得随同被编入了魏军。看人极准的曹操没有埋没这位西凉勇将，对其极为恩厚，拜庞德为立义将军，并封关内亭侯。

这下把个庞德给感动得打心底换了主人，以后这二百来斤就算卖给曹"伯乐"了！

遥控战事是曹操出于无奈，大军此番西征失利，不同于以往凯旋班师，关中的稳定是大事，若被刘备就势杀出陇西，那还了得？在关中地区固若金汤之前，曹操不敢擅离长安。

曹操以杜袭为留府长史，镇驻关中。但此时的雍、凉二州却不是一个杜袭所能镇得了的，尤其西凉各部营帅，已呈现拥兵自守、等待观望的苗头，拒不接受调动的地方将领已不在少数！曹操只能留主力于长安，以镇关中地方。

运筹于帷幄之中，决胜于千里之外？

东汉年代，与今天不同，今天给下属们配发部手机便像安装上了遥控器，动动手指、舌尖便能指挥自如，那时的通信唯有一途：派人送信。

中国于东汉时朝廷始设官方驿站，每三十里设一驿站，配有马匹，可迅速传递命令和消息。但自战乱开始，各地主人更迭频繁，驿站已名存实亡，曹操无法利用这驿站接力，只能采取直接派人送达的方式。

这样就有了一个时间差，也就是说，前方汇报的紧急战况，其实是十几天甚至月前的态势，这让统帅如何应变指挥？

实际上也就唯有两种办法实现指挥意图：一是提前预计战场变化，这与瞎指挥也没多大分别；二是全权委托，让前线主将自己决定一切，所谓"将在外，君命有所不受"也就合理地出现了。

如果统帅坚持"运筹帷幄"，那曹操只能感叹生不逢时了，郁闷地在长安接看"旧闻"，然后含糊地指令将领们在十几天以后怎么行动。要是那样，西蜀的刘备也免不了这么做：对荆州前线的关羽也只能含糊地知道半月前发生了什么，再指示将来如何如何——这都不是曹、刘二位高人会采取的做法。

事实上他们都是采取的"全权委托"的代理方式，这是唯一的选择，除非你想故意葬送前方的将士。

有两种情况例外：杀人时，尤其杀名人及大官时；封官时，尤其是封王后时。这些活路别人都不能代理。

七月，身在长安的魏王正式册封夫人卞氏为王后。

前线战报还是要看的：局势不妙！

八月，汉水突然泛溢，平地水涨数丈，增援曹仁的于禁部队被淹，七军覆灭，于禁被俘降关羽，庞德不屈被斩，关羽遂趁势乘巨舟围攻樊城。曹仁与汝南太守满宠不顾诸将乘船夜逃的建议，坚持在城头血战，樊城危急！

曹操紧急书令宛城的徐晃部出动援救樊城。

与此同时，华夏震动，许都人心惶恐，邺城暗流涌动，新建的魏国大厦预感到了拆楼的将到！

曹操不能不做最坏的打算了，一旦樊城失守之后将会如何？许都将很快处于前敌，谁能阻挡那智勇绝伦的关羽进军京师？

局势愈加恶化：梁县、郏县的陆浑遥受关羽印绶封号，群起暴乱，这里就处许都西部肋腋，许都一派风雨飘摇！

曹操召集谋士，讨论徙迁许都以避关羽锋锐，汉中已经让步于刘备，许都何妨再让关羽一步？

司马懿、蒋济以为决不能行此下策，京师徙迁，必将引起天下震动，那时关羽军势更强，魏国堪忧，下一步又能退避何处？

可是，反对的意见谁都会提，曹操本人也当然清楚所导致的必然后果，不避战谁敌关羽？眼下急需的是建设性治国方略，不是一味指责政府的政策，这么大个国家，这么危险的局势，谁能拿出好办法来？

司马懿、蒋济出了条懒计："荆州关羽得志，江东孙权能高兴吗？咱派人劝说孙权抄了关羽的后路！"

"那孙权不听忽悠？把他自己现在占着的江南割给他不就成了？再把他那个自封的'行车骑将军'真封给他，'领徐州牧'当然不行，可以许给他将来的荆州牧哇，先解了樊城之危再说就是。"

史载"曹公从之"，问题是孙权这么听劝说吗？

这下巧了！孙权正想"遣使上书，以讨关羽自效"呢。

是吕蒙看到夺回南郡甚至整个荆州的机会到了，极力建议孙权袭击南郡江陵，对于关羽所留重兵，吕蒙装病上交了兵权，临时委派了一个叫陆逊的书生代理，那陆逊说话极甜，几封信奉承得关羽甚为舒服，关羽也就放心地把留守南郡的主力调上了樊城前线，现在关羽的大后方几乎就是不设防！

孙权早就磨利的刀也就举了起来，现在终于出手了：砍向了关羽不设防的后脑勺！

好像曹操的厄运终于熬到了头，曹操开始接到好消息了。

九月，相国钟繇的西曹掾魏讽与长乐卫尉陈祎谋袭邺城，举事前夕，陈祎突然觉悟，向太子曹丕出首。留守邺城监国的曹丕行事大展魏武雄风，果断镇反，诛杀魏讽，连坐被戮杀者甚多，就连相国钟繇也因领导责任被开除公职，回家务农去了。

对太子的表现，魏王基本满意，但是樊城之围并未得到解除，曹操还是决定亲临前线抗战了。十月，曹操大军回师抵达了洛阳，首先又是喜讯！

孙权遣使来到洛阳献上决心书：坚决拥护大魏合法政权，誓死团结在英明的魏王周围，以实际行动讨伐反政府武装关羽集团，请魏王拭目以待，忠不忠，看行动！

具体行动？曹操还真不敢为孙权打包票，救兵如同救火，求人不如求己，曹操还是率全军向樊城出动了。

王军自洛阳南下到达摩陂，三军开始停滞不前。诸将及谋士大疑："王不亟行，今败矣。"

原来是侍中桓阶独自提示魏王："大王认为曹仁等足以料理目前的局势吗？"

曹操回答的毫不犹豫："能。"

"大王是恐怕去救援的徐晃、赵俨二人不尽力？"

曹操也断言："不会。"

"那为何要亲临前线？"

曹操有些明白桓阶的意思了："当然是担心关羽兵多，而徐晃等势力不及。"

桓阶摇头："现在曹仁等处重围之中而守死无二，就是因为大王居远为其张势，人处万死之地，必有死争之心。内怀死争，外有强救，大王挟六军待动，以示还有余力就是了，何必冒险亲临前敌？"

部下如此关心领导安全，那当然应该听从其顺耳忠言，曹操就此决定，持兵观望，静等樊城战势变化。

且不论桓阶的提议对不对，此提议是拿前线将士的生命做赌注是显而易见的。但还就是让桓阶——实质上是曹操给赌赢了：前线徐晃率部队直捣关羽军重围，再加上关羽大后方南郡被吕蒙突袭而破，樊城之围竟然一战而解！

周公有卦辞：否极泰来！

魏王曹操难道因汉中这小"否"而从此大"泰"？

表面好像如此，安心率军回到洛阳的曹操，收到了一份令人看了心里"怦怦"跳的大礼！

武圣临危也曾诈降吴侯

关羽以重兵围攻樊城不克，继而被徐晃军轻易解围，固然有曹仁以死守江陵一年的作战经验及其将能战善守有关，但究其根本，实是关羽本人之性格孤傲所致。

孙权欲偷袭南郡，实际上是有人通知了关羽的，而且预警的不是别人，就是他的死对头曹操。大概也正是因为是曹操通知的，关羽才没有理睬，结果才酿成大祸，造成荆襄的大好局面从此不可收拾。

在接到孙权将袭关羽后方的确信后，一开始曹操也是准备将此消息列为最高机密的。这时，当初在曹操偷皇帝时立了大功的董昭看法与众不同：

"军事机密无非是说一定时机该保密，有时候还要有意泄密。就眼前来说：关羽如果知道了孙权袭其后，还军自救，则樊城之围速解，我便已获利。两个贼摔起了跤，还能不露出破绽？我们现在保密南郡将要发生的事，孙权该高兴了！这不是上策。

"再者，樊城的将士不知有救，计算自己的存粮时一旦恐惧，有了他意怎么办？还是把此事公开的好，而且关羽为人骄横强梁，自恃后方防守稳固，也未必就肯解围速退。"

曹操就是照董昭所说办的，故意由围中的曹仁将孙权的"决心书"抄件用弓箭大量射给了关羽的荆州军——这时的包围圈已经出了漏洞：解围的徐晃军已经挖通了通往城内的地道——荆州军士气大落，家乡危机，谁还能在樊城前线沉得住气？能沉住气的唯有关羽，他不相信孙权等江东小儿敢来掠他关爷的虎须！

孙权岂止是掠虎须？这背后的一刀砍得又狠又深！

吕蒙受命从寻阳以商船载精兵西进，使白衣摇橹，做商贾人装束，昼夜兼行。一路凡遇关羽所置江边警哨，皆尽收缚，不使走脱一人，关羽由此不能得片纸警讯。

留守南郡、公安的糜芳、傅士仁素来皆嫌关羽傲慢轻己，这次供应前线军资一直是敷衍了事，多有耽搁；而关羽却忍不住自己的怒狠，提前扬言："还师之日，一定收拾他们！"

这糜芳、傅士仁能不害怕？于是在接到吕蒙的劝降信之后，傅士仁首先降吴。接着带队来到南郡城下，一番利害分析，糜芳即开城出降，就此关羽的老家已经不姓关了。

吕蒙还有更厉害的一手：入江陵之后，俘获了关羽及所有将士的家属，一概抚慰优待，并约令军中：不拿百姓一针一线。

时吕蒙麾下有一亲兵，乃吕蒙同乡，于天下雨时取了百姓家一斗笠遮盖官铠；官铠虽公物，吕蒙还是定为其违犯军令，不能以乡亲爱惜公物而废法，结果这老乡被吕蒙垂涕流泪给送了行——砍了脑袋！

这办法虽过狠，却能治顽疾！

荆州大地一时道不拾遗，夜不闭户。吕蒙从早到晚带着亲兵存恤耆老，问所不足，得病者给药，饥寒者赐衣粮——活活一个大救星来到了我们农庄。

真实的消息传到了关羽的军中，荆州军谁还愿意跟这样的军队作战？再说自己的父母妻儿都在吕蒙手里，你是谁？为了谁？我们拼命为了谁？关羽庞大的军队几乎一哄而散，就给关羽剩下了几名亲信、一个儿子关平及数百兵丁。

这下关老爷神不起来了，就一条路了：夺路西走吧，回归益州刘备大家庭。

江东军说：此路不通！

那温柔可爱的书生陆逊突然变成了索命的夜叉，提前率军攻占了宜都夷陵，卡住了西退咽喉，关羽无奈，只得占据了一座僻穷空荡的小城：麦城。

现在与瓮中之鳖也差不了多少了，数百残兵，食无粮，马无草，居无所，寒无衣，守无器，弓无矢，问题是逃兵还在继续，谁不想逃个活命？国人名句：好死不如赖活着！

内无粮草，外无救兵，兵无战意，将无守心，还有一线希望吗？

蜀军离得最近的是处于上庸的刘封、孟达军，可是关羽早就征调过他们来樊城前线，人家一直以新收之郡，地方未安靖为由，拒不服从关羽这前将军的调动，以关羽对待同事的态度，这是正常现象，平素不烧香，病来何求佛？大难临头更别指望。

孙权送来了劝降信，麦城的关羽可不是百万军中斩颜良的时候，岁月不饶人，环境心志大不同，只得用上了最后一个有失脸面的应急之计：诈降计。

忍辱回书，假意应允考虑，夜里立幡旗为象人于城上，关羽率部潜出了麦城，谁知出城士兵皆散，才剩下十余骑随着关羽寻路西窜。

谁知孙权预先派朱然、潘璋等在关羽西逃的路上，于关羽十余骑人困马乏之时，突然一拥而上，关羽及其子关平竟被朱然、潘璋部在章乡生擒活捉。

孙权面对关羽父子的大骂不降，动了杀机，又欲把祸水引向曹操，便于建安二十四年（219）十二月斩了关羽父子，砍下了关羽的人头，当作一份大礼远送给了暂居洛阳的曹操，好像是在告诉天下：是曹操指使我这么做的，要报仇去找根上的主凶啊！

这就是曹操刚回到洛阳就收到的江东大礼。关羽是曹操近几年公开的对头，心中的大患，论说的确能称得上一份重礼，尤其孙权还附信一封，信中说的比做的更让曹操舒服。

孙权是遣校尉梁寓入贡，信中正式向曹操称臣，称说天命归大魏，劝进曹操称帝，孙权愿永为藩属。

曹操近来头风病发作频繁，但还不至于不能辨别利害是非，对于孙权的真实意图曹操心里倍儿亮，怎样处理关羽的人头？曹操做这样的事可谓得心应手——配个木头身子，厚葬了不就是啦？到时孤还要亲自去祭奠一番，总比当年的袁绍亲近些吧？毕竟关羽也曾做过咱的部将，立过大功。

对于孙权的劝进？曹操把孙权来信向臣下公示，当场表态：

"是儿欲踞吾著炉火上邪!"——想品尝我曹某之烤肉滋味?

周围的文臣武将们可就理解各有不同了,这种不费力能有大功于大魏朝的便宜事,怎么让孙权这小子抢了先?亡羊补牢犹未晚,再不紧跟后悔迟矣!大家也顺杆爬吧。

侍中陈群等与谦虚的魏王争辩:"汉朝的气数已尽,不能适应新形势的需要。殿下功德巍巍,连孙权在那么遥远的地方都称臣献杠果——这是天下的人民都爱你呀,殿下应当顺潮流,跟上形势,宜正大位,还疑虑什么?"

曹操回答得挺暧昧:"若天命在吾,吾为周文王矣。"——这就是在告诉大家:我就占个第一代领导人的名分就满足了,以后就看第二代领导人的了。

曹操不敢废汉称帝是无疑的,原因也极为简单:天下还没有一统,这样做对将来的统一大业不利。

那么,曹操现在做对了吗?曹操假如真做了皇帝对他自己是有利还是有弊?对天下的老百姓呢?是上天派来了救世主,还是阎王殿下放来了索命干部?

千古功过一江血

查看曹操一生的业绩,发现曹操还就真是块当皇帝的料!

虚心好学,军旅匆匆不释卷;机智多变,宦海漫漫有强文。脸厚心黑,谈笑杀人不眨眼;情浓色滥,哭辞旧侣有新人。目远志高,可做猴子可做虎;意坚性韧,不达目的不罢休;文韬武略,前无古人；多谋善断，后无来者。

皇帝，多少人当中才出一个？所以，能当上皇帝的必须具备两点：一是接班，老子是皇帝，儿子也就具备当上皇帝的先决条件，能不能当上还得另说；二是本事，尤其开国皇帝，本事不大于常人那皇帝是没有你的份的。

最重要的本事也有两条：一是脸皮厚，二是心肠狠。

脸皮要厚到撒谎能使自己相信的程度！做了错事别说愧疚了，要理直气壮地把错栽赃给别人，别管他是谁，管他是功臣还是部属，一概让他身败名裂，永世不能翻身！

心肠要狠到自己一家人死光也不能有一丝酸疼，这样处理起其他人来心理上就过硬了，杀人不需要理由，如果非要个理由的话，那就是自己的需要！这就是天大的理由。

当然，这不能明说，还是要编造个能蒙住左右一时的理由，这就要看你把这脸皮厚与心肠狠两大优点结合的本事了，高手们大都能做得艺术化，大师级别的就可以结合得了无痕迹，浑然天成。

曹操就是属于这个级别的。

曹操到底杀过了多少无辜？笔者前文中提过的就不再重复了，其实根本无法统计，谁能判断出屠城一座是消灭了多少生命？以下只介绍史载而笔者前文没提起过的。

南阳许攸、娄圭，具体何罪被杀，史载不详，按陈寿说是因为与曹操"恃旧不虔见诛"，也就是因为不尊重领导被宰。

沛国袁忠、桓邵，史载是因为曹操年轻时二人轻视曹操，据说当时任沛国相的袁忠还曾经"欲"治曹操的罪。曹操就任领兖州牧后就杀了两个人的全族。桓邵曾经自首，跪地求饶，曹操发挥了狠心的特长："跪就可以免死？"还是宰了桓邵。

杨修，处处欲以小聪明压曹操一头，侍奉曹操左右时常弄些小字条类的"备忘录"，上面一般都写好了预计曹操会提问的答案，大多数都被杨修揣摩得挺准，后来露了马脚，曹操也就开始厌恶这聪明人杨修了。

樊城之战中间，曹操以"前后漏泄言教，交关诸侯，乃收杀之"，史家们估计是因为杨修是袁术的亲外孙而被杀。实际不可能，要说与袁术的关系，杨修老爸太尉杨彪直接就是袁术的女婿，不是还能得善终吗？

考虑到曹操是在明确太子后对杨修开的刀，那就是曹操为儿子除掉将来难管的臣子的因素大些，毕竟杨修与没当上太子的曹植关系非同一般。

剿贼时冤杀了一个粮官，部队缺粮，粮官建议换个小斛发给士兵粮食，曹操同意了，过后为了平息士兵的怨言，就借走了这个粮官的脑袋。

对自己的家人也不例外。有个姬妾，让曹操枕着自己的身体睡着了，没按时唤醒自己这唯一的男人，曹操醒后发觉睡过了时辰，就棒杀了这位担心曹操睡眠不足的爱姬。

其实以上及全书中所提到的被杀者，只不过是因为史书中记载了他们的名字，那些无名的倒霉者就不计其数了，杀一城老百姓在太祖眼里与他射猎时"一日射雉获六十三头"没什么区别。

但一个人心狠脸厚与他的才学武略没有必然关联，曹操还是一个罕见的奇才，一个文武造诣极高的天才。

不再罗列大家都在前文看过的曹操风采了，看一下曹操的敌人对他的评价就能代表一切了：

刘备，与曹操可谓誓不两立，但据孔明说，刘备"每称操为能"。

诸葛亮本人对曹操的评价："曹操智计殊绝于人，其用兵也，仿佛孙、吴。"

就这么个连敌人都心里佩服其能力的人，却就是不敢把那顶皇冠戴在自己头上，皇位就那么令人向往又可怕？

不是那尊御座可怕，也不是那顶皇冠有刺，那东西没人不想抢在手里，是有另一种比它还大的力量阻止了对曹操的诱惑，那就是汉朝四百余年推崇的儒家道德。儒家灌输了人们要当个合格的奴才，要维护天子正统，要安分守己地君君、臣臣、父父、子子。

北部尉的任上，曹操曾经杖杀了第一个皇帝般的豪强，这是值得纪念的一页。

今天的魏王要建纪念堂了，名称"北部尉廨"，目的是让今天及将来的子孙都能缅怀太祖的业绩及那些红白五色棍。

是曹操预感到了什么？要是这样的话，那干脆别把抢皇帝的活路留给儿子去干多好？兴许现在的曹操一狠心，中国历史上又成了秦皇、魏武、唐宗、宋祖排序呢，毕竟大家都是开国皇帝一类的不是？反正绝不会再有什么英雄、奸雄之争，后世的人们都只认既成事实，成为一代开国之君了，歌颂还来不及呢，怎么会有骂的？

再一点也可以预见到：绝不会有人大言不惭地笑话列位"略输文采"什么的了，曹哥的文采太祖风范，没人不服气。

也幸亏魏王没再进步，不然奈何桥上不知又要多飘过多少冤魂，那里面保证平民百姓居多。

笔者的话说早了，魏王没有这个时间了，当不当皇帝对天下的百姓没有多少影响了，只是对魏王本人关系甚大，尤其是在曹操死后的漫长的岁月里。

曹操永远活在人民心中

前文有句：周公有卦辞：否极泰来！

魏王曹操难道因汉中这小"否"而从此大"泰"？

笔者那时断言：至少表面看是如此。

但命运这东西最爱与人们开玩笑，表面上的"泰"，历来伴随着隐藏着的"否"；经典成语就是"物极必反"，恰当的形容就是"举头三尺有神明"，实质上是"天下没有不散的筵席"，只不过何时送客却不是酒鬼们自己说了算的事，是威力无边、变幻莫测的客观规律在主沉浮！

论当前的魏国内外形势，那是一派大好，不是小好，甚至可以看到，将来会越来越好。

国内已经一片和谐，主旋律空前强劲，东汉残渣余孽已被许都那"春天里的一把火"烧得灰飞烟灭，大浪淘沙般筛剩下了真金：几个老实的在家补习魏语的乖孩子！现在是大魏团结如一人，试看天下谁能敌？

孙权的倒戈、称臣、斩关羽，已经把江东与西蜀置于不共戴天之地，可以肯定：孙、刘两家即将两虎相斗，曹操现在处于卞庄的位置，就等着这两虎一死一伤的时刻。也可以说眼下的曹操就是那位老到狡猾的渔翁，正在树荫里得意地看着小溪边蚌鹬相争。

这是建安二十五年（220）的正月，洛阳，曹操出生于斯，成长于斯，出道于斯，发迹于斯！戎马三十余载，杀遍大河上下，奔波于五湖三江，驰骋于西陲北疆，东海之滨，长江之畔，无不留下曹操战马的蹄印。

六十六年，曹操在外转了一个大圈，又回到了他人生的起点！那一串清晰的脚印里，回响着曹操一串冠绝古今的绝唱："度关山"罢"观沧海"；"气出唱"响"对酒歌"！

这就是一路行程：薤露行、蒿里行、塘上行、短歌行、秋胡行、善哉行、苦寒行、却东西门行、步出夏门行，"龟虽寿"时"谣俗词"，"陌上桑"翠"土不同"。一路行来，记就数十万言兵书；一路行来，留下十余长卷雄文。

洛阳，曹操的襁褓；洛阳，曹操的摇篮；洛阳，曹操的学校；洛阳，曹操的舞台！

好似冥冥之中有股莫名的力量，把曹操拉回了故乡的怀抱，莫非这就是曹操人生的鸟巢？不，应该是人生的驿站，生命现象本来就是时空隧道中的一处短暂的驿站，短到如一颗流星划过夜空……

洛阳的曹操不限于感觉了，他清楚地看到了最近的将来，他即将告别这个令他留恋的世界，头风顽疾已经把疼痛蔓延全身，这时候他是否后悔？随意夺去那个唯一能帮他留在世界上的人——华佗的生命，其实正是他自己熄灭了自己的希望！

不过，从曹操的《遗令》中，看不到曹操有哪怕一丝懊悔，看来曹操已经认命了，开始准备他不归旅途的行装。

"我夜半醒来，自觉不佳，忍到天亮，一碗热粥全变成了虚汗，现在是我服用的当归汤在支撑着我嘱咐你们：

"我以往在军中持法没出过大错，至于由于小愤怒而导致的大过失，不应该是你们所效法的地方。

"现在天下尚未安定，我的丧礼不得遵照古制；我有头疼病，自当给我著帻，我死后，提醒给我换寿服的人不要忘了。

"百官该当临殿守灵者，逢十五释放一下自己的情绪就可以了，葬毕即可除去丧服；率领士兵屯戍边关紧要的将领，皆不得离开职守屯部。

"我死后装殓要穿平常的衣服，葬在邺城之西冈上即可，与西门豹祠不要离得太远，不要随葬金玉珍宝。

"我的婢妾与歌伎人以往皆勤苦劳累，我去后使她们住在铜雀台，要善待她们。

"该对我所爱的女人们说句话了：你们可在我平常所居的台堂上安张六尺大床，铺盖帷帐要一如我平日，早上要摆上果脯、糯糕之类的供品；每月初一、十五，要从早至午向帐中歌舞奏乐；你们要时时登铜雀台，向西眺望我的陵墓田园。

"我余下的熏香可分给你们诸夫人，不用你们祭奠。你们居家诸舍中如缺了什么，可学做鞋靴卖了添置。

"我历任官职所得绶带，都要保存稳妥；我余下的衣裳，可另外收藏，不能收藏的，你们兄弟就分了吧。"

据说人将归去时心神一片空明，突然意识到：自己今后将必须以第三方旁观者的身份面对这个世界了，之后亲人也好，仇敌也罢，都将与自己无关了，那境界也就陡然高了许多，为什么常说有世外高人？正是因为高人们身处世外，所以才变成了人们眼中的高人，假如让高人们挣扎在俗世中混饭吃，估计大多也就沦为矮人了。

而将回归出生处的人们，是铁定从此居身世外了，所以矮子也会突然增高成巨人。

至于古时候的人们能肯定自己死后会有知觉吗？说不准。俗话说急病乱求医，神灵鬼魂之类的玩意儿这时成了绝对唯一的期盼，还能不试着相信这唯一的一次？别说科学知识极度贫乏的古代，就是现代，这种现象大概也占人类的多数。这是所有宗教信仰的看家大法，终极大道。

不过既然曹操自知必去，遗嘱中的政治安排却近乎是零，国家工作占的比重也极少，大概不放心的是自己的丧礼葬处，再就是担忧陪伴他多年的女人们，看来魏王临行时境界升华了不少：明白了丰功伟绩都是后人的评词素材；高官显位不过是昙花一现；盖世武功，绝世文采，不过是风花雪月一时于水中榭阁。

魏王对众夫人有情难舍，却知体恤大家辛苦，嘱托不必依时拜祭，并且担心太子不孝小娘，临危不忘教给夫人们一项糊口营生。是啊，凡是活人莫不穿鞋走路，易损难做，不愁长期销路；刘备他娘也是靠此手段养出了一个大汉左将军、益州牧，你们大家都去干同样生意，今后咱从数量上压过这大耳朵！

对待婢妾与歌伎就有些不地道了，让一大群青春寡妇寂寞地围在一张空床周围，还要按时歌舞，娱乐死人，的确心肠太狠了！不过也可能魏王判断自己会死后有灵，特别宠爱这些花季少女也说不定，那样当然还能继续亲近，鬼人同乐。

鲁迅先生认为曹操"至少是一个英雄"，易中天教授断言曹操是个"可爱的奸雄"，"而且，是一个有几分可爱也有几分奸诈的英雄"。笔者说句公道话：唯有面临西归的曹操确实可爱，因为这时的曹操已经绝对不再英雄也不再奸诈。

当然，各人的看法允许有不同。例如，那些处于围城待屠中的人们，估计不会觉得曹操可爱，更不会认为曹操是英雄。

曹操是如何想的已经不重要了，遗令刚颁不久，一代奇才曹操头风恶疾再次发作，这次曹操没有能挨过去。建安二十五年（220）正月庚子，曹操病逝于洛阳！对，魏王现在是皇帝级别，应该称：魏王崩于洛阳。

常言说，盖棺定论。那时的人们正在给曹操盖棺，现在的人们却未曾给曹操定论！曹操得罪哪路神仙啦？

曹操是位全身沾满无辜者鲜血的旷世奇才，文功武略，冠绝古今天下，尤其老年，昏荒无度之时，偏又智慧不减，内斗犀利，外战威风，说他是个神经质的杀人狂也不为过。

这是位嗜好吸食无辜者鲜血的旷世枭雄！

也是个关键时刻的懦夫：没敢大方地抢过那顶皇冠来戴在自己的头上！如果是那样，早就被宣传成一个旷古英雄！

因为史书上肯定会这样记载的：千古英主曹孟德！开创了魏武盛世！

老爸魏王曹操没敢做的事，儿子魏王曹丕好像极为勉强地去做了，当年十月二十九日，曹丕在皇帝刘协的再三劝说下，为难地接过了这项推辞了三次都没有推掉的皇冠，高兴地戴在了自己头上。

至此，一个四百二十六年之辉煌与屈辱并存的梦幻成为了过去，永远载入了人类的历史，因为一个王朝而诞生了一个伟大民族的大汉王朝寿终正寝！

自古说天无二日，地无二主，现在红太阳照边疆，四海能一举升平否？

二代领导的威望毕竟难比一代，对国内外形势也没有起啥震动性的绝大影响，反而给刘备做了个称帝榜样，刘备也在群臣的耐心劝说下总算当上了皇帝；江东孙权勉强忍了几年——毕竟已经向魏称臣——但最后还是称帝于江南。中国历史的天空一下出现了三个太阳，名副其实的三国时代才算开始了！

死后的曹操也跟着占了大便宜，终于圆了皇帝梦，从这时魏王曹操才被追尊为太祖武皇帝。太祖称谓流传到今天，大家都知道太祖就是那个生前虽没皇帝招牌，但比皇帝脸皮还厚、心肠还狠、权力还大、比皇帝还皇帝的太祖武皇帝。

要是曹操活着当了太祖呢？老百姓还会骂他吗？那就不好说了。

有首电视剧插曲歌词挺形象：天地之间有杆秤，那秤砣是老百姓！

百姓心中的曹操就是真实的曹操，鲜活而永远不死！

这不，又是一个五月十三，窗外又淅沥起了温馨的小雨，一阵稚嫩的童声飘过，村头的儿歌还是老词："五月十三，不用看天，关老爷磨刀，要杀曹操，曹操变鬼，要喝凉水……"

一年一度五月十三，老天爷都会给关老爷的磨刀石添水，百姓们也会像从前一样去跟着助威，这个不知名称的节日将年复一年地过下去，兴许要过上一万年……

曹操永远活在人民心中！

散曲一支，结束全书：

撕一把泥儿烂的狗肉，灌上碗烧酒，香辣溢满喉。喊一嗓陈年的古曲儿，甩几把水袖，生旦净末丑。

演了一通三国，话了几句曹刘，趁醉疯一回，借酒狂个够。伙计们，贼着点儿眼神，管着点儿舌头，少操点儿闲心，把酒味儿品透，别叫那古人笑咱傻帽头。

咱唱的是戏里春秋，演的是茅坑里的石头！硬是假硬，臭是假臭，只剩下眼珠子滴溜溜的真风流，把古今的韵事儿炖它个烂透。

不想当专家，不愿做教授，但求个活得明白，多乐少愁。

千斑血泪王侯事，万种风情草木秋。一年一度春常到，四季轮回水照流。

青天黑土一统业，比不上今天手里的热馒头！黄齿白首有啥求？无非是明年能有个好年头。

小民重于天下，人命大过风流，没有了万千生灵，还用这什么地球！